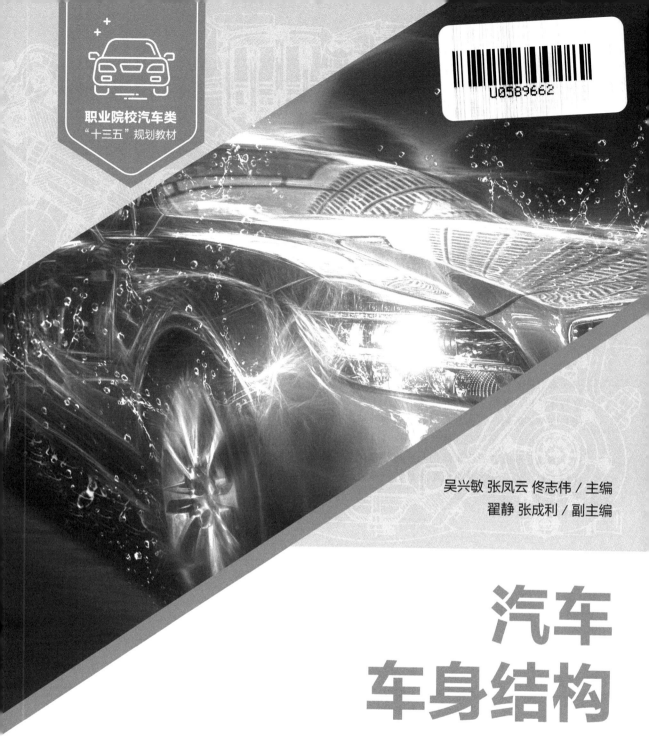

职业院校汽车类
"十三五"规划教材

吴兴敏 张凤云 佟志伟／主编

翟静 张成利／副主编

汽车 车身结构

第3版

人民邮电出版社

北 京

图书在版编目（CIP）数据

汽车车身结构 / 吴兴敏，张凤云，佟志伟主编. --
3版. -- 北京 : 人民邮电出版社，2021.7
职业院校汽车类"十三五"规划教材
ISBN 978-7-115-54189-5

Ⅰ. ①汽… Ⅱ. ①吴… ②张… ③佟… Ⅲ. ①汽车—
车体结构—高等职业教育—教材 Ⅳ. ①U463.82

中国版本图书馆CIP数据核字(2020)第095274号

内 容 提 要

　　本书是汽车车身维修知识与技能的入门教材。本书用通俗易懂的语言，图文并茂地介绍了轿车车身整体结构，轿车车身壳体结构，汽车车身材料与性能，轿车车身覆盖件拆装，车身装饰件拆装，座椅与安全带拆装，风窗刮水器与洗涤器拆装，客车车身结构和货车车身结构。

　　本书可作为高等职业教育汽车车身维修技术专业及汽车评估与定损专业的专业核心课程教材，还可作为高等职业教育汽车运用与维修技术专业、汽车电子技术专业及汽车营销与服务专业的专业限选课程教材，也可作为从事汽车维修、汽车美容、汽车保险及汽车评估与定损工作的技术人员的参考用书。

◆ 主　编　吴兴敏　张凤云　佟志伟
　　副主编　翟　静　张成利
　　责任编辑　王丽美
　　责任印制　彭志环

◆ 人民邮电出版社出版发行　　北京市丰台区成寿寺路 11 号
　　邮编　100164　电子邮件　315@ptpress.com.cn
　　网址　https://www.ptpress.com.cn
　　北京天宇星印刷厂印刷

◆ 开本：787×1092　1/16
　　印张：17　　　　　　　　　　　2021 年 7 月第 3 版
　　字数：400 千字　　　　　　　　2025 年 1 月北京第 5 次印刷

定价：59.80 元

读者服务热线：(010)81055256　印装质量热线：(010)81055316
反盗版热线：(010)81055315
广告经营许可证：京东市监广登字 20170147 号

前　言

"汽车车身结构"是汽车车身维修技术专业中职、高职职业教育体系中，高职阶段的一门专业核心课程，本书是针对上述课程而开发的高职教材。

本书是编者经多年课程改革、课程教学和实践学习后，在第 2 版的基础上修订而成的。第 3 版沿用了任务驱动、项目式教学的框架设计，以适应"做中学"的职业教育理念，这是是目前职业教育中被普遍认可的一种先进的教学方法。

相对第 2 版，本书主要进行了下述内容的修订。

（1）根据国家标准《汽车车身术语》（GB/T 4780—2020），统一全书专业术语。

（2）修改上一版中存在的文字错误、逻辑错误、内容错误、图表错误。

（3）将上一版中的部分图片更换为画面更清晰、内容更准确的图片。

（4）对书中的技术、行业规范、内容等进行更新，淘汰行业内已不再使用的技术和技能等。

本书共 4 个项目，包括轿车车身结构认识、轿车车身覆盖件及装饰件拆装、轿车车身附属设备拆装和客车车身与货车车身结构认识。

本书提供了 PPT 课件、课程标准、授课计划、教学设计、题库及答案、技能考核方案及工单等配套教学资源，读者可登录人邮教育社区（www.ryjiaoyu.com）下载。

本书的建议学时数为 64 学时。其中理论环节为 38 学时，实践环节为 26 学时，各部分的参考学时分配见下表。

教学内容组织与安排

序号	项目名称	教学内容	教学方法	教学场所	参考学时	
					理论	实践
1	轿车车身结构认识	任务 1-1　轿车车身整体结构认识	任务驱动法	多媒体教室	2	2
		任务 1-2　轿车车身壳体结构认识	任务驱动法	多媒体教室/实训室	4	2
		任务 1-3　汽车车身材料与性能认识	任务驱动法	多媒体教室/实训室	2	2
2	轿车车身覆盖件及装饰件拆装	任务 2-1　轿车车身覆盖件拆装	任务驱动法	多媒体教室/实训室	12	6
		任务 2-2　车身装饰件拆装	任务驱动法	多媒体教室/实训室	2	2
3	轿车车身附属设备拆装	任务 3-1　座椅与安全带拆装	任务驱动法	多媒体教室/实训室	4	4
		任务 3-2　风窗刮水器及洗涤器拆装	任务驱动法	多媒体教室/实训室	4	2
4	客车车身与货车车身结构认识	任务 4-1　客车车身结构认识	任务驱动法	多媒体教室/实训室	4	4
		任务 4-2　货车车身结构认识	任务驱动法	多媒体教室/实训室	4	2
合计：64 学时（其中实践教学学时比例约为 40%）					38	26

　　本书由辽宁省交通高等专科学校吴兴敏、张凤云和沈阳伟华之星汽车维修有限公司佟志伟任主编，由辽宁省交通高等专科学校翟静、张成利任副主编。参加本书编写的人员还有王立刚、明光星、黄宜坤、耿炎、杨艳芬、宋孟辉、马志宝等。

　　由于编者水平有限，书中难免存在不妥之处，敬请广大读者提出宝贵意见和建议。

编　者

2021 年 3 月

目　录

任务 1-1 轿车车身整体结构认识

····················□ 任务引入 □····················

　　汽车车身是驾驶员操作以及容纳乘客和货物的场所，主要作用是为驾乘人员提供安全、舒适的乘坐环境，减小振动和噪声，使驾乘人员和货物不受恶劣天气的影响。汽车车身包括车身本体和装饰件、开启件、机构件、附件及其他可拆卸结构件。随着新技术、新工艺、新材料的开发与研究，汽车车身正以安全、节油、舒适、耐用等技术为主导，以适应世界经济发展为目标，以精致的设计获得美的感受，从而点缀着人们的生活环境。

　　汽车车身结构随车型不同而有所差异，但总体上又很相近。只有充分了解汽车的车身结构特点，才能对汽车车身进行合理的维修。本任务主要学习轿车车身的整体结构分类方法、各类型车身的结构特点及整体车身的组成。

····················□ 学习目标 □····················

1. 能够正确描述轿车车身结构分类方法及各类型车身的结构特点。
2. 能够正确描述轿车车身整体结构组成、各组成件的作用及其相互间的装配关系。
3. 能够通过观察确定具体轿车车身结构类型，并能阐述其结构特点。
4. 培养良好的安全卫生习惯、环保意识及团队协作的职业素养。
5. 能够检查、记录和评价工作结果。

····················□ 相关知识学习 □····················

一、轿车车身结构分类

　　车身最早是用木材制成骨架，外表钉上木板制成的，木制骨架以构件直角接合，接合处再以金属板加强固定。一直到 1905 年，才开始以钢板、铝合金板来制作汽车的车身构件，从此车身的设计才有了较大的进步，车身外表件以各种压模冲压成各种曲面形状。到了 1916 年，美国出现全部使用钢骨架及冲压成型钢板组成的汽车车身，奠定了现今汽车的基础。到了 1940 年以后，随着焊接等加工技术的发展，汽车车身结构发生了很大的变化，曲面玻璃、塑胶制品等各种新材料应用到汽车上；汽车车身的涂装也有了相应的变化，大量采用机械化和自动化的作业方式，所使用的涂料也有了相当大的变化。这使汽车车身结构日趋完美，外形更加赏心悦目，也给汽车维修行业提出了更高的要求。

无论是轿车车身，还是客车车身和货车车身，不同的生产厂家、不同系列和不同时期的结构和形式都存在着差异。人们为了认识其结构的本质，尽可能按照大同小异的原则划分出了一些类型。

轿车车身的形式是多种多样的，按车身承载方式、外形、材料和结构大致可分为以下几类。

1. 按车身承载方式分类

轿车车身按承载方式可分为非承载式车身和承载式车身。

（1）非承载式车身

① 结构特点。非承载式车身（也称为车架式车身），是一种悬置于车架上的车身结构形式，如图1-1所示。这种形式的车身典型特点是车身下面有足够强度和刚度的独立车架，车身壳体通过弹性元件固定于车架上，施加于汽车上的力基本上都由车架来承受，车身壳体不承受或只在很小程度上承受由于车架弯曲或扭曲变形所引起的部分载荷。由于载荷主要由车架承受，所以这种车身的立柱一般较细，风窗玻璃较大。

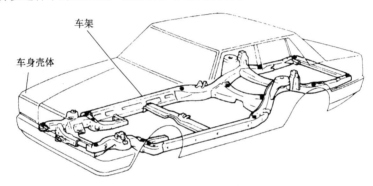

图1-1　非承载式车身

② 优点。

a. 减振性好。位于车身与汽车行驶系之间的车架，可以较好地吸收或缓和来自路面的冲击，降低噪声和减轻振动，从而提高乘坐舒适性。

b. 组装工艺简单。底盘和车身可以分开装配，然后组装在一起，可简化装配工艺，便于组织专业化流水线生产工艺。

c. 易于改型。由于车架可作为整车的装配基础，因此改装车架就可以改变车型。

d. 安全性好。发生碰撞事故时，车架可以对车身起到一定的保护作用，从而保护乘员。

③ 缺点。

a. 整车质量大。由于车架的质量较大，因此整车的质量较大。

b. 承载面高。由于底盘和车身之间装有车架，因此整车高度增加。

c. 成本较高。由于车架的构件断面尺寸较大，因此必须具备大型的压床、模具、夹具等一系列较昂贵、复杂的制造设备和检验设备。

（2）承载式车身

① 结构特点。承载式车身（也称为整体式车身）是一种无独立车架的整体车身结构形式，如图1-2所示。其主要特点是在前、后轴之间没有起连接作用的车架，车身是承受全部

载荷的刚性壳体，直接承受从地面传来的力和动力系统传来的力。承载式车身十分有利于减轻自身质量，并使车身结构合理化，现代轿车几乎都采用承载式车身。

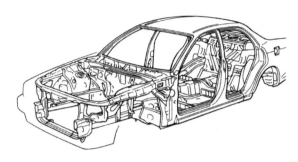

图 1-2 承载式车身

承载式车身虽然没有独立的车架，但由于车身主体与类似于车架的车身地板（包括前、后纵梁）采用组焊等方式制成整体刚性框架，使整个车身（地板，骨架，内、外蒙皮，车顶等）都参与承载。这样，分散开来的承载力会分别作用于多个车身结构件上，车身整体刚度和强度同样能够得到保证。当车身整体或局部承受适度载荷时，壳体不易发生永久变形，即刚性节点处在正常载荷作用下一般不会永久性变形。而且这个由构件组成的刚性壳体在承受载荷时"牵一发而动全身"，遵守作用力与反作用力的平稳法则，"以强济弱"地自动调解，使整个壳体在极限载荷内始终处于稳定平衡状态，如图 1-3 所示。

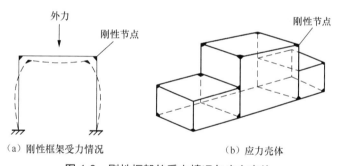

（a）刚性框架受力情况 　　　　　（b）应力壳体

图 1-3 刚性框架的受力情况与应力壳体

② 优点。

a. 质量小。没有车架这一厚钢板冲压件，全部车身构件均采用容易成型的薄钢板冲压件，因而使整车质量减小。

b. 生产工艺性好。用薄钢板冲压成的各种结构件，在流水线上采用点焊工艺和多工位自动焊接等自动化生产方式，使生产效率和生产质量明显提高。

c. 安全性好。由薄钢板冲压成型并组焊而成的车身，具有均匀承受载荷并加以扩散的功能，对冲击能量的吸收性好。虽然当汽车发生碰撞事故时的局部变形较大，但对客舱的影响却相对小得多，汽车的安全性得到改善与提高。

d. 能够实现车身整体合理的强度等级设计理念。所谓的车身强度等级设计（也称为车身刚度匹配），是指在汽车车身设计时，有意将车身中部区域（客舱）的刚度和韧性设计为比前、后区域大，这样在前后碰撞时，车身前、后部容易变形（尺寸缩短）并吸收撞击能量，从而对客舱产生一定的保护作用，如图1-4所示。

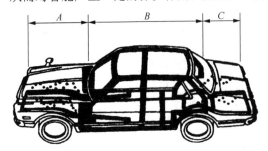

（a）车身壳体的强度等级

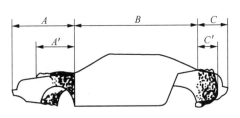

（b）车身受冲击时的变形情况

图1-4　车身按吸收能量的强弱进行分段

A—车身前部尺寸；B—车身中部尺寸；C—车身后部尺寸；

A′—变形后车身前部尺寸；C′—变形后车身后部尺寸

③ 缺点。

a. 底盘部件与车身结合部位在汽车运动载荷的冲击下，易发生疲劳损坏。

b. 客舱容易受到来自汽车底盘的振动与噪声的影响。

c. 由碰撞事故所导致的整体变形较为复杂，并且，车身整体定位参数的变化还会直接影响到汽车的行驶性能。车身维修作业中对整体参数复原时，不仅难度大，还必须使用专用设备和特定的检测手段。

2. 按车身外形分类

轿车车身的形状主要由座椅位置和数量、车门数量、顶盖变化、发动机和备胎的布置等因素决定。

（1）按车身背部结构分类

轿车按车身背部结构不同分为折背式车身、直背式车身、舱背式车身和短背式车身4种。

① 折背式车身。折背式车身指背部有角折线条的车身，也称为浮桥式车身、船形车身、三厢式车身等，如图1-5所示。其主要特征是车身由明显的前部（前舱）、中部（客舱）和后部（行李舱）3部分组成，大多数都布置有两排座椅，这种轿车按车门数可分为2门式和4门式等。

② 直背式车身。直背式车身也称为快背式车身、溜背式车身等，其后窗和行李舱连接近似平直，比折背式更趋近于流线型，有利于降低空气阻力，且使行李舱的空间加大，如图1-6所示。

图1-5　折背式车身

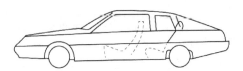

图1-6　直背式车身

③ 舱背式车身。舱背式车身也称为半快背式车身，这种形式车身的顶盖较折背式长，后背角度比直背式小，行李舱与后窗演变为一个整体的背门，如图1-7所示。

④ 短背式车身。短背式车身也称为鸭尾式车身，这种车身由于背部很短而使整车长度缩短，

从空气动力学角度来讲是有利的，可减少车辆偏摆，有利于提高车身稳定性，如图1-8所示。

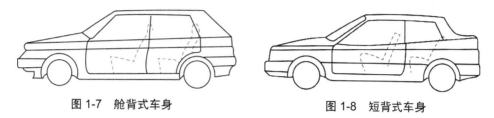

图1-7 舱背式车身   图1-8 短背式车身

（2）按侧窗数、座位数等分类

轿车车身根据外观形态、侧窗数、座位数的不同可分为三厢式和两厢式两种结构，如图1-9所示。

① 三厢式车身。三厢式车身是前舱、客舱和行李舱在外形上呈各自独立形态的车身。三厢式车身是一种最为流行的有代表性的轿车车身形式，车身为封闭、刚性结构，有4个或以上侧窗，两排或以上座椅和两个或以上车门。由于前舱、客舱、行李舱分段隔开，形成相互独立的3段布置，故称之为三厢式车身，如图1-9（a）所示。

② 两厢式车身。两厢式车身是前舱、客舱和行李舱在外形上呈两个空间形态的车身。两厢式车身后部形状按较大的内部空间设计，将客舱与行李舱在同一段布置，故称为两厢式车身，如图1-9（b）所示。

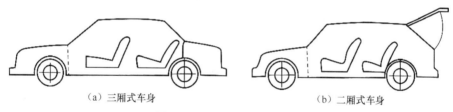

（a）三厢式车身   （b）二厢式车身

图1-9 三厢式与两厢式车身

（3）按用途及车门数分类

轿车按用途及车门数分为2门轿车、4门轿车、2门旅行车、4门旅行车等，如图1-10所示。

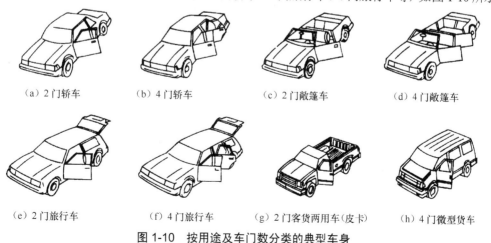

（a）2门轿车　　（b）4门轿车　　（c）2门敞篷车　　（d）4门敞篷车

（e）2门旅行车　　（f）4门旅行车　　（g）2门客货两用车(皮卡)　　（h）4门微型货车

图1-10 按用途及车门数分类的典型车身

3．按车身材料分类

（1）钢制车身

钢制车身是由钢板冲压成的钣金件通过焊接组装成的，这种车身是目前轿车车身的主流。以前轿车车身材料全部使用优质碳素钢板，近年来高强度的低合金钢板所占的比例逐渐增加。

（2）轻金属车身

车身中采用最多的轻金属是铝合金。批量生产的轿车目前只有部分构件采用铝合金，如翼子板、前舱盖、前纵梁等。全部采用铝合金的轿车车身技术尚不成熟。

（3）塑料车身

全塑料车身目前还很少，而且所谓塑料车身，一般都指用塑料制造车身覆盖件。它是以钢制骨架为基础，用螺栓把塑料覆盖件紧固其上而成的。现代多数高档轿车的车身覆盖件采用碳纤维制造，但人们还是习惯称其为塑料覆盖件。

（4）混合式车身

混合式车身是指由多种材料组合而成的车身。这也是目前多数轿车采用的典型车身。

4．按车身壳体结构分类

轿车车身具有安置发动机（驱动电机[1]、动力电池）、装载乘员和行李的作用，实现这些作用的车身壳体可分为开式和闭式两种结构形式。

（1）开式车身

开式车身是客舱顶为敞顶或根据需要可启闭的车身，即通常所说的不带（或可打开）顶盖的敞篷式车身。开式车身可分为两种结构，一种是由地板、侧壁、前壁和后壁四大部件所构成的，如图1-11所示；另一种是由地板、前壁和侧壁三大部件所组成的。

（2）闭式车身

闭式车身是顶盖作为车身本体一部分的车身。这种车身壳体由结构件构成一个封闭的系统，是目前轿车车身壳体采用得最普遍的一种形式，呈现为由基本结构件所构成的一个封闭的六面体结构，如图1-12所示。

图1-11　开式车身

图1-12　闭式车身

除此之外，轿车车身还有按豪华程度以及车身用途等多种分类方法，但从车身维修的角度来说，按车身材料和车身壳体结构分类的实际意义更大。

二、轿车车身整体结构

1．轿车车身的装配术语

我国车辆是靠道路右侧行驶的，汽车左侧是有转向盘的一侧，汽车右侧是副驾驶座位所

---

[1] 电机包括"电动机"与"发电机"两类，本书中的电机专指"电动机"。

在的一侧或转向盘的对侧。汽车是以前进的方向来定义车身的左右和前后的,如图 1-13 所示。

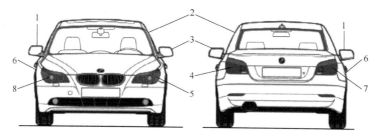

图 1-13 车身前后部分部件的名称

1—右外后视镜;2—左侧;3—左外后视镜;4—左后车灯;5—左前车灯;

6—右侧;7—右后车灯;8—右前车灯

为了便于在车身维修工作中进行交流,通常将一个汽车车身分成 3 个部分,即前部、中部、后部,如图 1-14 所示。

2. 轿车整车尺寸

轿车整车尺寸如图 1-15 所示。

图 1-14 汽车车身的 3 个部分

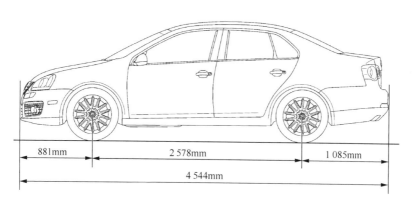

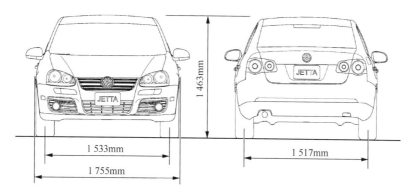

图 1-15 轿车整车尺寸

（1）车长

车长是指垂直于车辆纵向对称平面，并分别抵靠在汽车前、后最外端突出部位的两垂面之间的距离，图 1-15 中的车长为 4 544 mm。

车辆纵向对称平面在车身尺寸图中称为中心面，利用一个假想的具有空间概念的平面，能够将车身沿宽度方向截为对称的两半，则这个平面即为车辆的纵向对称平面，如图 1-16 所示。

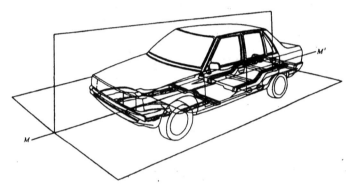

图 1-16 车辆纵向对称平面

我国公路车辆的极限尺寸规定的汽车总长为：货车（包括越野车）不大于 12 m，一般客车不大于 12 m，铰接式客车不大于 18 m，牵引车拖带半挂车不大于 16.5 m，汽车拖带挂车不大于 20 m。

（2）车宽

车宽是指平行于车辆纵向对称平面，并分别抵靠在车辆两侧固定突出部位（除后视镜、侧面标志灯、转向指示灯、挠性挡泥板、折叠式踏板、防滑链及轮胎与地面接触部分的变形外）的两平面之间的距离，图 1-15 中的数据 1 755 mm 即为车宽尺寸。我国公路车辆的极限尺寸规定车辆总宽不大于 2.5 m。

（3）车高

车高是指车辆没有装载且处于可运行状态时，车辆支撑平面与车辆最高突出部位相抵靠的两水平面之间的距离，图 1-15 中的数据 1 463 mm 即为车高尺寸。我国公路车辆的极限尺寸规定车辆总高不大于 4 m。

（4）轴距

轴距是指通过车辆同一侧相邻两车轮的中点，并垂直于车辆纵向对称平面的两垂面之间的距离。对于 3 轴以上的车辆，其轴距由从最前面至最后面的相邻两车轮之间的轴距分别表示，总轴距则为各段轴距之和。图 1-15 中的数据 2 578 mm 即为轴距尺寸。

（5）轮距

汽车车轴（桥）的两端为单车轮时，轮距为车轮在车辆支撑平面上留下的轨迹中心线之间的距离；汽车车轴（桥）的两端为双车轮时（并装双胎），轮距为车轮中心平面（双轮车车轮中心平面为外车轮轮辋内缘与内车轮轮辋外缘等距的平面）之间的距离，如图1-17所示。图1-15中的数据1 533 mm和1 517 mm分别为前、后轮距尺寸。

（6）前悬

前悬是指通过两前轮中心的垂面与抵靠在车辆最前端（包括前拖钩、车牌及任何固定在车辆前部的刚性件）且垂直于车辆纵向对称平面的垂面之间的距离。图1-15中的数据881 mm即为前悬尺寸。

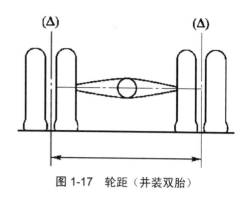

图1-17 轮距（并装双胎）

（7）后悬

后悬是指通过车辆最后两车轮轴线的垂面与抵靠在车辆最后端（包括牵引装置、车牌及任何固定在车辆后部的刚性件）且垂直于车辆纵向对称平面的垂面之间的距离。图1-15中的数据1 085 mm即为后悬尺寸。

3. 轿车车身整体结构

典型的轿车车身整体结构如图1-18所示。

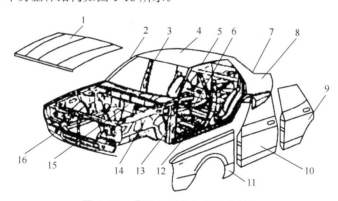

图1-18 典型的轿车车身整体结构

1—前舱盖；2—前窗柱；3—中立柱；4—顶盖；5—上边梁；6—地板；7—行李舱盖；
8—后翼子板；9—后门；10—前门；11—前翼子板；12—门槛；
13—前立柱；14—前纵梁；15—前围板；16—前保险杠

① 前舱盖。前舱盖的主要作用是遮盖发动机（或驱动电机）。前舱盖属于车身的开启件，一般通过铰链安装在车身壳体上。

② 翼子板。翼子板也称为叶子板，其主要作用是遮盖车轮。翼子板属于车身覆盖件，按其在车身上的位置不同分为前翼子板和后翼子板。大多数轿车的前翼子板通过螺栓安装在车身壳体上；少数轿车，特别是非承载式车身的轿车，前翼子板局部通过点焊的方式与车身壳体连接。后翼子板也称后侧围板，一般通过点焊的方式与车身壳体连接。

③ 车门。车门的主要作用是方便乘客上下车。车门属于开启件，通过铰链安装于车门立柱上。

④ 行李舱盖。行李舱盖的主要作用是遮盖行李舱。行李舱盖属于开启件，通常是通过

铰链安装于车身壳体上的。

⑤ 保险杠。保险杠按其在车身上的位置不同分为前保险杠和后保险杠，主要在车辆发生前、后碰撞时起被动保护作用。保险杠通常是通过螺栓与车身壳体的前、后纵梁相连接的，有时在保险杠和纵梁间加装有缓冲器。

⑥ 顶盖。顶盖的主要作用是遮盖客舱。顶盖属于覆盖件，通常用点焊的方式与车身壳体连接，有些车型在顶盖上开设有天窗（活动顶盖），敞篷车则没有顶盖。

⑦ 车身壳体。车身壳体也称为车身本体，是结构件和连接件、加强件焊接或铆接后不可拆卸的总成（没有安装任何机械部件、电气元件、导线、车身覆盖件及装饰件的总成）。车身壳体是整个汽车的基础，汽车上的所有机械部件、电气元件、导线、车身覆盖件及装饰件等均通过不同的方式固定在车身壳体上。

任务 1-2　轿车车身壳体结构认识

⊡ 任务引入 ⊡

与车身维修密切相关的两种车身类型是非承载式车身和承载式车身。由于这两种车身差别较大，在车身维修时应该首先确定具体的车身类型，然后根据车身结构特点制订维修方案。

车身维修人员要熟悉现代车身结构上的各种零件、部件、组件的专业名称。要了解具体车型的车身零部件，就需要阅读由汽车制造公司提供的维修手册。在维修手册中对车身的形式、结构和零部件给出了重要而详细的描述。通过汽车维修手册（或汽车碰撞手册）还可掌握汽车编码（VIN）资料，熟悉每家汽车制造公司的汽车出厂编码方法及其含义，尽可能多地获取被修汽车的资料。

本任务主要学习非承载式车身和承载式车身的壳体结构。

⊡ 学习目标 ⊡

1. 能够正确描述非承载式车身的车架结构。
2. 能够正确描述非承载式车身的壳体组成及各组成部分相互间的连接方式。
3. 能够正确描述承载式车身的壳体组成及各组成部分相互间的连接方式。
4. 能够根据实车车身壳体的结构特点确定具体车身的结构类型，并能够准确说明车身各构件的相互连接关系。
5. 培养良好的安全卫生习惯、环保意识及团队协作的职业素养。
6. 能够检查、记录和评价工作结果。

⊡ 相关知识学习 ⊡

一、非承载式车身壳体结构

图 1-19 所示为典型的非承载式车身结构，由车身壳体和车架组成。

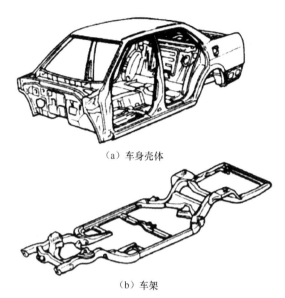

（a）车身壳体

（b）车架

图 1-19　典型的非承载式车身结构

1. 车架

车架是非承载式车身中的一个独立的部件。车架没有与车身壳体上的任何主要部件焊接在一起。车架是汽车的基础件，车身壳体和主要部件都固定在车架上，因此要求车架有足够的坚固度，在发生碰撞时能保持其他部件的正常位置。

车身壳体通常用螺栓固定在车架上，为了减少客舱内的噪声和振动，车身与车架之间除放置特制橡胶垫块外，还可以安装减振器，将振动减至最小。

现代轿车大多采用高强度钢来制作车架。车架的纵梁断面通常是 U 形槽断面或箱形断面，用来加强车架并作为车轮、发动机（驱动电机、动力电池）和悬架系统的支架。车架在碰撞时能吸收大量的能量。车架上不同的托架、支架和孔洞用来安装各种部件，这些部件安装完成后即构成汽车的底盘。

（1）车架的功能

车架是汽车各总成的安装基体，它将发动机、底盘部件和车身等总成连成一个有机的整体，即将各总成组成一辆完整的汽车。同时，车架还承受汽车各总成的质量和有效载荷，并承受汽车行驶时所产生的各种力和力矩，即车架要承受各种静载荷和动载荷。

（2）对车架的要求

为了使车架实现上述功能，通常对车架有如下的要求。

① 有足够的强度。保证在各种复杂的受力情况下车架不被破坏。要求有足够的抗疲劳强度，保证在汽车大修里程内，车架不至于有严重的疲劳损伤。

② 有足够的弯曲刚度。保证汽车在各种复杂的受力情况下，固定在车架上的各总成不至于因为车架的变形而被损坏或失去正常的工作能力。

③ 有适当的抗扭刚度。当汽车行驶于不平路面时，为了保证汽车对路面不平整度的适应性、提高汽车的平顺性和通过能力，要求车架具有合适的抗扭刚度。通常要求车架两端的抗扭刚度大些，而中间部分的抗扭刚度适当小些。

④ 尽量减轻质量。由于车架较重，对于钢板的消耗量相当大。因此，车架应按等强度的原则进行设计，以减轻汽车的自重和降低材料消耗量。在保证强度的条件下，应尽量减轻车架的质量。

（3）车架的类型

车架是按其结构形式的不同来分类的，其主要结构形式有框式、脊梁式和综合式。有些车辆还设置有副车架。

① 框式车架。框式车架按其具体结构又分为边梁式、周边式和 X 形车架 3 种。

a. 边梁式车架。这种车架由两根纵梁及连接两根纵梁的若干根横梁组成。这种结构便于安装驾驶室、车厢和其他总成，被广泛用于载货汽车、特种汽车和大客车上。其结构如图 1-20 所示。

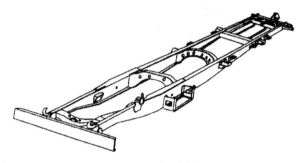

图 1-20　边梁式车架

车架的长度一般与整车长度相近。车架的宽度是左、右纵梁腹板外侧面之间的距离。车架前部宽度的最小值取决于发动机的外廓宽度，其最大值受到前轮最大转角的限制。车架后部宽度的最大值主要是根据车架外侧的轮胎和钢板弹簧片宽等尺寸来确定的。为了提高汽车的横向稳定性，要求增大车架的宽度；为了简化制造工艺，最好要求车架前后等宽。

通常，车架的宽度根据汽车总体布置的参数来确定。整车宽度不得超过 2.5 m，故往往很难同时满足上述要求。为了解决总体布置与加宽车架的矛盾，可采取以下措施。

i. 将车架做成前窄后宽的结构。这种结构可解决前轮转向所需的空间与车架总宽之间的矛盾。此种结构适用于轻型汽车、微型汽车和轿车。

ii. 将车架做成前宽后窄的结构。对于重型载货汽车，其后轴的负荷大，要求轮胎的尺寸加大，后钢板弹簧片宽增加；同时为了安装外形尺寸大的发动机，常需减小前轮转向角，以使汽车的总宽在公路标准所限定的 2.5 m 之内。因此其车架不得不采用前宽后窄的形式。

为了使产品标准化，不少国家对车架的宽度制定了标准。如美国汽车工程师协会规定，后轮为双胎的载货汽车车架宽度的最大值为 864 mm。我国汽车专业标准也规定了中型载货汽车的边梁式车架宽度，其宽度标准为（864±5）mm。

b. 周边式车架。这种车架结构是从边梁式车架衍生出来的，前后两端宽度变小，中部加宽。前端宽度取决于前轮最大转角，后端宽度取决于后轮距，中部宽度取决于车身门槛梁的内壁面。前部和中部以及后部和中部的连接处用扭力箱（缓冲臂或抗扭盒）相连，具有一定的弹性，能缓和不平路面的冲击。这种车架结构复杂，一般在中、高级轿车上采用。其结构如图 1-21 所示。

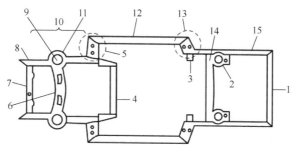

图 1-21 周边式车架

1—后横梁；2—后弹簧槽；3—稳定器座；4—传动系统支梁；5、13—扭力箱；

6—主横梁；7—前横梁；8—前车架纵梁；9—上操纵臂垫槽；10—前车架；

11—弹簧槽；12—纵梁；14—后悬架横梁；15—后车架纵梁

c. X 形车架。这种车架由两根纵梁及 X 形横梁组成，实际上是对边梁式车架的改进，有一定的抗扭刚度。X 形横梁能将转矩转变为弯矩，对短而宽的车架，这种效果最明显。X 形车架一般只在轿车上采用，其结构如图 1-22 所示。

② 脊梁式车架。这种车架主要由一根位于中央且贯穿汽车全长的较粗的纵梁和若干根悬伸托架组成，如图 1-23 所示。中央纵梁

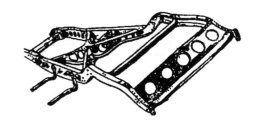

图 1-22 X 形车架

可以是圆管状断面，也可以是箱形断面。这种车架的抗扭刚度合适，允许车轮跳动的空间大，适合采用独立悬架，但制造工艺复杂。某些轿车和越野汽车会采用此种车架。

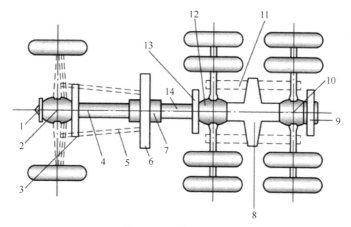

图 1-23 脊梁式车架

1—发动机前托架；2—前桥壳；3—发动机后部及驾驶室前托架；4—前脊梁；

5—前悬架扭杆弹簧；6—驾驶室后部及货箱副梁前部托架；7—分动器壳体；

8—连接梁；9—连接货箱副梁的托架；10—后桥壳；11—后悬架钢板弹簧；

12—中桥壳；13—连接货箱副梁的托架；14—中央脊梁

③ 综合式车架。这种车架的前、后部分类似于边梁式车架，以便于分别安装发动机和驱动桥；中部为一短脊梁管，传动轴从短管内通过。它是边梁式车架和脊梁式车架的综合，中部的抗扭刚度合适，但中部地板凸包较大，且制造工艺较复杂。此种结构一般在轿车上使用，其形式如图1-24所示。

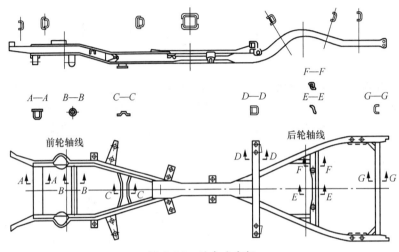

图1-24　综合式车架

④ 副车架。有些轿车，特别是承载式车身的轿车，为了便于安装发动机和动力传动系统，以及为了改善安装点部位受力状况，常采用副车架结构，如图1-25所示。

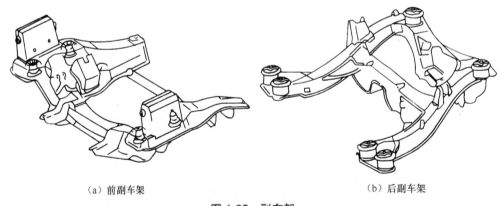

（a）前副车架　　　　　　　　　　　　　　　　（b）后副车架

图1-25　副车架

副车架一般通过软垫直接连接到车身上。图1-26所示为副车架在车身上的应用。

（4）车架纵梁形式

车架纵梁的结构，一方面要保证车架的功能，另一方面要满足总体布置的要求，同时其形状应尽量简单，以简化其制造工艺。

从纵梁的侧视图看，纵梁的形状可分为上翼面是平直的［如图1-27（a）、（b）、（c）所示］和上翼面是弯曲的［如图1-27（d）、（e）、（f）所示］两种。当上翼面平直时，可使货箱地板平整，纵梁制造方便，大多数载货汽车车架纵梁都采用这种形式。当上翼面弯曲时，纵梁部分区段降低，地板高度相应降低，提高了整车的稳定性，且有利于乘员上下车，此种结构在轿车、微型汽车、公共汽车和部分轻型载货汽车上采用，其制造工艺复杂。图1-28所示为中部下凹形车架在汽车上的应用实例。

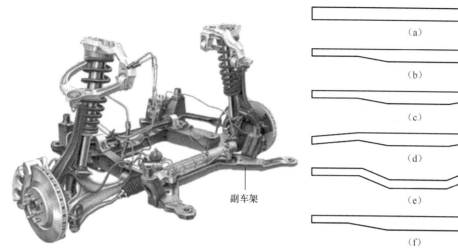

图 1-26 副车架在车身上的应用

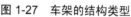

图 1-27 车架的结构类型

图 1-28 中部下凹形车架在汽车上的应用实例

纵梁的断面有槽形、工字形、箱形、管形和 Z 形等多种形式，如图 1-29 所示。为了使纵梁各断面处的应力接近，可改变梁的高度尺寸，使中部断面高度尺寸大，两端断面高度尺寸小。槽形断面的纵梁有较好的抗弯强度，又便于安装各种汽车部件，故应用得最为广泛，但此种断面的抗扭性差。从降低车架纵梁抗弯应力方面考虑，增大槽形断面高度最有利，但是汽车的质心高度会增加。增大上、下翼面的宽度也可以提高纵梁的抗弯强度，但其又受到发动机、传动系统部件布置的限制。因此综合考虑上述因素的影响，通常取高与宽的比值为2.8～3.5。由于重型载货汽车的发动机外形尺寸大，后轴负荷大，为了使车架做成前后等宽，有的车架纵梁用Z 形断面。这种纵梁工艺简单，但纵梁和横梁的连接结构复杂，油箱的安装也不方便。重型载货汽车和超重型载货汽车的车架纵梁多采用工字形断面的型材或焊接成的箱形结构。采用封闭断面纵梁构成的车架，其抗扭

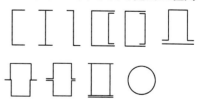

图 1-29 车架纵梁断面形状示意图

刚度大，客车通常采用此种车架。

纵梁的长度一般接近汽车长度，其值约为 1.4～1.7 倍汽车轮距。

（5）车架横梁形式

车架横梁将左、右纵梁连接在一起，构成一个框架，使车架有足够的抗扭刚度。汽车的主要总成通过横梁来支撑。

载货汽车的横梁一般有 4～6 根，其结构和用途不一样，并根据具体需要设计成各种形状，如图 1-30 所示。

前横梁通常用来支撑散热器，如图 1-31 所示。当发动机前支点安排在左、右纵梁上时，可用较小槽形和 Z 形断面横梁。对于前部采用独立悬架的轿车，为了扩大汽车驾驶人员的视野范围，降低汽车头部高度，需将散热器安装得低些，可将前横梁做成宽而下凹的形状。当发动机前支点和散热器相距很近时，前横梁常用来同时支撑散热器和发动机前端，此时需采用断面大的横梁。

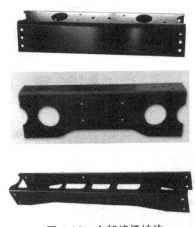

图 1-30　车架横梁结构

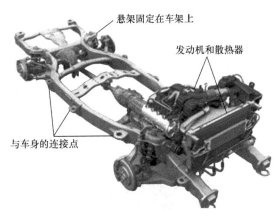

图 1-31　发动机与散热器在车架上的安装

中横梁通常用来做传动轴的中间支撑。为了保证传动轴有足够的跳动空间，常将横梁做成中部上拱形。车架在后钢板弹簧前的后支架附近所受到的力或转矩大，一般分别设置一根抗扭刚度大、连接宽度大的横梁。

后横梁上常设有拖挂装置，装有拖钩，一般将横梁做成 K 形结构，利用斜撑来减少横梁跨距，使之局部加强。

X 形横梁一般在轿车或轻型汽车上采用，通常为车架长度的 1/3 左右。

如果从提高车架抗扭刚度方面来考虑，闭口断面的梁比开口断面的梁要好。然而，开口断面的梁制造工艺简单，故在载货汽车上广泛应用；闭口断面的梁制造工艺复杂，零部件的安装也不方便，一般只在轿车、公共汽车和超重型载货汽车上采用。

（6）车架纵梁与横梁连接形式

车架纵梁与横梁连接形式对车架的受力有很大的影响。图 1-32 所示是纵梁和横梁的几种连接形式，大致可分为下面几类。

① 横梁和纵梁的腹板相连接。这种连接形式的制造工艺简单，连接刚度较差，但不会使纵梁出现大的应力，一般车架的中部横梁采用此种连接方式。

② 横梁同时和纵梁的腹板及任一翼缘（上或下）相连接。这种连接形式的制造工艺不是很复杂，连接刚度较强，故得到广泛应用，但后钢板弹簧托架上的力会通过纵梁传给后钢板弹簧的前横梁，使其承受较大载荷。因此在设计钢板弹簧托架时应尽可能减少悬伸长度，使载荷作用点靠近纵梁弯曲中心。当纵梁弯曲中心载荷较大时，可将该处纵梁做成局部闭口断面，也可将横梁穿过纵梁向外延伸，将载荷直接传给横梁。

③ 横梁同时和纵梁的上、下翼相连接。这种连接形式具有刚性较好的加强角支撑，可产生良好的斜支撑作用，使整个车架的刚度增加，且其翼缘外边不会因受压而产生翘曲。车架两端的横梁常采用这种形式与纵梁相连接。但此种连接方式的制造工艺复杂，当转矩过大时，纵梁翼缘上会出现应力过大的现象，这是纵梁断面不能自由翘曲所致。

横梁和纵梁的固定方法可分为铆接、焊接和螺栓连接等方式。

大多数车架用搭接板通过铆钉连接。这种方法成本低，适合大批量生产，其刚度与铆钉的数目及其分布有关。

焊接能使其连接牢固，不会产生松动，能保证有较大的刚度。但焊接容易变形并产生较大的应力，故焊接质量要求较高，主要在小批量生产或修理时采用。

螺栓连接主要适用于各种特殊使用条件的汽车车架，以使装在车架上的某些部件易于拆卸或更换。但此种连接方式长期使用容易产生松动，甚至发生严重事故，一般汽车不采用此种连接方式。

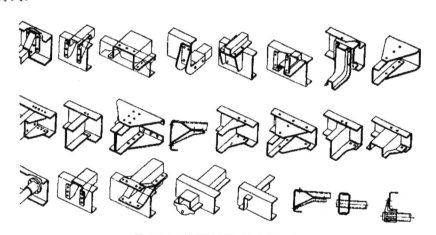

图 1-32 横梁和纵梁的连接形式

2. 车身壳体

（1）前车身

非承载式车身的前车身壳体由散热器支架、前翼子板和前挡泥板等组成，如图 1-33 所示。前车身各构件通常用螺栓进行相互间及与车架间的连接，构件间局部也有用点焊方式连接的。散热器支架由上支架、下支架和左右支架焊接成一个总成。非承载式车身的前翼子板上边内部通过点焊与前挡泥板连接，后端通过加强板采用点焊方式与前门立柱连接，不仅增加了前翼子板的强度和刚性，还与前挡泥板一起降低了传到客舱的振动和噪声，也有利于减小悬架及发动机在侧向冲击时受到的损伤。

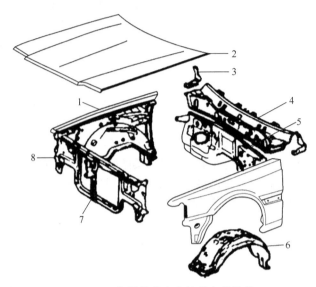

图 1-33　非承载式车身的前车身构件

1—前翼子板；2—前舱盖；3—前舱盖铰链；4—前围上盖板；5—前围板；

6—前挡泥板；7—前舱盖锁支架；8—散热器支架

（2）主车身

客舱和行李舱焊接在一起构成主车身，由围板、地板、车顶板等组成，如图 1-34 所示。

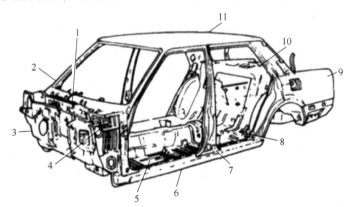

图 1-34　非承载式车身的主车身结构

1—上盖板；2—风窗立柱；3—围板；4—上盖板侧板；5—前地板；6—门槛外板；

7—中立柱；8—中部地板；9—后翼子板；10—后盖板；11—车顶板

　　围板又称前围挡板，是隔绝客舱和前舱的一个构件，用以防止发动机（驱动电机及其控制器等）的热量、噪声及废气传入客舱内。围板由左/右前车身立柱、内板、外板、盖板及其侧板等构成，结构上设计了很多孔洞，这些孔洞是各类管线的通道，如图 1-35 所示。通常采用钢板中夹防振材料制成隔声隔热结构，如图 1-36 所示。围板上部多为空腔结构，装置车身附件并设置车内通风口。

图 1-35 围板

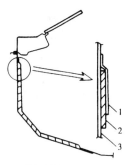

图 1-36 前围挡板的隔声隔热结构

1—围板加强板；2—沥青密封材料；3—围板

　　非承载式车身的地板通过悬置软垫与车架连接，主要由前、中、后地板，后尾梁，悬置支架，左、右两侧门槛等焊接而成，有时也包括前挡板（前壁板）。为适应传动轴跳动空间和降低车身高度，地板中间从前至后设计成凸起的形状，如图 1-37 所示。横梁与地板前部焊接在一起，并安装到车架上，地板的前后和左右边侧用压花工艺做成褶皱，增加地板的刚度，减少振动。

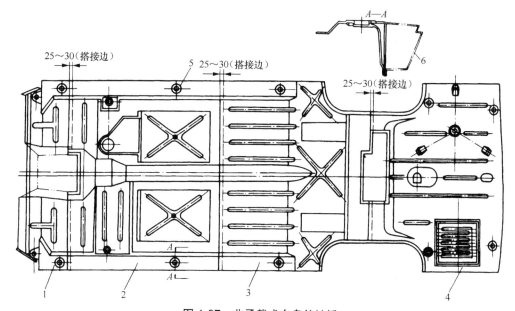

图 1-37 非承载式车身的地板

1—前围挡板；2—前地板；3—中地板；4—后地板；5—车身悬置；6—外门槛

　　车身的悬置装置分为压缩式和剪切式两种，如图 1-38 所示。其作用是连接车架和车身（地板），使其相对位置保持不变，减少冲击与振动。

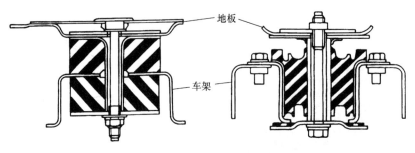

（a）压缩式车身悬置   （b）剪切式车身悬置

图 1-38　车身悬置装置的形式

二、承载式车身壳体结构

承载式车身壳体结构有 3 种基本类型，即前置发动机（驱动电机）后轮驱动型（简称前置后驱，可用 FR 表示）、前置发动机（驱动电机）前轮驱动型（简称前置前驱，可用 FF 表示）和中置发动机（驱动电机）后轮驱动型（简称中置后驱，可用 MR 表示）。

1. 前置后驱结构的车身壳体

前置后驱结构的车身被分成 3 个主要部分，即前车身、客舱（中车身）和后车身。发动机（驱动电机）、传动装置、前悬架和操纵系统装在前车身；差速器和后悬架装在后车身；中车身的地板上焊接有纵梁和横梁，有很高的强度和刚性，以保证乘员的安全，如图 1-39 所示。

前置后驱车身具有以下特点。

① 发动机（驱动电机）、传动装置和差速器均匀分布在前、后轮之间，减轻了操纵系统的操纵力。

② 发动机（驱动电机）纵向放置在前车身的副车架或支撑横梁上。

③ 发动机（驱动电机）可单独地拆卸和安装，便于维修操作。

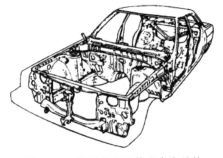

图 1-39　前置后驱承载式车身结构

④ 传动轴安装在地板下的通道内，减少了客舱的内部空间。

⑤ 发动机（驱动电机）、传动装置及后轮由前到后布置，因此汽车的振动和噪声源也从前到后均匀分布。

（1）前车身

前置后驱结构的前车身由前横梁、前悬架横梁、散热器支架、前挡泥板、前围板、前围上盖板及前纵梁等构成，如图 1-40 所示。由于发动机（驱动电机）、悬架和转向装置都安装在前挡泥板和前纵梁上，且前车身的强度和精度影响前轮的定位和传到客舱的振动与噪声，因此要求前车身制造精确并具有较高的强度。车身覆盖件（如前舱盖、前翼子板、前裙板等）用螺栓、螺母和铰链固定，其他的部件都焊接在一起，以减轻车身质量，增加车身强度。

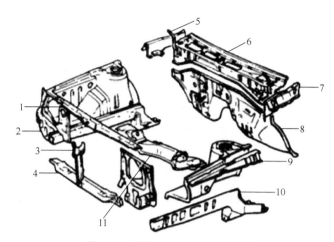

图 1-40 前置后驱的前车身构件

1—散热器上支架；2—散热器侧支架；3—前舱盖锁支架；4—前横梁；

5—前舱盖铰链；6—前围上盖板；7—前挡泥板与上盖板的下连接板；

8—前围板；9—前挡泥板与上盖板的上连接板；

10—前纵梁；11—前悬架横梁

前纵梁是前车身主要承载件，形状随车型而异，如图 1-41 所示。多数轿车的前纵梁有意设计成折曲形状，如图 1-42 所示。这些折曲部位称为预应力区，当车辆发生碰撞时，这些预应力区首先变形，以吸收碰撞时的冲击能量，减少碰撞力对客舱的影响。有些轿车的前纵梁设计成内部带有加强件的结构，如图 1-43 所示。

图 1-41 典型轿车前纵梁

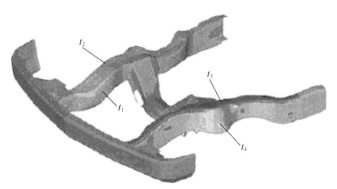

图 1-42 设计有预应力区的前纵梁

t_1～t_4 为预应力区

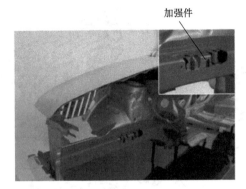

图 1-43　带有内加强件的前纵梁

　　前纵梁前端通常安装有保险杠。前纵梁通过一些连接板和加强板与挡泥板和减振器支座焊接在一起，与前围板下边缘有焊点，后部延伸至驾驶员座椅安装横梁处并与其焊接在一起，如图 1-44 所示。

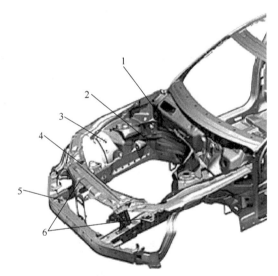

图 1-44　前车身壳体各构件的连接

1—前围板；2—减振器支座；3—挡泥板；4—散热器固定梁；5—前横梁；6—前纵梁

　　前保险杠通过螺栓与前纵梁连接。散热器上横梁通常用螺栓与左、右挡泥板前端连接，也有采用焊接的。前围板由水槽、转向器支架、仪表板支架及加强板组成。前部两侧靠两个翼形连接板分别同左、右前轮罩焊接固定，下边缘与前地板（即发动机挡板）点焊连接。这样，前围焊接总成与倾斜的前地板一起将前舱与客舱分开，起隔音、隔热、隔振和碰撞防护的作用。水槽是用厚 0.8 mm 的钢板冲压而成的凹槽形构件，它并不是用来盛水的，而是为暖风机、蓄电池的安装及发动机（驱动电机）、底盘、电气等各系统有关线束的铺设而设计的大支架。水槽通过橡胶塞、密封条等保证暖风机、蓄电池等与前部的发动机（驱动电机）完全隔离。转向器安装横梁是主要的横向受力构件，靠横梁与加强梁组成闭合断面，本身的弯曲形状和表面的冲压筋保证其具有较高的抗弯、抗扭刚度。

前围焊接总成同左、右前围立柱一起组成客舱前部坚固的受力框架。

（2）侧面车身

前置后驱结构的侧面车身构件如图 1-45 所示。前立柱、中立柱、车门槛板、车顶纵梁等部位都采用由内板、加强板和外板构成的 3 层板设计，同时应用了大量的高强度钢板，以减轻由前方、后方和侧面的碰撞所引起的中部车身变形。立柱、门槛板、车顶纵梁、车顶板、地板相互间以点焊方式连接成客舱。在行驶中这些板件把从车底部传来的载荷传递到汽车的上部部件，并阻止车身向左、右侧弯曲。车身立柱也作为门的支柱，在汽车翻倒时能保持客舱的完整性。车身侧面由于有车门洞，其强度被削弱，因而用连接的内部和外部板件来加强，形成一个非常牢固的箱形结构。

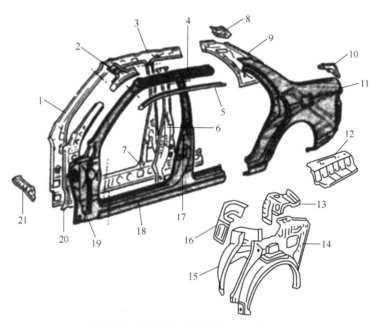

图 1-45 前置后驱结构的侧面车身构件

1—前立柱上加强梁；2—前立柱上内板；3—前立柱下加强板；4—前立柱下加强梁；
5—前立柱上外板；6—门槛外板；7—中立柱内板；8—上边梁内板；9—上边梁外板；
10—车顶流水槽；11—中立柱加强板；12—中立柱外板；13—连接板；
14—后翼子板轮弧内板；15—翼子板延伸板内板；16—车顶后横梁内板；
17—行李舱开口部位加强板；18—后翼子板；19—后翼子板至车底延伸板；
20—支撑板；21—后翼子板轮弧外板

（3）底部车身

底部车身是承受载荷的主要部件。底部车身主要由前/后纵梁、地板纵梁、地板及横梁构成，如图 1-46 所示。前纵梁类似车架的纵梁，由于悬架和车身底部结构的大小和形状的不同，这些部件的形状和基本布局会有变化。

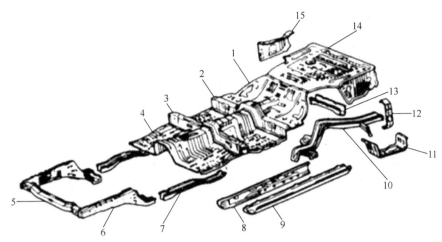

图 1-46　前置后驱结构底部车身构件

1—后地板；2—中地板后横梁；3—前地板后横梁；4—前地板；5—前横梁；6—前纵梁；

7—前地板下加强梁；8—地板主纵梁（门槛内板）；9—门槛外板；10—后纵梁；

11—后侧板下延长板；12—后侧板支架；13—后地板后横梁；

14—行李舱地板；15—行李舱地板侧板

① 地板。地板是车身的基础，因为车身的骨架都直接或间接地焊在地板上。更为重要的是，地板的强度和刚度不仅会影响到地板自身，还会影响到整车。

承载式车身地板可分为骨架式和分块式两种结构形式。

a. 骨架式结构。骨架式地板结构由纵梁、横梁、传动轴凸起、后尾梁等焊接成骨架，然后在其上铺设地板，通过点焊组合在一起，就成为了骨架式地板结构，如图 1-47 所示。

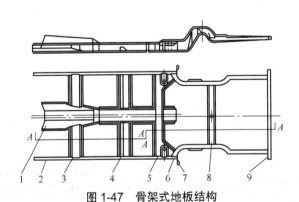

图 1-47　骨架式地板结构

1—传动轴凸起；2—内边梁；3—前座椅横梁；4—中座椅横梁；5—后座椅横梁；

6—后纵梁；7—后纵梁外板；8—固定底盘零件的横梁；9—后尾梁

b. 分块式结构。分块式地板结构是由两块或多块冲压板件相互焊接而成的。车前端由两根纵梁与前围挡板、前地板焊接在一起，并与门槛边梁焊接在一起。后部也有两根纵梁，其前端绕过后轮挡泥板与门槛边梁焊接在一起，后端与尾梁焊接在一起。尾梁起支撑后行李舱地板的作用；后保险杠也固定在后尾梁上，起保护后部车身的作用。分块式地板结构如图 1-48 所示。

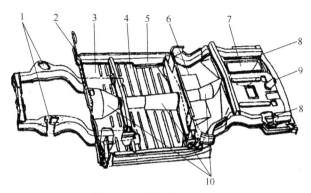

图 1-48 分块式地板结构

1—前纵梁；2—前围挡板；3—前地板；4—中地板；5—门槛内板；6—后地板；
7—行李舱地板；8—后纵梁；9—尾梁；10—传动轴通道

② 底部车身的分类。通常情况下，将承载式车身的底部车身分为前段、中段和后段 3 部分。

a. 前段。底部车身前段由前纵梁、前横梁构成。由于要安装发动机（驱动电机）、悬架等部件，并影响前车轮的定位，这些构件都用高强度钢来制成箱形断面。图 1-49 所示为前置后驱结构底部车身的两种不同的前段结构。

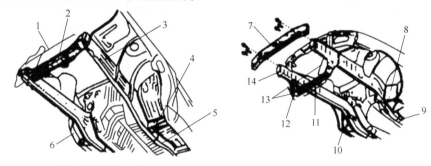

（a）发动机横置的前底部车身　　　　　（b）发动机纵置的前底部车身

图 1-49 前置后驱结构底部车身的两种不同的前段结构

1、13—箱形断面；2—前横梁；3、14—前纵梁；4—地板横梁；5、9—地板下加强梁；
6、10—主地板纵梁；7—保险杠加强梁；8—扭力箱；11—U 形断面；12—发动机支撑梁（元宝梁）

b. 中段。底部车身中段主要由地板、地板横梁和地板纵梁等构成，如图 1-50 所示。前置后驱结构车身因为变速器纵向放置，并且由传动轴传递动力至后轮，所以需要有较大的车底拱起空间，因而只能提供较小的腿部活动空间。隆起部位对比如图 1-51 所示。前置后驱结构一般适用于具有较大车身的轿车。地板的中心有传动轴通道，加强了地板的强度，它能阻止地板扭曲。此外，地板主纵梁和横梁位于前排座下面和后排座前面，强化了左侧和右侧的刚性，在侧面碰撞中可防止地板扭曲。

汽车车身结构（第3版）

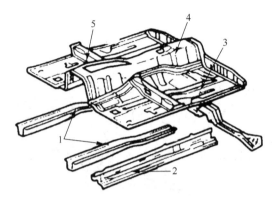

图 1-50　底部车身中段构件

1—地板下加强梁；2—地板纵梁；3—前地板；4—地板凸起（传动轴通道）；5—地板横梁

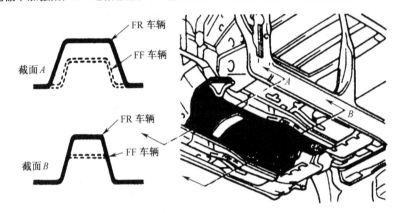

图 1-51　底部车身的隆起部位对比

图 1-52 所示为 BMW ALPINA B7LXF02 4 门轿车中地板结构图。

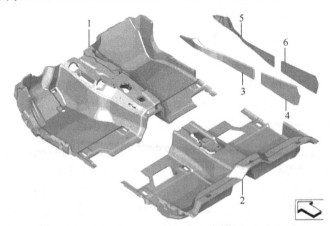

图 1-52　BMW ALPINA B7LXF02 4 门轿车中地板结构图

1—前地板；2—后地板；3—中央控制台左前板；4—中央控制台左后板；

5—中央控制台右前板；6—中央控制台右后板

c. 后段。底部车身后段主要由后地板纵梁、后地板横梁、后地板及行李舱地板等构成，如图 1-53 所示。后地板纵梁分为前、后两段，两段焊接在一起，以方便维修车身时的更换作业。前段从后排座下延伸至后地板后方，并在后地板处形成向上凸起的结构，此结构一方面可降低车身高度，另一方面可吸收后端碰撞时的能量。

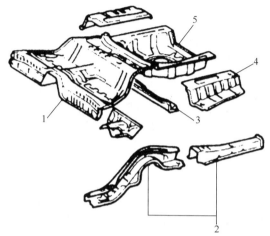

图 1-53　底部车身后段构件

1—中地板；2—后地板纵梁（前、后两段）；3—后地板横梁；

4—后翼子板至行李舱地板延伸板；5—行李舱地板

当油箱固定于地板下面时（悬浮式），后地板纵梁后半部具有强韧而不易弯曲的特性。把弯角区域（向上弯曲）设计成容易发生折损变形的结构，当发生后面碰撞时可保护油箱，如图 1-54 所示。

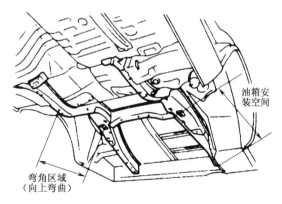

图 1-54　保护油箱的后部结构

（4）后车身

前置后驱结构的后车身有轿车型和旅行车型两种类型，如图 1-55 和图 1-56 所示。前者行李舱和客舱分离，后者行李舱与客舱为一体式结构。在轿车中，后围上盖板和后座的软垫托架连接在后侧板和后地板上，围板可防止车身扭曲。旅行车由于没有单独的后车身，采用加大顶盖内侧板及后窗下部框架、将顶盖内侧板延伸至后侧板等措施来加强车身的刚度。

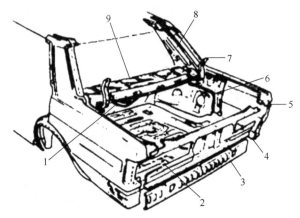

图 1-55　轿车后车身

1—后座椅软垫托架；2—行李舱地板；3—尾梁；4—后围板；5—后侧板；

6—后轮罩；7—行李舱盖铰链；8—后侧围板内板；9—后隔板上盖板

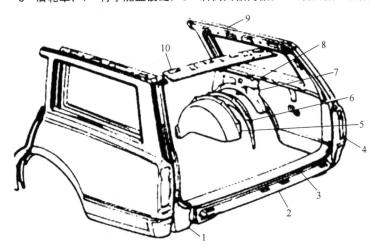

图 1-56　旅行车后车身

1—内侧后板；2—后地板下板；3—后地板上板；4—后侧板；5—后轮罩内板；6—后轮罩外板；

7—内侧前板；8—后窗下框；9—上边梁内板；10—顶盖后横梁

2. 前置前驱结构的车身壳体

前置前驱结构车身的发动机（驱动电机）安装在车身的前面并由前轮驱动，车身结构与前置后驱的类似。由于没有传动轴，客舱的空间可以加大。同时发动机（驱动电机）、传动轴、前悬架装置和操纵装置都设置在车身前部，车身前部的部件承受的载荷比较大，所以前置前驱的车身前部强度与前置后驱的有很大不同，其特点如下。

① 变速器和差速器结合成一体，没有传动轴，车身质量显著减小。

② 因噪声和振动源多在车身的前部，汽车的总体噪声和振动减小。

③ 前悬架和前轮的负荷增加。

④ 车身的内部空间增大。

⑤ 油箱可设在车中心底部，使行李舱的面积增大，其内部也变得更加平整。

⑥ 由于发动机（驱动电机）装在前面，碰撞时有向前的惯性力，所以发动机（驱动电机）的安装组件要相应加强。

前置前驱结构的发动机可以纵向安置（纵置），也可以横向安置（横置）。纵置发动机的支撑结构如图 1-57 所示，发动机由连接左、右前纵梁的前悬架横梁支撑，这种发动机的安置方式与后轮驱动发动机的安置方式相同。横置发动机的支撑结构如图 1-58 所示，即发动机安装在中心构件（或称为中间梁）和左、右前纵梁上，形成所谓的 4 点悬置结构。

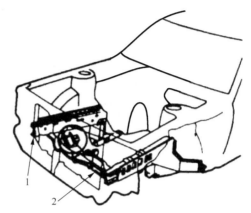

图 1-57　纵置发动机的支撑结构
1—前纵梁；2—前悬架横梁

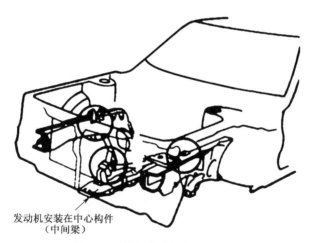

发动机安装在中心构件
（中间梁）

图 1-58　横置发动机的支撑结构

（1）前车身

前置前驱的前车身壳体由前翼子板、散热器上/下支架、散热器侧支架、前横梁、前纵梁、前挡泥板和用薄钢板冲压成的前围板等构成。前车身的精度对前轮定位有直接影响，所以在完成前车身修理以后，一定要检查前轮的定位。

图 1-59 所示为前置前驱纵置发动机结构的前车身构件。为了增加前挡泥板的强度和刚度，将前挡泥板与盖板、前纵梁焊接在一起。纵置发动机（包括 4WD）结构的前车身与后轮驱动结构的前车身几乎相同，但由于前置前驱结构的车身前部承受较大的载荷，其扭力箱焊接在前纵梁的后端，所以其前纵梁比前置后驱结构的相应构件的强度要大。

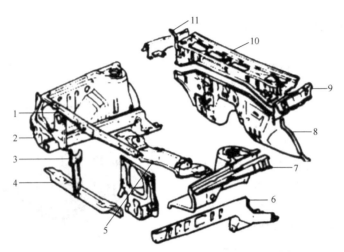

图 1-59　前置前驱纵置发动机结构的前车身构件

1—散热器上支架；2—散热器下支架；3—前舱盖锁支架；4—前横梁；5—前悬架横梁；6—前纵梁；
7—前挡泥板与前围上盖板的上连接板；8—前围板；9—前挡泥板与前围上盖板的下连接板；
10—前围上盖板；11—前舱盖铰链

图 1-60 所示为前置前驱横置发动机结构的前车身构件。由于发动机横向放置，转向操纵机构的齿轮齿条就装在前围板的下部，转向传动杆通过前横梁后部的大开口和悬架臂一起装在直对开口下面的结构上，所以其前车身的下围板和前纵梁与后轮驱动结构或纵置发动机的前轮驱动结构完全不同。

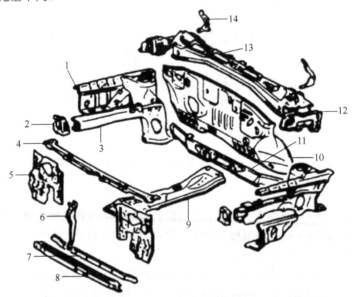

图 1-60　前置前驱横置发动机结构的前车身构件

1—挡泥板；2—前纵梁延伸板；3—前纵梁；4—散热器固定梁；5—散热器支架；6—前舱盖锁支架；
7—前横梁后加强梁；8—前横梁；9—中间梁；10—前围板；11—转向器支撑梁；
12—上盖板侧板；13—前围上盖板；14—前舱盖铰链

（2）中车身

前置前驱和前置后驱汽车的中车身是基本相同的，包括车底、侧围及车顶盖等部分。

① 车底。前置前驱结构中部车底与前置后驱结构类似，由地板、地板纵梁、加强梁、地板横梁等组成。地板纵梁用高强度钢板制成，位于客舱两侧下端，又称为车门槛板内板。由于前置前驱车身没有贯穿前后的传动轴，车地板拱起空间小，因此能够提供较大的腿部活动空间。

② 侧围。侧围是由前支撑板、前立柱、中立柱、后立柱、后窗立柱、上边梁、门槛外板及后翼子板等组合成的焊接框架，装配时作为独立的大总成与地板、前后围等焊接成一个整体。侧围总成贯穿于车身的中后部。图 1-61 所示为桑塔纳轿车侧围板零件。

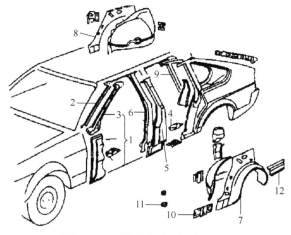

图 1-61 桑塔纳轿车侧围板零件

1—前立柱外板总成；2—前立柱上部内板；3—前立柱上部外板；4—前、后车门限位器轴承支架；
5—中立柱外板总成；6—中立柱内板；7、8—左、右后轮外挡泥板；9—后翼子板三角窗内板；
10—门槛加强板；11—管线引穿护套；12—地板加强板

a. 前立柱。前立柱由上段的风窗立柱和下段的前围立柱焊接而成。风窗立柱既是侧围的重要零件，又参与构成前风窗框，其断面形状如图 1-62（b）所示。前围立柱断面尺寸较大，它主要的功能是承担前门负荷。

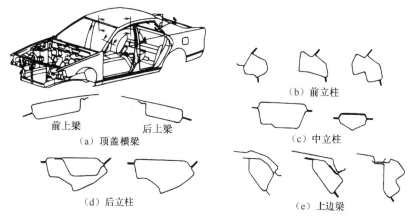

图 1-62 侧围、后围、顶盖及其相关结构件主要断面形状

b. 中立柱。中立柱主要起车门立柱的作用，同时增加侧围的刚度，承受侧面撞击。其形式为内板凹入形成闭合断面的空间弯曲梁，断面形状如图 1-62（c）所示。凹入形的内板有利于前安全带的布置。

　　c. 后侧围内板。后立柱、后窗立柱、连接板、加强板、后轮罩外板及安全带固定板等共同组成后侧围内板焊接分总成。图 1-63 所示为典型轿车后侧围内板分总成结构，这是车身骨架中较大的一个分总成，可靠地支撑着客舱的后部。后立柱的断面形状如图 1-62（d）所示。

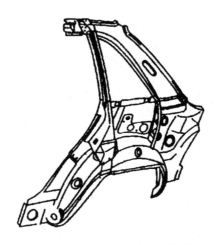

图 1-63　典型轿车后侧围内板分总成结构

　　d. 后翼子板。后翼子板又称为后侧围外板，后翼子板与侧围一体化是现代车身结构的一个突出特点。后翼子板包容轮胎，以防止流水飞溅，并要满足外观要求。

　　e. 上边梁。上边梁的形状极为复杂，它既要承受纵向载荷，又要与前、中、后 3 个立柱及内饰拉手连接。从安全性出发，上边梁在前立柱至中立柱之间加设加强板，使之与上边梁组成闭合断面，以提高结构强度和抗弯、抗扭刚度。上边梁的下侧翻边与顶盖的垂直翻边点焊连接，上侧翻边与顶盖内表面黏结，既保证了顶盖外表的质量，又起到密封隔振的作用，其断面形状如图 1-62（e）所示。

　　f. 门槛外板。侧围下部的门槛外板其实属于地板焊接总成，为使焊接工艺简便，先与侧围各零件焊为一体，其内部与前立柱和后立柱连接处分别设有加强板，以提高接口刚度。此外，在下表面冲制有车辆举升支座固定孔，以方便厂内运输及维修调整。

　　③ 车顶盖。轿车顶盖为整体式大型冲压板件，图 1-64 所示为典型轿车顶盖结构。有的轿车顶盖后部为整体式，与后窗框一次冲压成型，两侧表面为压筋式凹槽，使侧围表面既平滑、又提高了纵向抗弯刚度。

　　顶盖前、后横梁均为单板冲压件，其断面形状如图 1-62（a）所示。前侧梁两端分别与左、右侧窗立柱内板点焊连接，后侧梁两端与左、右后侧窗立柱内板点焊连接。这样，顶盖前后横梁、左右上边梁、左右风窗立柱及左右后侧窗立柱共同构成了客舱上部的完整的受力骨架。位于驾驶员座椅上方的顶盖横梁通常尺寸较大，以实现局部加强的作用，如图 1-65 所示。

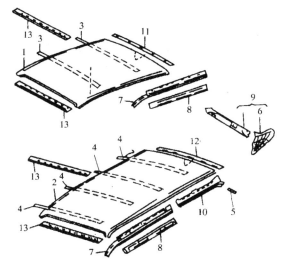

图 1-64 典型轿车顶盖结构

1、2—顶盖；3、4—顶盖加强板；5—支撑板；
6—角板；7、8—顶盖内侧框；9、10—内侧框延长板；
11、12—后横梁；13—前横梁

图 1-65 车顶盖横梁

（3）后车身

前置前驱结构的后车身由上部和底部组成，上部由后地板、下后板、后侧板、后轮罩外板、后轮罩内板等组成，如图 1-66 所示；底部由后地板横梁和后地板纵梁等组成，如图 1-67 所示。

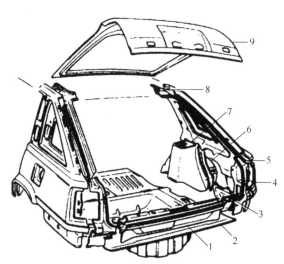

图 1-66 上部车身结构

1—下后板；2—后地板；3—后门下板；4—后侧板；5—盖板内侧板；
6—后轮罩外板；7—后轮罩内板；8—顶盖内板；9—后背门

车身结构为前置前驱，油箱又安装在中央底部车身地板下面，如图 1-68 所示，这使后地板纵梁的高度降低。当发生后面碰撞时，大部分的撞击力可以由行李舱空间吸收。后地板纵梁的后段都经过波纹加工，以提高吸收撞击能量的能力。后地板纵梁分为前、后两段，有利于车身维修时更换作业。后地板纵梁的较低部分与后悬架臂连接。后轮采用独立的滑柱式悬架，这样可以改进转向操纵性能和提高行驶的稳定性。当发生后面碰撞时，对后轮定位的影响比后轮驱动汽车要大得多，因此每次在后车身维修完成后都应当检查后轮的定位。

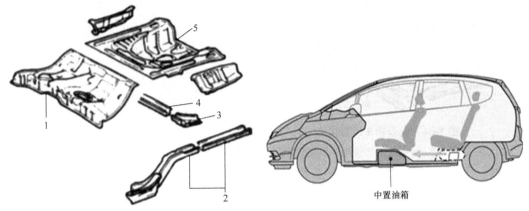

图 1-67　底部车身结构

1—中部地板；2—后地板纵梁；3—后悬架弹簧座；

4—后地板横梁；5—后地板

图 1-68　中置油箱结构

3. 中置后驱结构的车身壳体

中置后驱汽车的发动机和动力传动装置布置在客舱和后桥之间。这种形式的汽车不但质心低，而且质心靠近汽车的中心。车身普遍采用高强度箱式结构，这样减少了很多质量。这种形式的车身壳体结构如图 1-69 所示。

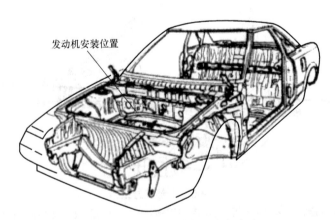

图 1-69　中置后驱结构的车身壳体

中置后驱汽车的车身壳体有以下特点。

① 质心靠近汽车的中心，因而改善了操纵性。

② 由于发动机在汽车的中部，前舱盖板可以向下倾斜，因而改善了空气动力学性能，降低了质心，扩大了驾驶员的视野范围。

③ 发动机的进气效率和冷却效率降低。

④ 在发动机和客舱之间装有隔板，用来降低客舱的噪声、振动和热辐射。

（1）前车身

中置后驱汽车的前车身安装有前悬架、转向操纵装置、散热器和冷凝器等机械部件，如图 1-70 所示。由于发动机和变速驱动桥分别设置在中车身和后车身，因此在车身前部空间可以设置前行李舱。整个车身的形状是后面高、前面低而扁，故车身的形状是低而尖的。独立的前悬架由前挡泥板和前纵梁支撑。

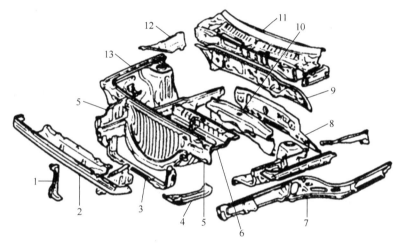

图 1-70　中置后驱汽车的前车身构件

1—前舱盖锁支架；2—散热器固定梁；3—前横梁；4—前行李舱下加强板；
5—前行李舱端板；6—前行李舱地板；7—前纵梁；8—前围下板；
9—前围板；10—转向器支撑梁；11—前围上盖板；
12—前挡泥板下加强板；13—前挡泥板

前挡泥板、前舱盖和发动机罩用螺栓固定。散热器框架、前横梁和前侧支架用点焊方式焊接在前纵梁上。前行李舱端板和地板的上部以点焊方式焊接到前纵梁上，和以点焊方式焊接在转向齿轮箱支撑梁上的前行李舱地板一起形成前行李舱。转向杆穿过前纵梁上的环形孔。前、后纵梁点焊成一体，门槛板也连接在纵梁上，有效提高了车身强度。

（2）底部车身

底部车身承受路面载荷，并将它传递到车身侧板、车身立柱和车顶板。底部车身的部件由高强度钢制造。此外，将前地板的结构通道提高，可以使车身底部的强度增强。图 1-71 所示为中置后驱底部车身构件。

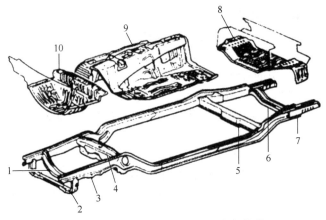

图 1-71　中置后驱汽车的底部车身构件

1—前行李舱横梁；2—前横梁；3—前纵梁；4—转向器支撑梁；5—客舱分隔横梁；
6—后地板横梁；7—后纵梁；8—后地板；9—前地板；10—前行李舱地板

（3）后车身

中置后驱汽车的后车身由后侧板、后行李舱盖、后前舱盖、车身下后板、客舱隔板、客舱分隔横梁、后地板隔板和后地板纵梁等组成，如图 1-72 所示。发动机和后行李舱之间用后地板隔板分开。后地板、客舱隔板和后地板隔板以深波纹结构强化，并和后纵梁焊接成一个高强度的整体。

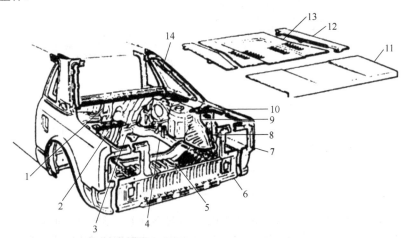

图 1-72　中置后驱汽车的后车身构件

1—后地板隔板；2—客舱隔板；3—客舱分隔横梁；4—后地板纵梁；5—后地板；
6—车身下后板；7—后侧板；8—后轮罩支撑板；9—后轮罩内板；
10—后行李舱开启槽；11—后行李舱盖；12—后前舱盖侧板；
13—后前舱盖；14—顶盖内板

横向放置的发动机安装在左右后纵梁、客舱分隔横梁和后地板横梁上。发动机安装在客舱后边，在客舱和前舱之间有 3 层结构的隔板来隔离噪声、振动和热。后悬架是独立滑柱悬架。后纵梁和后轮罩支撑板的维修精度对于后轮的定位有一定影响。

任务1-3 汽车车身材料与性能认识

━━━━ □ 任务引入 □ ━━━━

在汽车车身上使用的材料主要是由车身的三大部分，即壳体、装饰件和装备所决定的，还包括一些辅助用材，它们共同决定了车身使用材料的多样性，如钢板、铝合金板、橡胶、塑料、玻璃、皮革、棉毛织品等。在汽车维修中，车身用材的多样性是发动机与底盘无法比拟的。车身维修必须确认所维修车身零部件的材料种类，熟知其材料特点，才能制订合理的维修方案。

良好的汽车车身是保证乘用安全和乘用舒适的关键，所以在车身维修时，除了保证车身的形状维修和表面维修外，还应特别注意车身性能的修复。

本任务主要学习车身常用材料的种类、各类材料的特性及车身的各项性能要求。

━━━━ □ 学习目标 □ ━━━━

1. 能够正确解释钢板的塑性、弹性、加工硬化和热变形的含义。
2. 能够正确描述车身用钢板的种类、各类型钢板的特点及在车身上的应用。
3. 能够正确描述车身上常用铝合金的种类及各类型铝合金的特点。
4. 能够正确描述铝合金轿车车身的特点。
5. 能够正确描述塑料的种类及各种类塑料的特点。
6. 能够正确描述橡胶的种类及各种类橡胶的特点。
7. 能够正确描述汽车修理用黏合剂的种类、各种类黏合剂的特点及应用场合。
8. 能够正确描述汽车用密封剂的种类、各种类密封剂的特点及应用场合。
9. 能够正确描述汽车用玻璃的种类、各种类玻璃的特点及在车身上的应用。
10. 能够正确描述汽车用衬垫材料的种类、各种类衬垫材料的特点及应用场合。
11. 能够正确描述车身的主要性能要求。
12. 能够通过观察及借助其他有效方法判断车身构件的材质类型。
13. 培养良好的安全意识、卫生习惯及团队协作的职业素养。
14. 能够检查、记录和评价工作结果。

━━━━ □ 相关知识学习 □ ━━━━

一、汽车车身常用材料

白车身是指车身骨架及其覆盖件未经任何修饰的车身框架。正确设计白车身能提升车辆性能。选择白车身材料时，首先要满足刚度、耐碰撞和抗振动方面的功能要求。通常情况下，舒适性和被动安全性要求提高车辆质量，但是这一点与行驶动力性所要求的高刚度、低质量有矛盾。

白车身的刚度只能由弹性模量、钢板厚度以及部件的几何设计结构来决定，而耐碰撞和抗振动方面的强度要求则可以通过使用高强度材料实现。但是，使用高强度钢板降低部件壁厚时可能会导致白车身刚度降低。为了达到总体性能要求，要求所设计的车身具有较高的被动安全性、较好的静态和动态刚度值、较低的重心、均衡的车桥负荷分布和较低的质量，此外还要考虑车身的使用寿命和噪声特性。白车身性能评价如表 1-1 所示，为实现轻型车身结构而采取的不同措施如表 1-2 所示。

表 1-1　　　　　　　　　　　　白车身性能评价

序号	性能	评价
1	被动安全性（碰撞）	正面碰撞，尾部碰撞（追尾），侧面碰撞，其他（翻车）
2	使用寿命	抗振动性，抗腐蚀性
3	噪声	隔音能力，车身结构隔音，隔绝风噪声，空腔共振
4	刚度	静态刚度，动态刚度，抗扭刚度，抗弯刚度

表 1-2　　　　　　　　　　为实现轻型车身结构而采取的不同措施

项目	措施
轻型结构设计	经过优化的套件 最佳力传输路径（定位于功能） 均匀的结构过渡 经过优化的几何形状（轻型造型结构）
轻型结构制造	特制薄板（轧制、焊接） 成型加工技术，IHU（内部高压成型）工艺点焊 点焊粘接 激光焊接，冲压铆接，冲压铆接粘接
轻型结构材料	高强度钢板 铝合金、镁合金复合结构 CFK（碳纤维增强塑料）

对白车身的许多功能要求可以通过使用高强度钢板来满足，这种钢板正在逐渐取代传统的钢板。

1. 车身用钢板

（1）钢板的性质

① 塑性。钢板在超过弹性极限的外力作用下屈服而产生永久变形的特性称为塑性。塑性可分为延性及展性两种，延性可使金属拉成细丝，展性可使金属展成薄片。

在车身维修过程中，利用钢板的塑性，对板材进行矫正或复位，这可以说是车身钣金作业的基本原则。

② 弹性。钢板经弯曲而变形，当外力除去时，则有恢复原来形状的倾向，这就是弹性。

钢板的弹性有一定的范围，若外力超过此限制范围则失去弹性而产生永久变形。例如，将对弯曲的钢板所加的外力（弯曲力）除去，而不能完全地恢复原状态，这个外力就是超过了弹性极限的外力，如图 1-73 所示。

车身钣金件是通过模具以冲压的作用力成型的，残留在钣金件上的应力称为残余应力。例如，将前舱盖的缘角部切断时，切断后的两个断面多少有些收缩或反方向展开的现象，如图 1-74 所示。这是当初的冲压成型工序所留下的残余应力的影响。

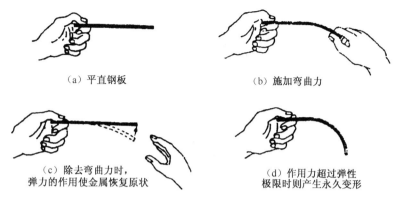

（a）平直钢板   （b）施加弯曲力

（c）除去弯曲力时，
弹力的作用使金属恢复原状

（d）作用力超过弹性
极限时则产生永久变形

图 1-73 弹性钢板的弹性和弹性极限

③ 加工硬化。钢板以加热的方式来成型（弯曲、拉伸或压缩）较为容易，但是在加热以外的条件下也可以成型，即钢板不使用加热的方式也可以成型。

钢板在常温状态中加工的可能性有一定的限度，超过了这个限度钢板将会破裂。钢板在常温加工中，在近于极限状态下进行加工作业时，随着加工程度的增加，材料会渐渐变硬，使加工变困难，这一现象称为加工硬化。

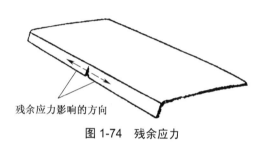

残余应力影响的方向

图 1-74 残余应力

加工硬化现象的实例是将平钢板折曲，再将其折回时会留下当初折曲部分的形状，也会在其最初折曲部分的两端产生两处新的折曲，这就是钢板的折曲处形成的加工硬化，其结果是使加工硬化部分的强度高于折曲处以外的部分，如图 1-75 所示。

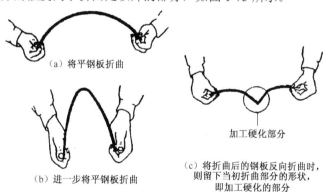

（a）将平钢板折曲

（b）进一步将平钢板折曲

加工硬化部分

（c）将折曲后的钢板反向折曲时，
则留下当初折曲部分的形状，
即加工硬化的部分

图 1-75 加工硬化

加工硬化是车身钣金件冲压成型过程中常发生的现象。在车身钣金件的打造过程中，因不断地施加外力使钢板产生塑性变形，容易造成加工硬化。若以气焊火焰加热进行退火处理，温度达到 650 ℃左右后让其慢慢冷却，即可恢复它的加工性。

④ 热变形。普通钢板当加热温度为 800～1 000 ℃时，即可开始变形，直到温度降至 650 ℃。但是温度再降至 200～400 ℃时，钢板会发生青热脆化，比常温时的延展性低，因此无法继续

加工，必须再重新加热方可加工。

若在钢板边缘上加热，则受热部分产生膨胀；当以水冷却时，因温度迅速降低而产生塑性变形，能达到弯曲成型或整形的效果。

（2）钢板的拱曲

为提高整体的强度及提供良好的外形，将车身各钣金件设计成各种曲面，这样的曲面就是拱曲。

汽车车身钣金件的拱曲基本上可分为低拱曲、高拱曲、组合拱曲和逆拱曲4类。

① 低拱曲（低曲率）：钣金件的曲面非常缓和。

② 高拱曲（高曲率）：急剧变化的曲面。

③ 组合拱曲：一块钣金件由低拱曲和高拱曲混合而成。

④ 逆拱曲：钣金件向内侧挤压形成的曲面。

低拱曲钣金件的曲率小，其所能承受的负荷小，通常车顶板中间部分是低拱曲的。车顶板的边缘有极小的曲面，是急剧的弯曲，可以说是高拱曲的钣金件。图1-76所示为车门外板的高拱曲部分和低拱曲部分。

车身一般使用高低组合的拱曲面（如前轮覆盖件、车门外板等），这样能使车身具有较高的强度。

逆拱曲的情形在前舱盖及前轮盖上可以看到，将其设计成边缘向内侧急剧弯曲的形状。这些部分的强度集中，故损伤变形时的钣金修复作业困难。一般这部分的损伤情况虽然极严重，但也仅限于局部。前舱盖的逆拱曲如图1-77所示。

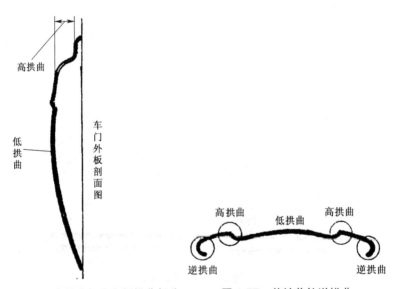

图1-76 车门外板的高拱曲部分和低拱曲部分　　图1-77 前舱盖的逆拱曲

一般钢板的高拱曲部分遭受冲击时，高拱曲部分常同方向地挤压出去。低拱曲部分遭受冲击时，低拱曲部分向内侧弯曲。高、低拱曲组合的钣金件遭受冲击时具有高拱曲和低拱曲的混合性质，如图1-78所示。

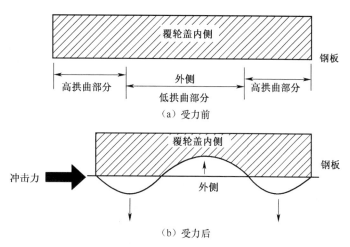

图 1-78 轮盖受冲击时混合拱曲面的变形方向

（3）车身用钢板的种类

钢材通常按屈服极限进行分类，包括深拉延钢（屈服极限小于 180 MPa）、高强度钢（屈服极限为 180～300 MPa）、较高强度钢（屈服极限为 300～600 MPa）、超高强度钢（屈服极限大于或等于 600 MPa）。

高强度钢类包括 IF 钢（无间隙原子钢）、BH 钢（烘烤硬化钢）、微合金钢和各向同性钢等；较高强度钢类包括双相钢（DP）、TRIP 钢（相变诱导塑性钢）、特种钢和新种类 TWIP 钢（孪晶诱导塑性钢）等；超高强度钢类包括 CP 钢（复相钢）、MS 钢（马氏体复相钢）和 MnB 钢（锰硼合金钢）等。不同的钢材强度等级和主要应用如图 1-79 所示。

等级	强度等级 /MPa（最低屈服极限）120 140 180 220 260 300 340 380 400 420 680 900 1 200	主要应用
深拉延钢	× ×	复杂部件
无间隙原子钢	× × ×	深拉延和拉延部件
各向同性钢	× × ×	拉延部件
烘烤硬化钢	× × ×	提高强度
微合金钢	× × × × ×	高强度
双相钢	× × × × × × ×	高强度
相变诱导塑性钢	× × ×	吸收能量
复相钢	×	
马氏体复相钢	×	高强度
锰硼合金钢	×	碰撞加强部件

图 1-79 不同的钢材强度等级和主要应用

汽车车身用钢板主要是厚度为 0.6～2.0 mm 的冷轧及热轧薄钢板。近年来从防止锈蚀和车身轻量化对策的角度考虑，表面处理钢板和高强度钢板（高张力钢板）的使用有显著增加的趋势，而在装饰用的配件上有很多使用不锈钢板的，图 1-80 所示为车身用钢板的种类。

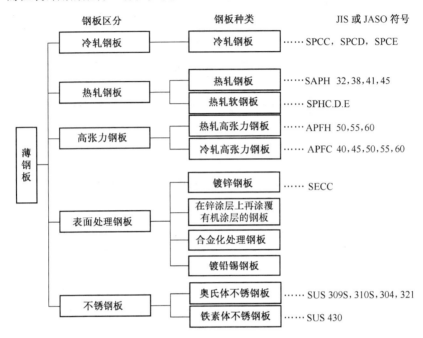

图 1-80　车身用钢板的种类

① 热轧钢板。热轧钢板是由含碳量少的钢锭以热轧加工制成的。热轧钢板使用在外观不需要很美观的部分，分为一般用、深冲用和深度深冲用 3 种。

② 冷轧钢板。热轧钢板经常温轧延及调质处理后的钢板称为冷轧钢板或磨光钢板。冷轧钢板比热轧钢板的加工性更优良且表面更美观，所以大都用在汽车车身、机械零件、电器等表面需要平滑美观的构造物品上，用途很广泛。汽车车身制造时常用的冷轧钢为 08F（深度深冲用优质碳素结构钢冷轧薄钢板和钢带），用于制造深度深冲成型零部件，如汽车的轮盖、车门内板、油箱等。

③ 高强度钢板（高张力钢板）。高强度钢板的抗拉强度达 6 MPa，具有普通软钢板的 2～3 倍的破坏强度。高强度钢板种类很多，备受注目的是复合组织钢板，这种钢板比其他高强度钢板的屈服强度低，具有较大的延性，所以加工成型性良好，近来比较大的车型在外板部分使用了复合组织钢板。

高强度钢主要有高强度/低合金钢、高抗拉强度钢和超高强度钢 3 种。

a. 高强度/低合金钢（HSLA）。HSLA 又称回磷钢，通过在低碳钢中加入磷来提高钢的强度。它有和低碳钢相类似的加工特性，为汽车的外部面板和车身提供了更高的抗拉强度。

美国生产的许多汽车上都有高强度/低合金钢制造的零部件，例如前后梁、门槛板、保险杠面板、保险杠加强筋和车门立柱等。它的强度主要取决于添加的化学元素，但若对高强度钢材高温加热，原用于提高强度的化学元素会损失掉，会导致强度降低。

　　为了避免汽车结构性能明显降低，在维修时对高强度/低合金钢的加热温度一般不可超过480 ℃，或按生产厂商规定的温度加热，同时加热时间不可超过 3 min。因此对高强度/低合金钢进行焊接时，要采用气体保护焊或电阻点焊，不允许采用氧乙炔焊和电弧焊。

　　b. 高抗拉强度钢。固溶体淬火钢（HSS）是高抗拉强度钢。这种钢增加了硅、锰和碳的含量，使抗拉强度得到提高。一般用这种钢来制造与悬架装置有关的构件和车身等。

　　沉淀淬硬钢是另一种高抗拉强度钢，它通过形成碳氮化铌沉淀物来提高钢材的强度。这是 20 世纪 70 年代初期发展起来的一种高抗拉强度钢，具有优异的加工性能，主要用于门边护板、保险杠加强筋等。

　　对于高抗拉强度钢制成的车身构件，常规的加热和焊接方法不会明显降低这种钢的强度，它的屈服强度可达 350 MPa，抗拉强度可超过 450 MPa。在汽车受到碰撞而产生变形时，它的应力将增加，如果对受到碰撞的部位适当加热，促使它恢复原状，可减小因碰撞产生的应力，使强度恢复。如果碰撞所产生的应力超过了材料的抗拉强度，钢材将会破裂，可用一般的焊接方法（包括氧乙炔焊）维修。进行氧乙炔焊时，在用氧乙炔焊炬加热的部位周围必须用温度显示的方法，将这些地方的温度限制在 600 ℃ 以内。车门护梁和保险杠加强筋都不适宜矫正，而应更换（对于车门护梁的轻微损坏，只要它不产生功能性的损坏，就可以不考虑更换；如果它已经凹陷或产生其他变形，应进行更换）。

　　在进行焊接维修时，应使用牌号为 AWS-E-70S-6 的焊丝进行惰性气体保护焊，这种焊丝具有和高抗拉强度钢相同的强度。或者使用电阻点焊来焊接各种高强度钢。

　　c. 超高强度钢。在现代车身上应用的超高强度钢（UHSS）主要有高塑性钢、双相钢、多相钢、锰硼合金钢和铁素体-贝氏体钢等。

　　超高强度钢的获得方式主要有两种。

　　i. 对普通碳钢进行热处理后，它的抗拉强度几乎可达到原钢材的 10 倍。这种钢有以下3 种。

　　单相钢：这种钢只有一相显微组织（如马氏体），是超高强度钢。

　　双相钢：是将钢材在一个连续的热处理传送带或带钢热轧机上淬火而得到的。这种钢具有两相显微组织（淬硬的马氏体结构和铁素体结构）。双相钢的可成型性好，其抗拉强度大于 800MPa。这种钢材主要应用于前纵梁吸能区部件。

　　多相钢：这种钢具有多相的显微组织（铁素体、马氏体、贝氏体和奥氏体结构），它具有很高的强度。

　　汽车上所有的车门立柱、车顶纵梁和一些保险杠加强筋都是由各种超高强度钢制成的。

　　ii. 对普通碳钢添加合金元素（如硼元素、碳元素等）并同时进行热处理。锰硼合金钢的抗拉强度能达到 1 300～1 400 MPa。有的车的中立柱就是用锰硼合金钢来制造的，在侧面碰撞时它可使车内乘客免受或少受伤害。

　　超高强度钢不同寻常的高强度是由在加工过程中产生的特殊细化的晶粒形成的。维修时重新加热将会破坏这种独特的结构，使钢的强度降低到一般低碳钢的水平。此外，这些钢材非常坚硬，一般修理厂的设备无法在常温下对它们进行矫正，因此，受损坏的超高强度钢零部件不可修复，必须更换。安装新的零部件时，应采用气体保护焊的塞焊方式或大功率电阻点焊机来焊接，切不可使用能产生大量热量的焊接方式。

　　现代的车身外部覆盖件一般采用低碳钢或强度比较低的高强度钢制造，而车身的结构件都采用高强度钢或超高强度钢来制造。

④ 表面处理钢板。节约能源的主要对策之一是轻量化，另一个对策是延长车辆的使用寿命。其手段之一是广泛使用表面处理钢板，使车身具有良好的耐腐蚀性。

表面处理钢板有在钢板的表面进行锌、铝等的金属镀层处理的钢板，以及喷涂锌粉漆并进行烘烤处理的涂装处理钢板等。表面处理钢板在车身上的应用如表1-3所示。

表1-3　　　　　　　　　　　　表面处理钢板在车身上的应用

名称		特征	使用部位
镀层钢板	熔锌镀锌钢板（单面、双面）	1. 镀层表面粗糙 2. 涂装密着性问题	1. 下护板、车顶的内衬板、车门等 2. 车身底部
	合金化处理钢板	1. 电阻焊接性及涂料密着性良好 2. 加工成型受限制	
	电镀镀锌钢板	1. 镀层膜均一 2. 镀层膜可调整	
	镀铅锡钢板	1. 冲压加工的成型性优良 2. 焊接性良好	油箱
	镀铝钢板	高温情况下耐腐蚀性强	消音器、排气管等排气相关的零件
涂装处理钢板（锌粉漆）		具有较佳的耐腐蚀性及加工性	下护板、车顶的内衬板、车门框等

a. 镀锌钢板。镀锌钢板由成卷的冷轧钢板通过熔融的锌槽（镀锌）而制成，若再将此钢板通过热炉加热，使其镀层的锌膜合金化，则成为合金化处理钢板。另一种为电镀镀锌钢板，是将钢板置于锌的化合物溶液中，以锌为阳极、钢板为阴极，通电使锌析出并附着于钢板。

这些镀锌钢板的涂膜密着性、电阻焊接性、锌膜附着层的均一性以及成型加工性等各有所长，各钢铁制造公司按照汽车制造厂对不同使用部位及零件使用特性的要求加以研讨并做了种种改良。

镀锌钢板的种类有电镀镀锌钢板、熔锌镀锌钢板、电镀镍锌合金钢板和合金化处理熔锌镀锌钢板等。

电镀镀锌钢板：表面均匀，涂装性、焊接性好，但是镀层薄，防锈性差。

熔锌镀锌钢板：镀层厚、防锈性好，不过焊接性和涂装性差。

电镀镍锌合金钢板：通过电镀锌和镍的合金，力求达到集良好涂装性、加工性和防锈性为一体的效果。

合金化处理熔锌镀锌钢板：将熔锌镀锌钢板加热到450～600℃，对镀层膜进行与铁的合金化处理。这样处理后，有利于提高焊接性、涂装性、防锈性。

车身用的镀锌钢板有单面镀锌钢板和双面镀锌钢板两种，如图1-81所示。双面镀锌钢板一般用在车身的下部板件，如车地板、挡泥板、前舱盖等部位，这些部位经常接触腐蚀物质，需要重点防护。单面镀锌钢板一般用在不经常接触腐蚀物质的部件，如车身上部的板件。镀锌钢板上的单面镀锌根据锌镀层的不同，一般有单层镀锌和双层镀锌两种。

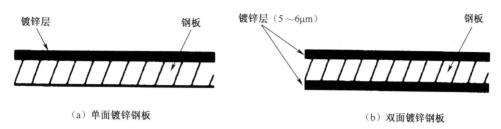

（a）单面镀锌钢板   （b）双面镀锌钢板

图 1-81　单面和双面镀锌钢板

　　b. 镀铅锡钢板。镀铅锡钢板是在冷轧光亮钢板上覆上一层铅锡金属，而铅锡为软金属，其覆盖膜具有润滑性，所以有利于冲床的成型加工，且焊接性也较好。若镀层覆盖膜完整，钢板不会产生腐蚀。在汽车上，这种材料主要用于制造油箱。

　　c. 镀铝钢板。镀铝钢板用在排出高温废气的排气管等排气相关的零件上。车辆行驶时受到飞溅泥水和排放的废气的影响，将使排气管等排气系统的零件快速腐蚀。在这样的条件下，镀铝钢板比一般的镀锌钢板稳定耐用，且价格比不锈钢便宜，因此广泛地用于排气管等排气系统中。

　　d. 锌粉漆涂装处理钢板。锌粉漆涂装处理钢板具有优秀的防锈性，同时也具有优秀的电阻焊接性，因而其使用量在持续增加。

　　以上介绍的表面处理钢板可分为单面处理钢板和双面处理钢板两类。在涂装车身外板的场合，将表面处理钢板和普通冷轧钢板混合使用时，涂装后的表面会出现鲜明的差别，且涂膜的密着性也有差异。表面处理钢板的漆膜在遭受冲击时剥落，会产生涂装品质上的问题。因此，在车体的封闭部分（如侧护板等）使用单面处理钢板时，其内侧为表面处理层，具有耐腐蚀性，而外侧则与整个车身壳体一起涂装防锈层。

　　⑤ 不锈钢板。不锈钢板是在碳钢中添加铬或者铬和镍，经热轧和冷轧所制成的钣金材料，耐腐蚀性极强，外观为光滑美观的银白色。

　　不锈钢板的种类、化学成分和用途如表 1-4 所示。

表 1-4　　　　　　　　　　　　　不锈钢板的种类、化学成分和用途

分类	符号	化学成分/%								用途
		C	Si	Mn	P	S	Ni	Cr	其他	
奥氏体钢	06Cr23Ni13	0.08 以下	1.00 以下	2.00 以下	0.04 以下	0.03 以下	12.00~15.00	22.00~24.00	—	进气歧管、排气歧管
	06Cr25Ni20	0.08 以下	1.50 以下	2.00 以下	0.04 以下	0.03 以下	19.00~22.00	24.00~26.00	—	进气歧管、排气歧管
	06Cr19Ni10	0.08 以下	1.00 以下	2.00 以下	0.04 以下	0.03 以下	8.00~10.50	18.00~20.00	—	车窗饰条、车轮饰盖
	06Cr18Ni11Li	0.08 以下	1.00 以下	2.00 以下	0.04 以下	0.03 以下	9.00~13.00	17.00~19.00	Ti，5 以下	触媒容器、排气管
铁素体钢	10Cr17	0.12 以下	0.75 以下	1.00 以下	0.04 以下	0.03 以下	—	16.00~18.00	—	

⑥ 特制薄板。特制薄板是针对指定应用情况按需要冲压、切割的部件。为此，成型加工前将不同厚度和材料牌号的钢板以滚压电阻缝焊的方式连接在一起（用于车内部件），或者以激光焊接或滚压电阻缝焊的方式将其连接在一起（用于毛刺较少的外部面板部件）。

在汽车制造行业中使用镀锌钢板的比例越来越高，并且钢板单侧错位的后续加工成本较低，激光焊接方法正在逐步取代滚压电阻缝焊方法。选择各种钢板时首先考虑的是所要求的部件特性，因此，部件较大时可以根据较高的局部应力调整钢板厚度或强度特性。

⑦ 特殊轧制薄板。利用特殊轧制薄板制造的部件主要具有以下3个优点。

a. 可以根据应力在每个部位将部件厚度调整到最佳状态，因此可以显著降低部件质量（轻型结构的潜力最高可达40%）。

b. 有针对性地连续改变钢板厚度可以优化部件的功能。

c. 钢板厚度连续变化为部件成型提供了更多的可能性。

许多部件需进行防腐保护，因此对钢板进行镀锌处理，然后矫直并切割到规定尺寸，最后对薄板进行成型加工。在这些加工过程中，必须考虑钢板厚度的变化；如果对未退火的薄板进行成型加工，还必须考虑不同的强度。车身和底盘的许多部件都是采用特殊轧制薄板成型方式制造的，如今已经进行批量生产。

⑧ 夹层制振钢板。夹层制振钢板在其表面或中间覆有塑胶膜，如图1-82所示。以前应用于钢板覆盖的塑胶膜较薄，而现在应用的覆盖塑胶膜较厚，吸收振动的效果更好一些。夹层制振钢板用在下隔板或后舱隔板。

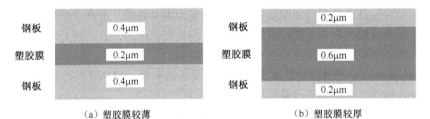

（a）塑胶膜较薄　　　　　　　　（b）塑胶膜较厚

图1-82　夹层制振钢板

2. 铝合金

（1）概述

铝及其合金在工业中的应用量仅次于钢铁。其最大特点是质量轻、比强度（强度与密度之比）和比刚度（弹性模量与密度之比）高、导电导热性好、耐腐蚀，因而广泛用于飞机制造业，成为航空航天领域的主要原材料，同时也广泛用于建筑、运输、电力等各个领域。

以前铝合金仅应用在汽车的发动机、轮毂等部位，但现在在一些新型的车身上也开始应用铝合金。最初铝合金只应用于车身外装饰件，现在车身构件也可以全部用铝合金来制造。例如，奥迪A6、别克GL8、标致307和欧宝维特C等的前舱盖都是用铝合金制造的；雷诺Laguna ii的前舱盖、车顶和车门板都是用铝合金制造的；奥迪A2和A8、捷豹XJ，以及宝马5系列的车身结构件和外部板件也是用铝合金制造的。

铝在地壳中储量丰富，占地壳总质量的7.45%，居所有金属元素之首。

纯铝的密度为2.7 g/cm³，熔点为657 ℃。铝的导电性、导热性好，仅次于银与铜。它具有面心立方晶格结构，所以强度低、塑性好。纯铝化学性质活泼，在空气中极易氧化，形成一层牢固致密的表面氧化膜，从而使其在空气及淡水中具有良好的耐腐蚀性。铝具有良好的塑性和韧性，可以很容易通过压力加工成型，且在低温下也有很好的塑性和韧性。纯铝还易于铸造和切削，具有良好的工艺性能。

工业纯铝一般定为纯度为99.0%～99.9%的铝，中国定为纯度为98.8%～99.7%的铝。工业纯铝强度低，室温下仅为45～50MPa，抗压强度和抗拉强度较差，故一般不宜用作结构材料。纯铝可用于制作电线、屏蔽壳体、反射器、散热器、包覆材料及化工容器等。我国工业纯铝的新代号与铝合金的编号规则相同，用"1××××"的形式表示，中国塑性变形加工工业纯铝牌号有 1080、1080A、1070、1070A、1370、1060、1050、1050A、1A50、1350、1145、1035、1A30、1100、1200、1235 等，代号中"1"表示工业纯铝，后面的数值表示铁、硅等主要杂质含量，数值越小，铝纯度越高。

铝合金是在纯铝中加入适量的硅、镁、锰等合金元素后而形成的合金。

铝合金的强度大大高于纯铝，如果再配合以热处理和冷加工硬化，有些铝合金的强度几乎相当于低合金结构钢的水平，而且铝合金又具有密度小，导热性能、抗腐蚀性好，质量轻的优点，所以铝合金广泛应用于各行业。在汽车生产中铝合金的用量不断上升，常用于制造质量轻、强度要求高的零件，如活塞等。

（2）不同铝合金在车身上的应用

根据化学成分和加工方法的不同，可将铝合金分为变形铝合金和铸造铝合金两类。

① 变形铝合金。变形铝合金是通过冲压、弯曲、轧制、挤压等工艺使其组织、形状发生变化的铝合金，一般以板、型材、带、棒、管、条等形式供应。变形铝合金也被称为塑性铝合金，它采用4位字符命名牌号，即用数字2～8（1为纯铝）附以字母、再附以两位数字表示。牌号的第一位数字为主要合金元素的顺序号，依次是 Cu、Mn、Si、Mg、MgSi、ZnMg、其他，有时人们称主要合金元素确定的铝合金为"×系铝合金"，如主要合金元素为 Mn，其顺序号为3，则称为"3 系铝合金"。各系铝合金对应的铝合金种类如表 1-5 所示（实际上还有 9 系铝合金，称为备用铝合金，即待开发而暂时不能确切命名的铝合金），字母表示原始合金的改型（A 表示原始合金），最后两位数字仅用来识别同一组中不同合金或铝纯度（纯铝），如 7A04 表示以 Zn 为主要合金元素的 4 号原始铝合金（老牌号 LC4）。

表 1-5　　　　　　　　　铝合金系列符号与种类的对应关系

合金组	主要合金元素
1×××	纯铝（Al）
2×××	AlCu（铝、铜）
3×××	AlMn（铝、锰）
4×××	AlSi（铝、硅）
5×××	AlMg（铝、镁）
6×××	AlMgSi（铝、镁、硅）
7×××	AlZnMg（铝、锌、镁）
8×××	铝和其他

汽车车身上常用的变形铝合金种类是 5 系和 6 系，如图 1-83 所示。5 系铝合金由于更容

易变形，所以常用来制作形状更复杂的零件（结构件），如轿车的前围板；6 系铝合金多用来制造车身覆盖件（如前舱盖等）。由于 6 系铝合金经热处理后，强度会大幅度提高，所以也用来制作轿车的结构件（如前纵梁等）。但如果板件被加热，其强度会大幅下降，所以修理时不能采用加热的方法。

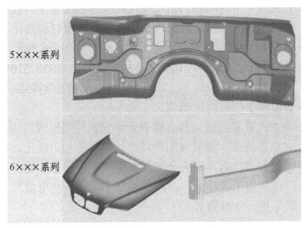

5×××系列

6×××系列

图 1-83　常用变形铝合金在车身上的应用

根据主要的性能特点与用途，变形铝合金又分为防锈铝合金、硬铝合金、超硬铝合金、锻造铝合金。

防锈铝合金是指在大气、水和油等介质中具有良好的耐腐蚀性的铝合金。主要是 Al-Mg 系和 Al-Mn 系铝合金，大多为单相合金，主要特点是耐腐蚀性、焊接性和塑性好，并有良好的低温性能，不可热处理强化，只能通过变形加工来提高合金的硬度。主要用于制造要求耐腐蚀性强的低载荷零件或焊接件，如铆钉、油管、油箱、车身蒙皮和装饰件等。

硬铝合金是指通过热处理后得到的具有较高强度和硬度的铝合金。主要是指 Al-Cu-Mg 系铝合金，最高强度可达 420 MPa，而比强度（强度/密度）则与钢接近。硬铝合金强度、硬度较高，但耐腐蚀性较差，一般常在硬铝板材表面包一层纯铝，以提高耐腐蚀性。硬铝合金主要用于制造受力一般的航空零件以及汽车铆钉。

超硬铝合金是指具有比硬铝合金更高强度和硬度的铝合金，简称超硬铝。主要是 Al-Cu-Mg-Zn 系铝合金（旧牌号为 LC4、LC6），是室温强度最高的铝合金，经热处理后的强度可高达 680 MPa，但高温软化快，耐腐蚀性、焊接性差，常包覆 Al-Zn1%合金来提高耐腐蚀性。主要用于受力较大的重要结构件和零件，如飞机大梁、起落架、加强框等。

锻造铝合金是指适宜锻造的铝合金，简称锻铝。主要是 Al-Mg-Si-Cu 系铝合金，如 2A50、2B50（旧牌号为 LD5、LD8）等，有优良的热塑性，热加工性好；铸造性和耐腐蚀性较好，力学性能与硬铝合金相当。该类合金主要用作复杂的航空及仪表零件，如叶轮、支杆等；在汽车上主要用于制造形状复杂的中等强度的锻件和冲压件，如发动机活塞、风扇叶片等。

② 铸造铝合金。铸造铝合金是指可用金属铸造成型工艺直接获得零件的铝合金，简称铸铝，一般以合金铸锭供应，其牌号用 ZAl+其他主要元素符号及其含量来表示，如 ZAlSi9Mg，表示含 Si（Si 的质量分数为 9%）及少量 Mg（Mg 的质量分数为 0.17%～0.30%）的铸造铝硅合金。而合金的代号用 ZL 后附以 3 位数值表示，第一位数值为合金类别代号（1—铝硅系、2—铝铜

系、3—铝镁系、4—铝锌系），后两位数值为合金顺序号，如 ZL104 表示 4 号 Al-Si 系铸造铝合金。顺序号不同，化学成分也不同。常用铸造铝合金的分类、性能及用途如表 1-6 所示。

表 1-6 常用铸造铝合金的分类、性能及用途

分类	牌号	主要性能	主要用途
Al-Si 系铸造铝合金	ZL102 ZL105	极好的铸造性，密度小，导热性好，还有高气密性及优良的耐腐蚀性	用于制造受载大的复杂件。如气缸体、发动机活塞、风扇叶片等
Al-Cu 系铸造铝合金	ZL201 ZL202	热强性最好，但其强度和铸造性能不如 Al-Si 系合金，耐腐蚀性也较差	一般只用于制造要求强度高且工作温度较高的零件，如活塞、气缸盖等
Al-Mg 系铸造铝合金	ZL301	强度高、耐腐蚀性最好，抗冲击、切削加工性好，但其铸造性和耐热性差，冶炼复杂	用于制造承受冲击大、耐海水腐蚀且外形较简单的零件，如舰船配件、雷达底座、螺旋桨等
Al-Zn 系铸造铝合金	ZL401	成本低，而且铸造、焊接和尺寸稳定性较好，但耐热、耐腐蚀性差	用于制造工作温度低（<200 ℃）但形状复杂、受载小的压铸件及型板、支架等

车身中的铝合金，依照它们在车身中功能的要求，可分为铸造件、冲压件和压铸件。车身板件大部分使用压铸件。

压铸件用来制造能够承载大载荷的部件，能明显减轻质量，但同时还具有很高的强度。这些板件形状复杂，通常用真空压铸的方式生产。它还具有很高的延展性、良好的焊接性、较高的塑性，保证它在碰撞时有很高的安全性。这些压铸件的铝合金类型是铝硅、铝镁系列铝合金，合金中主要合金元素是镁、硅，有的还加入了铜。

铝合金部件还应用在碰撞吸能区域，如图 1-84 所示。它除了能够承载正常的载荷外，在碰撞变形中还可以吸收大量的能量，从而保护其后面的部件。铝合金部件一般用来制造横梁、保险杠及其支撑件等。

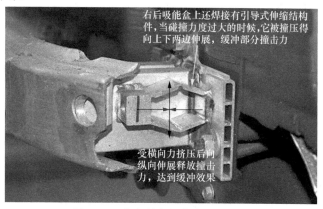

右后吸能盒上还焊接有引导式伸缩结构件，当碰撞力度过大的时候，它被撞压得向上下两边伸展，缓冲部分撞击力

受横向力挤压后向纵向伸展释放撞击力，达到缓冲效果

图 1-84 车身前部铝合金吸能部件

冲压件有非常高的强度，它能够加强车身的强度和刚性，使车身能够在剧烈的碰撞中保持结构的完整性。在车身的铝合金件上一般都标有铝合金的类型标识。

（3）铝合金车身特点

铝合金车身与传统的钢结构车身相比，具有以下优点和特性。

① 经济性好。虽然铝合金的强度、刚性不如钢铁车身，但它大大减轻了车身质量，重要的是减少了燃油消耗，改善了车辆的操纵性。铝的密度大约是钢铁的1/3，在车身制造中，铝的应用可以使车辆减小20%~30%的质量，可以减少10%的燃油消耗，这意味着每100 km大约节省0.5 L燃油。从图1-85可以看出，在保证相同弯曲刚度的情况下，铝合金件的质量相对钢材约减少51%。

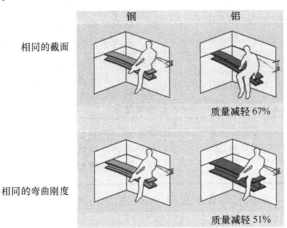

图1-85　铝合金件与钢件的质量对比

② 环保性好。铝车身的环保性能优于钢铁车身，不仅可以减少燃油的消耗，更可以减少在生产制造过程中污染物的排放。因为99%的铝可以被循环利用，这在一定程度上减少了从铝矿石冶炼铝产生的成本和消耗。

③ 耐腐蚀性好。铝暴露在空气中很快在表面形成一层致密的氧化物，这层氧化物是氧化铝，它使金属铝和空气隔绝开来，防止氧气的进一步腐蚀。正是这种可以迅速形成铝氧化物以抵抗外部氧化腐蚀的性能，使它成为一种优良的耐腐蚀性材料。铝金属外层的氧化铝具有高熔点的特性，这层氧化物的熔点高达2 050℃，在焊接操作时需要去除这层氧化物。如果不去除这层氧化物，焊缝会存在气孔和杂质等缺陷。

④ 可加工性好。铝有良好的塑性和刚性，一定厚度的板材可以制造整车和部分板件。铝材的一致性要比钢材好，它能够很好地通过冲压或挤压加工成型。

⑤ 安全性好。铝材具有较高的能量吸收性能，因此成为一种制造车身变形区的理想材料，可以增加车身的被动安全性。

正是由于铝合金具有这些优异性能，在车身生产中才被大量应用。

图1-86所示为可用铝合金制作的车身覆盖件。图1-87所示为铝合金在车身

图1-86　可用铝合金制作的车身覆盖件

1—前翼子板；2—前车门；3—后车门；4—后翼子板；

5—前舱盖；6—硬车顶；7—行李舱盖；

8—后围板

结构件中的应用。

棕色：钢
蓝色：铝

图 1-87　铝合金在车身结构件中的应用

彩图

图 1-87

3. 塑料

塑料在汽车上的应用发展很快，从最初的内装饰件和小机件，发展到可替代金属制造各种机械配件和车身板件。用塑料替代金属，既可达到汽车轻量化的效果，又可改善汽车的某些性能，如提高耐磨性、耐腐蚀性、减振性，减小噪声等。随着汽车工业的发展，塑料的应用越来越受到重视。

（1）塑料的组成

塑料是以合成树脂为基体，并加入某些添加剂制成的高分子材料。它在一定温度、一定压力下可以塑造成各种形状的部件。

（2）塑料的分类

塑料的种类很多，按其热性能不同，可分为热固性塑料和热塑性塑料两大类。

① 热固性塑料是指经过一次固化后，不再受热软化，只能塑制一次的塑料。这类塑料耐热性好，受压不易变形，但力学性能较差。常用的热固性塑料有环氧树脂、酚醛树脂、氨基树脂、有机硅树脂等。

② 热塑性塑料是指受热时软化，冷却后又变硬，可反复多次加热塑制的塑料。这类塑料加工成型方便、力学性能较好，但耐热性相对较差、容易变形。热塑性塑料数量很大，约占全部塑料的80%，常用的有聚乙烯、聚氯乙烯、聚四氟乙烯、聚苯乙烯、聚丙烯、聚甲醛、聚苯醚、聚酰胺等。

（3）塑料的主要特性

塑料具有许多优良的物理、化学性能，主要有以下几点。

① 质量轻。塑料的密度一般只有 $1.0 \sim 2.0$ g/cm^3，可以大幅度减轻汽车的质量，降低油耗。

② 化学稳定性好。一般的塑料对酸、碱、盐和有机溶剂都有良好的耐腐蚀性。

③ 比强度高。比强度是指单位质量的强度。虽然塑料的强度要比金属低，但塑料密度小、质量轻，以等质量相比，其强度要比金属高。

④ 电绝缘性好。大多数塑料有良好的电绝缘性，汽车电器零件广泛采用塑料作为绝缘体。

⑤ 耐磨、减摩性好。大多数塑料的摩擦系数较小，耐磨性好，能在半干摩擦甚至无润滑条件下良好地工作。

⑥ 减振性和消声性好。采用塑料轴承和塑料齿轮的机械在高速运转时，可平稳地转动，大大减小噪声，降低振动。

塑料也有不少缺点，包括：与钢材相比，其力学性能较差；耐热性较差（一般只能在 100 ℃以下长期工作）；导热性差；容易吸水，吸水后性能变差。此外，塑料还有易老化、易燃烧、温度变化时尺寸稳定性差等缺点。

（4）塑料在汽车中的应用

塑料由于具有诸多金属和其他材料所不具备的优良性能，因此在汽车上应用很广，常用于制造各种结构零件、耐磨减摩零件、隔热防振零件等。汽车车身常用塑料的种类及应用如表 1-7 所示。

表 1-7　　　　　　　　　汽车车身常用塑料的种类及应用

类型	符号	化学成分	主要用途
热塑性	PE	聚乙烯	翼子板内板、内饰板、扰流器、溢流箱、散热器护罩、油箱
	PC	聚碳酸酯	内部刚性装饰板
	PVC	聚氯乙烯	内装饰件、软垫板
	PS	聚苯乙烯	仪表外壳、汽车灯罩
	TPE	热塑性人造橡胶	保险杠护罩、护板、前舱盖下的部件
	PP	聚丙烯	保险杠护罩、导流板、内部嵌条、散热器护罩、内翼子板、油箱
	TPUR	热塑性聚氨基甲酸乙酯	保险杠护罩、软护板、挡泥板、门槛套
	PC+ABS	聚碳酸酯+丙烯腈丁二烯苯乙烯	车门面板、仪表板
	UP，EP	不饱和聚酯，环氧树脂（热固性）	翼子板外延部分、前舱盖、车顶、行李舱盖、仪表组护罩
	TEEE	醚酯人造橡胶	保险杠面板、门槛套
	PET	聚对苯二甲酸乙二醇酯+聚酯	翼子板
	EEBC	醚酯嵌段共聚物	门槛套嵌条、翼子板外延部分、保险杠延长段
	EMA	乙烯-甲基丙烯酸	保险杠护罩
	PUR、RIM、RRIM	热固性聚氨基甲酸乙酯	挠性保险杠护罩（国产车使用较多）、护板、门槛套、轿车前围板
	SMC、UP、FRP	玻璃纤维加强塑料	刚性车身面板、翼子板、前舱盖、行李舱盖、扰流器、顶板、后侧围板
热固性	TPO、EPM、TEO	聚丙烯+乙烯丙烯橡胶（至少20%）+聚烯烃	保险杠护罩、导流板、扰流器、仪表板、格栅
	PA	聚酰胺	散热器箱、前照灯灯圈、侧围板外延部分、外部装饰件
	PC+PBT	聚碳酸酯+聚丁烯对二苯二酸酯	保险杠护罩
	PPE+PA（PPO+PA）	聚亚苯基乙醚+聚酰胺	翼子板、外部装饰件
	ABS	丙烯腈丁二烯苯乙烯	仪表组、装饰嵌条、控制台、肘靠、格栅
	PUR	热固性聚氨基甲酸乙酯	保险杠护罩、前后车身面板、护板

4. 橡胶

橡胶是一种高分子材料，因为其具有很多优点而广泛用于制造汽车上的零件。

（1）橡胶的基本性能特点

① 极高的弹性。这是橡胶独特的性能。橡胶在起初受载荷时变形量很大，但随着外力的增加，橡胶又具有很强的抵抗变形的能力。它可以作为减振材料，用于制造各种减小冲击和吸收振动的零件。

② 良好的热可塑性。橡胶在一定温度下会失去弹性而具有可塑性，当橡胶处于热可塑性状态时，容易加工成各种形状和尺寸的产品，而且当外力去除后，仍能保持该变形下的形状和尺寸。

③ 良好的黏着性。黏着性是指橡胶与其他材料黏结成整体而不分离的能力。橡胶有很强的吸附能力，能与其他材料黏结成整体，如汽车轮胎就是利用橡胶与棉、毛、尼龙等牢固黏结在一起而制成的。

④ 良好的绝缘性。大多数橡胶是绝缘体，是制造电线、电缆等导体的绝缘层的理想材料。

此外，橡胶还具有良好的耐寒、耐腐蚀和不渗漏水、气等性能。橡胶的缺点有导热性差、硬度和抗拉强度不高、容易老化等。

（2）橡胶的分类

橡胶按其来源不同可分为天然橡胶和合成橡胶两类；按用途不同可分为通用橡胶和特种橡胶两类。

① 天然橡胶。它是从植物（如橡胶树等含胶植物）中采集的一种高弹性物质，经一定的处理和加工，包括去杂质、净化、凝固、水洗、压片等工艺加工制成的。天然橡胶品种很多，除天然胶乳外，还有干胶中的烟片胶、白绉片胶、褐绉片胶和其他品种的天然橡胶，主要成分为橡胶烃。

② 合成橡胶。它是以石油、天然气等物质中所得的某些低分子不饱和烃作为原料，经聚合反应而成的。合成橡胶原料来源丰富、成本低廉，合成橡胶品种和数量都有了很大的提高，目前产量已超出天然橡胶。

③ 通用橡胶。主要品种有丁苯橡胶、氯丁橡胶和丁腈橡胶等。

④ 特种橡胶。主要用于制作高温、低温、酸、碱、油和辐射介质条件下的橡胶制品，主要品种有乙丙橡胶、硅橡胶和氟橡胶等。

（3）橡胶在汽车上的应用

汽车上应用的橡胶件主要有轮胎、各种橡胶管（简称胶管、软管）、传动带、油封及高压密封件、减振缓冲胶垫、窗玻璃密封条等。这些橡胶配件应用于汽车各个部位，数量虽不太大，但对减小汽车的质量与提高汽车的性能却起着相当重要的作用。

① 汽车用橡胶管。每辆汽车中所用的橡胶管有几十种，所用的橡胶材料有天然橡胶、丁腈橡胶、三元乙丙橡胶、氯丁橡胶、丙烯酸酯橡胶等。

橡胶管用于汽车上的燃油、制动、冷却、空调等系统中，包括水、气、燃油、润滑油、液压油等的输送管。其中，液压制动胶管、气压制动胶管、其他制动胶管、散热器胶管、动力转向胶管、离合器液压胶管等是汽车上重要的功能体与保安件。

胶管按结构可分为纯胶管、夹布胶管和编织胶管；按其耐压性能分为低压管、高压管和真空管。常见汽车胶管的种类和用途如表 1-8 所示。

汽车车身结构（第3版）

表 1-8 常见汽车胶管的种类和用途

种类	用途
耐油软管	主要有汽油油管、柴油油管、机油软管等。软管一般由内胶层、增强层和外胶层组成。内胶层一般用丁腈橡胶制成。外胶层用丁腈橡胶或耐候性好的氯丁橡胶、乙丙橡胶等制成，如果要求耐候、耐油性更好，还可以采用氯醇橡胶。视使用压力的不同，增强层可以采用夹布、纤维编织或加入一层钢丝编织层
散热器连接软管	它是连接汽车散热器的进、出水口的胶管。这种胶管属于耐高压胶管，工作压力低于 0.1 MPa。应用较多的是夹布胶管。散热器连接软管的工作压力不高，要求在 100 ℃热水条件下能正常使用即可。胶管的强度为 10 MPa，伸长率为 300%，以前大量应用天然橡胶配合填充料、软化剂、炭黑等制造，现在已被耐液性、耐候性、耐老化性、耐寒性好的三元乙丙橡胶所代替
制动橡胶软管	长期用于载重汽车上，这种胶管属于耐高压胶管。胶管所承受的压力最高可达 10 MPa，胶管的内胶层为丁腈橡胶，外胶层是氯丁橡胶或三元乙丙橡胶，增强层采用氯磺化聚乙烯橡胶，外层是氯丁橡胶的结构。另一种是内层为氢化丁腈橡胶，外层是氯磺化聚乙烯橡胶的结构。新胶管的脉冲次数在 120 ℃时可达 400 万次，比传统结构增加了 100 万次。轿车上的制动软管多采用尼龙材料制造，尼龙管的耐老化性、尺寸稳定性、耐液性均优于橡胶管
空调胶管	分为低压管和高压管。空调胶管通常由多层构成，典型的 5 层式结构由内到外的构成情况通常是：第一层为内胶层，材料为氯丁橡胶；第二层为尼龙层；第三层为中胶层，材料为丁腈橡胶；第四层为纺织层，材料为聚对苯二甲酸乙二醇酯；第五层为外胶层，材料为三元乙丙橡胶

② 汽车用的橡胶带。汽车用的橡胶带大多是无接头的环形带，如图 1-88 所示。汽车用橡胶带主要是 V 带，通常有 3 种，即包布 V 带、切割 V 带和多楔 V 带，切割 V 带使用较多。切割 V 带两侧没有包布，挠性好，摩擦系数大，具有受力大、线速度高、散热性及耐疲劳性良好和节能等特点。常用橡胶带种类有丁腈橡胶和氯丁橡胶。

汽车的偏心轴等的传动带多采用齿形 V 带，要求传动速度准确、耐高速、噪声小、使用时间长。

③ 橡胶密封件。橡胶是制造密封件的主要材料，品种繁多，为了改善橡胶的性能，可以掺用塑料；塑料还用作橡胶密封件的附件，如支撑环、挡圈、缓冲圈和磨损调整圈等。

橡胶密封件的种类主要有 O 形圈、油封和皮碗等，如图 1-89 所示。橡胶密封件虽然结构简单，但关系到汽车各部件的工作性能是否能正常发挥，所以，不但要求其具有很好的机械强度，而且更要求其有较好的耐热性、耐油性及耐各种使用介质的性能。

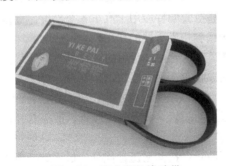

图 1-88 汽车用的橡胶带

图 1-89 汽车用橡胶密封件

④ 橡胶防振配件。汽车行驶时各部分的振动会影响汽车的舒适性。为降低汽车振动和减小噪声，在各处采用了防振橡胶，如发动机支撑环、扭振缓冲器行驶部分的支撑缓冲橡胶、轴套、橡胶耦合器等。典型汽车防振橡胶块的结构形式如图1-90所示，它们大多由防振橡胶和金属地板黏结在一起制成。

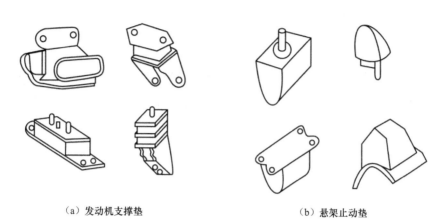

（a）发动机支撑垫　　　　　　　　　　　　　（b）悬架止动垫

图 1-90　块状防振橡胶

橡胶弹簧是辅助汽车钢板弹簧工作的零件。在主钢板弹簧位移大时，载荷进一步增加使主弹簧和辅助弹簧共同起作用。橡胶弹簧是一个中空的橡胶制件，在汽车中用于钢板弹簧的上端，钢板弹簧变形至一定程度即接触橡胶弹簧，并与之共同作用，提高汽车舒适性。

空气弹簧是一个比较复杂的橡胶防振配件，除了少数紧固件及上下板，多数零件都由橡胶制成。这种弹簧的中间密闭，充以低压压缩空气，使空气和橡胶组合成一体，具有良好的隔振性能，又能减小噪声，能有效提高舒适性。

5. 汽车用黏合剂

黏合剂又称黏结剂，它是将两种材料黏结在一起，或填补零件裂纹、空洞等缺陷的材料。黏合剂具有较高的黏结强度和良好的耐水、耐油、耐腐蚀、电绝缘等性能，用它来修复零件具有工艺简单、连接可靠、成本低、不会引起零件变形和内部组织发生变化等优点，因此在汽车维修中得到广泛应用。准确认识这些黏合剂的性质和作用，能有效进行相关修复工作。

汽车修理用的黏合剂主要有以下几种。

（1）环氧树脂黏合剂

环氧树脂黏合剂是一种有机黏合剂，它的用途很广，适合黏结各种金属材料和非金属材料。环氧树脂黏合剂以环氧树脂及固化剂为主，再加入增韧剂、稀释剂、填料和促进剂等配制而成。环氧树脂黏合剂通常装于塑料管内，如图1-91所示。

（2）酚醛树脂黏合剂

酚醛树脂黏合剂也是一种有机黏合剂，它的基本成分是酚醛树脂，如图1-92所示。酚醛树脂黏合剂具有较高的黏结强度，耐热性好，在200℃以下可长期工作，但其脆性大，不耐冲击。

酚醛树脂黏合剂可以单独使用，也可以与其他树脂或橡胶混合使用。它与环氧树脂黏合剂混合使用时，其用量为环氧树脂黏合剂的30%～40%，且要加增韧剂和填料。为了加速固化，可加入5%～6%的乙二胺，这样既改善了耐热性，又提高了韧性。

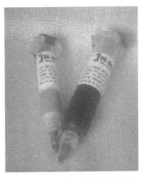

图 1-91　环氧树脂黏合剂

图 1-92　酚醛树脂

（3）氧化铜黏合剂

氧化铜黏合剂是一种无机黏合剂，它具有良好的耐热（在 600 ℃高温下不软化）、耐油、耐酸性以及固化前溶于水而固化后不溶于水等特点，但其脆性大、不耐冲击且耐碱性差。

氧化铜黏合剂由氧化铜粉、无水磷酸和氢氧化铝调和而成，其中氢氧化铝用于进行无水处理，氧化铜与磷酸反应生成磷酸铜，吸水后形成结晶水化物而固化，而且磷酸铜与钢铁表面黏结时，铁元素与铜元素会发生置换反应，从而提高其黏结强度。

氧化铜黏合剂在固化后，体积略有膨胀，因此，它特别适用于管件套接或槽接，也可用于填补裂缝和黏合零件，如黏补发动机气缸上平面、黏补气阀室附近处的裂纹以及黏结硬质合金刀头等。

氧化铜黏合剂在行业内常被称为无机胶，使用时需将两个组分均匀混合，如图 1-93 所示。

（4）502 胶水

现代汽车修复常用 502 胶水。502 胶水是以 α-氰基丙烯酸乙酯为主，加入增黏剂、稳定剂、增韧剂、阻聚剂等，通过先进生产工艺合成的单组分瞬间固化黏合剂。

502 胶水多用于多孔性及吸收性材质之间的黏结，用于钢铁、有色金属、橡胶、皮革、塑料、陶瓷、木材、玻璃、软塑胶、硬塑胶等自身或相互间的黏合，但对聚乙烯、聚丙烯、聚四氟乙烯等材料，其表面需经过特殊处理方能进行黏结。

502 胶水通常装于塑料小瓶内，如图 1-94 所示。

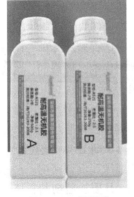

图 1-93　无机胶

图 1-94　502 胶水

6. 车用密封剂

在现代汽车结构制作和修理作业中，密封材料起到越来越重要的作用。车身板连接部位和焊接部位需要特殊的密封保护，因为这些区域很容易受到碰撞冲击。接缝的焊接处是金属防腐的敏感区域，水、雪、灰尘和路面上的沙子都很容易在连接处聚集，所以汽车的连接处必须采用密封剂（密封胶），以消除材料和车身板件表面的缝隙，同时起到碰撞保护及防腐蚀的作用。密封剂在汽车上的应用部位如图 1-95 所示。

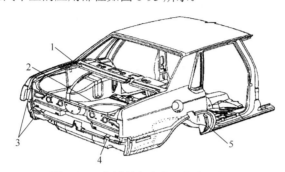

图 1-95　密封剂在汽车上的应用部位

1—在焊点上刷上密封剂；2—稠密封剂填充焊缝；3—稀薄密封剂填充狭小焊缝；
4—固体密封剂压入宽的连接缝；5—在内部不可见部分刷上涂刷密封剂

一般车用密封剂有稀薄密封剂、稠密封剂、涂刷密封剂和固体密封剂等多种类型，它们的应用部位和使用方法也有所不同。

（1）稀薄密封剂

稀薄密封剂可用于密封 4 mm 以下的缝隙。这种密封剂在保持减振作用的同时会产生微小的收缩，以保证连接处的精确度，具有黏合性能好的特点，适用于干净裸露的金属件密封。由于大多数缝隙都在一个垂直的表面，使用时应注意防止密封剂流出缝隙。

（2）稠密封剂

稠密封剂适用于密封 4～8 mm 宽的缝隙。这种密封剂可以遮盖缝隙，还能以珠状形式存在。稠密封剂的收缩量应减到最小，保证其具有很好的抵抗收缩的能力，以及具有良好的柔性，以防止发生断裂。这种密封剂常用于汽车构件连接处和缝隙重叠处。

（3）固体密封剂

这种密封剂用于密封板件连接处和空洞处的巨大缝隙。这种密封剂是条形堵缝形状，用手指即可压入缝隙。

（4）涂刷密封剂

涂刷密封剂一般用于车身的内部或外表的并不是很重要的地方，这些车内的密封部位在外观上一般看不到。这种密封剂用于隐藏擦痕，防止盐类物质及汽油、齿轮油和制动液等汽车油液的腐蚀。所有接缝，如前舱盖下面和车厢下面都有可能被汽车油液腐蚀，因此都应该用涂刷密封剂密封。

7. 汽车用玻璃

为了确保驾驶员的视野宽阔以及车辆碰撞时乘坐人员的安全，很多国家在法律上对汽车各类车窗的玻璃种类及品质都进行了规定，具体内容如表 1-9 所示。

表 1-9 部分国家对汽车车窗用玻璃的使用规定

国名 ＼ 车窗种类	风窗（光线透射比）	侧窗及后窗
日本	中间膜厚 0.38 mm 以上的胶合玻璃或部分钢化玻璃（70%以上）	钢化玻璃
美国、法国	中间膜厚 0.76 mm 以上的胶合玻璃（70%以上）	钢化玻璃
德国、英国、意大利	中间膜厚 0.76 mm 的胶合玻璃或部分钢化玻璃（德国要求光线透射比为75%以上，英国、意大利要求光线透射比为70%以上）	钢化玻璃
瑞典、芬兰	中间膜厚 0.75 mm 以上的胶合玻璃（70%以上）	钢化玻璃
澳大利亚	中间膜厚 0.76 mm 的无色胶合玻璃或部分钢化玻璃（85%以上）	钢化玻璃

我国《机动车运行安全技术条件》（GB 7258—2017）规定：机动车驾驶室必须保证前方视野和侧方视野，风窗玻璃及风窗以外玻璃用于驾驶员视区部位（贴膜后）的可见光透射比不允许小于 70%。

现代汽车上应用的安全玻璃有钢化玻璃、夹层玻璃、有机玻璃和特殊功能玻璃等类型。

（1）钢化玻璃

汽车的侧窗及后窗玻璃一般都使用钢化玻璃。钢化玻璃是为了增加玻璃的强度以减少破损，由普通平板玻璃或磨光玻璃经热处理后得到的一种淬火玻璃，有全钢化玻璃和半钢化玻璃之分。钢化玻璃破损后即破碎成无尖锐状的碎粒，在车辆发生碰撞时可避免碎片伤人。

（2）夹层玻璃

夹层玻璃也称为胶合玻璃，是在两片机制平板玻璃中间添加塑料夹层，通过黏合剂、软化剂处理，再经过滚压、热压处理，使之黏合后逐渐冷却而制成的玻璃。

夹层玻璃在被击碎后，玻璃碎块仍旧粘在塑料夹层上，其安全性能比钢化玻璃好。现代汽车的风窗玻璃几乎全部采用夹层玻璃，有些汽车的车门玻璃也采用夹层玻璃。

另外，还有一种外板为普通平板玻璃、内板为液冷强化玻璃的合成玻璃。此外，还有吸收红外线的玻璃、嵌入天线的玻璃、电导体玻璃等各种特殊用途的玻璃。

（3）有机玻璃

这是一种高度透明的热塑性塑料，属于透光材料之一。

有机玻璃是用丙酮、氰化烃或者异丁烯等制成的甲基丙烯酸甲酯聚合而成的聚甲基丙烯酸甲酯。有机玻璃用于制造某些透光材料零件，如驾驶室的遮阳板、灯罩、前舱盖前标志、暖风说明牌等。改性有机玻璃（甲基丙烯酸甲酯、苯乙烯共聚物）用来制作轿车的指示灯护罩。

（4）特殊功能玻璃

① 单面透视玻璃。它是通过在普通玻璃上涂抹一层铬、铝或铱的薄膜而制成的。它可以将大部分光线反射回去，使汽车从内向外的可视性好，车外却无法透视车内。

② 控制风窗玻璃。这种玻璃具有雨点传感作用，其传感器可测出雨点，然后自动打开刮水器，并根据雨量的大小变化，自动改变刮水器的刮水速度。控制风窗玻璃是配置自适应刮水系统首选的玻璃。

③ 控制阳光玻璃。这种玻璃能挡住多达 84%的太阳光，可以在汽车所有车窗关闭和阳

光直接暴晒情况下，使车内保持凉爽。

④ 导电玻璃。它是通过在普通玻璃表面涂上一层氧化钛、氧化锂之类的薄膜而制成的。这种玻璃通过微量的电流时会产生热量，使附在车窗上的冰霜很快融化，以保证车内人员的视线无阻。大多数轿车的后窗玻璃都采用导电玻璃。

⑤ 显示器系统玻璃。这种汽车玻璃可以作为显示器，汽车路线指南、方位图等都可以从仪表板后面投射到汽车风窗玻璃上，这样驾驶员不用看仪表，只需正视前方，就可以看到玻璃上显示的各种信息，既方便又安全。

8. 衬垫材料

（1）人造革

汽车车身上常用的是聚氯乙烯人造革。按所用基材的不同，人造革可分为棉布基和纤维基两类。棉布基有布基、漂布基、帆布基、针织布基等，纤维基有纸基和无纺布基等。汽车上使用的多是针织布基人造革。

另外，还有单面人造革（单面涂聚氯乙烯塑料）和双面人造革（双面涂聚氯乙烯塑料）之分。

人造革用于制造或修补人造革制件，如轿车内护面用的蒙布、汽车坐垫蒙皮、靠背蒙皮、车门内饰板及其他装饰覆盖物等，这些配件多用 302 帆布人造革和 382 鼠纹布人造革制造。

人造革因其色彩丰富、有良好的外观、价格低廉等特点被广泛应用在汽车内饰中；但人造革存在透气性差、易老化、有异味等不足，所以多用于较低端汽车或低配置车型上。

（2）泡沫塑料

泡沫塑料是弹性衬垫材料之一。

常用的泡沫塑料有聚氯乙烯泡沫塑料和聚氨酯泡沫塑料两种。此外，还有一种泡沫橡胶，也可作为弹性衬垫材料使用。

在维修作业中，泡沫塑料可作为汽车的隔音、隔热、防振、密封等材料使用。

聚氯乙烯泡沫塑料可用于制作汽车的地毯、垫条、密封条等。

聚氨酯泡沫塑料可用于制作汽车坐垫，靠背，需隔热、隔音、防振的顶盖内饰板和平衡杆球头封垫圈等。软质聚氨酯泡沫塑料可用于制作防撞材料，如保险杠内的缓冲泡沫，如图1-96所示。半硬质聚氨酯泡沫塑料可用于制作某些车身结构材料。汽车坐垫可用泡沫橡胶制作。

低速缓冲泡沫

塑料保险杠

图 1-96 保险杠内的缓冲泡沫

二、汽车车身的性能

车身的性能主要指密封性、隔热性、防振/降噪性和安全性等。

1. 密封性

车身的密封性是指关闭车身全部门、窗和孔口盖时，车身防雨水和尘土进入的能力。如果车身的密封性不好，不但不能使车内保持所需的温度，而且尘土和雨水都易侵入车内。

影响车身密封性的主要部位是门窗缝隙，故在维修时应注意密封条的技术状况和密封效果，另外还应注意位于车厢内发动机罩的密封性和空调装置管路穿过地板孔洞的密封性。

2. 隔热性

车内温度适宜是保证舒适性的重要因素之一。车内要保持适宜的温度，除了使用空调装置外，还要求车身具有良好的隔热性。如果车身的隔热性差，车内热（冷）量损失大，势必会消耗加热（或制冷）设备更多的能量。

汽车车身的隔热一般采用隔热层。隔热层由玻璃纤维、胶合板、毛毡、泡沫塑料等材料制成。通常情况下，顶盖受太阳辐射影响最大，故顶盖隔热层厚度一般较大。为防止发动机传入车内太多热量，一般在前围板朝向发动机的一面加一层铝铂。

3. 防振/降噪性

轿车车内的噪声通常是由空气动力噪声、机械噪声及空腔共鸣所引起的。

（1）空气动力噪声（也称空气噪声）

它是由气体振动产生的，包括发动机及其附件的工作噪声及排气噪声、传动系统噪声、轮胎噪声及悬架等行驶装置噪声，这些噪声主要是通过前围板及地板传入车身内的，此外还有从汽车周围传入的各种环境噪声。

风噪声是汽车在高速行驶时产生的"风笛声""风啸声"等，轿车易产生风啸声的部位如图 1-97 所示。当汽车高速行驶时，除了从门窗框周围、车身地板和前围板的孔隙透进空气时产生的风啸声、冷暖通风口的风啸声，还有由空气经车身表面突出物（如手柄、后视镜、流水槽等不光顺表面）产生的涡流而引起的噪声。

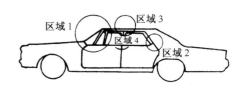

图 1-97　车身易产生风啸声的部位

（2）机械噪声

机械噪声是由固体振动产生的，如车身受到振动激励后产生车身总体的弯曲振动、扭转振动，同时还会引起覆盖件或结构件的局部振动，特别是当激励频率与构件的固有频率吻合或相近时，将发生共振。此外，由于机械的撞击摩擦以及交变载荷的作用，车身内的装置产生的噪声等属于机械噪声。

（3）空腔共鸣

空腔共鸣是因车身振动产生的向车内辐射的声波，遇到障碍物反射回来时，若恰好与原来的声波相同，则这部分声波会被增强，而且会作为一种激励加剧结构的振动。这种二次激励加剧结构振动的本身就是一个噪声源，又称为车厢共鸣。车身作为共鸣箱，对于低频声的作用尤为明显。对于轿车，会出现两个共鸣箱（客舱和行李舱），而且两者会相互影响。

由上述车内噪声的成因分析可知，要控制车内噪声，首先要从减少噪声源着手。例如，抑制风噪声的最有效的方法就是消除漏气流的间隙或采取改进过的密封元件，增加密封压力等，将缝隙堵住；要防止排气噪声可采用消声器；要防止机械噪声可采用减振器等。此外，车身结构上还必须采取防振、隔振、阻尼等办法。防振、隔振主要通过改善汽车悬架装置的减振性能来实现，并可通过选择适当的悬置结构和位置，以减少振动的传递，起到隔振作用。对于发动机和车外噪声，可采取各种隔声材料和结构措施来隔振。例如，前置发动机的噪声主要是通过前围挡板传入车内的，为减少噪声传入，常将单层隔壁（前围板）改为双层隔壁。对前围板、地板上的许多穿线孔、安装孔等，应尽量密封（如采取密封效果较好的穿线胶套）等。对传入车身内的噪声，通常可利用吸声材料（如多孔性吸声材料等）制成的内饰来吸收传到其上的声波，减弱反射的声能。吸声通常与隔声、防振等一起处理。

对于一些易产生振动的钣金件，如地板、顶盖、前围挡板等，应涂以防振阻尼材料来减少噪声辐射，使其衰减。阻尼材料是一种内损耗大的材料，如沥青物质和其他高分子涂料（橡胶、树脂等）。

图 1-98 所示为防振、隔振和阻尼材料应用于轿车车身的实例。在设计车身内饰时，既要满足造型及安全方面对室内软化的要求，也要满足控制振动和噪声的要求。

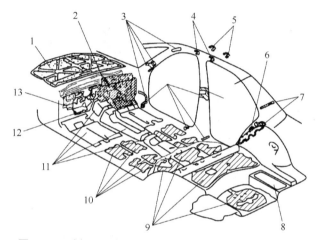

图 1-98　防振、隔振和阻尼材料应用于轿车车身的实例
1—前舱盖隔声材料（玻璃纤维+特殊布料）；2—驾驶室前隔板隔热层（下部为 PP 毛毡）；
3、4、5—泡沫材料；6—车轮侧罩的减振夹层板；7—树脂成型泡沫材料；
8、11—夹有树脂层的沥青板；9、10—高刚度沥青板；12—发动机的减振夹层挡板；
13—驾驶室前隔板减振隔热层（玻璃纤维+特殊布料）

4. 安全性

汽车的安全性通常被划分为主动安全性和被动安全性。其中的被动安全性是指一旦发生交通事故，如何避免车内人员被伤害或减轻车内人员受到伤害的保护性对策，这主要取决于车身刚度匹配、车内软化和安全保护装置等。

车身壳体刚度在不同部位是有所差异的。通常情况下，客舱相对于其前、后（前舱、行李舱）应具有较大的刚度和韧性。当汽车发生正面碰撞或追尾等事故时，所产生的冲击能量可以在车身前部或后部得到迅速释放，以保证中部客舱有足够的活动范围与安全空间，如图 1-99 所示。

针对正面碰撞，在车身壳体及结构方面均采取了多种安全措施。图 1-100 所示为在车身壳体方面的安全设计。当正面碰撞时，能量的传递路径为前保险杠→前纵梁→前纵梁末端→驾驶室。因此前保险杠利用超高强度钢板材料，并制成箱状以增加其强度，这样在发生碰撞时可以将碰撞能量分解给左、右两个前纵梁。将前纵梁制成直线状，前端为易压溃材料，中间为加强材料，这样在碰撞时前端易产生压溃变形，接着前纵梁末端产

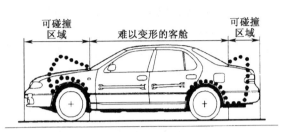

图 1-99 车身的刚度匹配设计

生弯曲变形，以吸收碰撞能量。最后通过驾驶室吸收碰撞能量，这样就能很好地保护乘员的安全了。

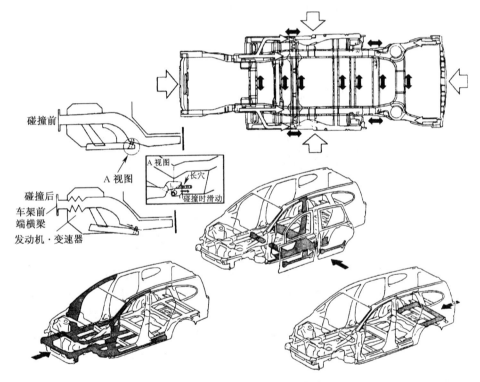

图 1-100 正面碰撞的壳体安全设计

　　另外为应对正面碰撞，在车身前部各部件的装配方面也采取了各种各样的措施，如图 1-101 所示。行人与汽车发生正面碰撞时，可通过前舱盖与前保险杠等碰撞能量吸收机构来减轻对行人的伤害。前舱盖框架呈扁平状，使发动机等机械部件与前舱盖之间存在空间。行人头部与前舱盖发生碰撞时，可通过前舱盖铰链的运动来吸收碰撞能量。前挡板受到碰撞时易产生变形，刮水器托架受到碰撞时会脱落，前保险杠前端设缓冲垫，这些都是减轻行人所受伤害的措施。

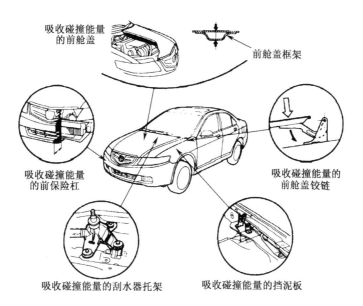

吸收碰撞能量的前舱盖   前舱盖框架

吸收碰撞能量的前保险杠

吸收碰撞能量的前舱盖铰链

吸收碰撞能量的刮水器托架   吸收碰撞能量的挡泥板

图 1-101   减轻行人所受伤害的措施

另外，车身前部的低重心及流线型设计，也能在正面碰撞时对行人起到一定的保护作用，如图 1-102 所示。

图 1-102   车身前部形状的安全设计

针对侧面碰撞的措施有在车门上加装防撞梁、加强侧板，在仪表板加装加强杆，在车身上加装加强件，车身中柱采用超高强度钢板材料制成，驾驶室地板加厚以抵制驾驶室变形，在门槛内加装横隔板等加强件等，如图 1-103 所示。

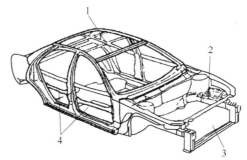

图 1-103   针对侧面碰撞的安全设计

1—安全驾驶室骨架；2—开槽的车架导轨；3—前可碰撞区域；

4—车门横梁（防撞梁）

在驾驶室紧固构件的立柱与上边梁内设计树脂加强肋，发生碰撞时加强肋产生压溃变形以缓冲对乘员头部的冲击，同时尽量减小车门及车门边梁的变形。

　　车内软化主要取决于车内蒙皮表面、座椅表面、车内扶手等所用的材质及软化程度。相对而言，车内无致伤结构、表面柔软，在汽车发生碰撞、翻滚时，车体对人的撞击便会相对减弱，减轻对人体的伤害。除了车内软化措施外，在车内结构方面也采取了一些安全措施，图 1-104 所示为减小乘员颈部所受伤害的装置。当发生碰撞时，该装置通过感知乘员对座椅靠背的撞击力，使安全头枕自动向乘员头部靠近，从而限制颈部的运动，起到减小伤害的作用。为了保护乘员的头部，在立柱与边梁等部位的内部设计了加强肋等结构来吸收碰撞能量，如图 1-105 所示。

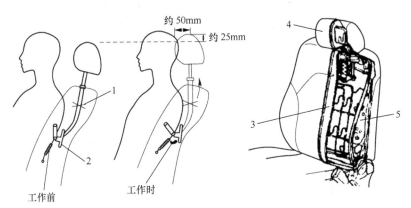

图 1-104　减小颈部所受伤害的装置
1—旋转中心；2—动力板；3—座椅靠背缓冲垫；4—安全头枕；5—靠背框架

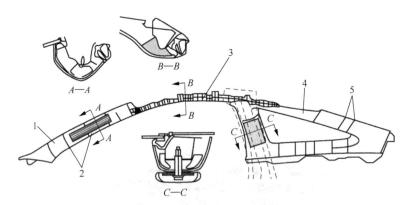

图 1-105　头部冲击缓和装置
1—前柱装饰物；2、5—加强肋；3—树脂肋（前上边梁托板）；4—顶盖内部装饰物

　　在目前状况下，用得最多的安全保护装置是安全带和安全气囊。安全带的作用主要是在汽车发生碰撞事故时对乘员适度限位，并靠安全带减小乘员因惯性作用可能受到的极大撞击力，安全带可以在轻拉和慢拉时使乘员有足够的活动范围，不妨碍乘员的动作；当突然停车

时，安全带会自动卡紧，将乘员固定在座椅上。总的来说，安全带装置简单、通用，但对乘员活动有一定限制，且效果不够理想。

只用安全带，正面碰撞时仍然可能存在转向盘和风窗玻璃等部件对头部和面部的伤害，而采用安全气囊则没有这个缺陷。安全气囊一般布置在乘员前面、侧面，当发生碰撞事故时能够在极短时间内充气成 60～200 L 的气囊型保护装置，避免乘员碰到硬车体上。

任务 2-1　轿车车身覆盖件拆装

□ 任务引入 □

车身覆盖件是指覆盖在车身骨架表面上的板制件，如图 2-1 所示。车身覆盖件根据在车身上的位置可分为车身前部板制件、车身中部板制件和车身后部板制件，主要包括保险杠、散热器面罩、前舱盖、车门、天窗、后围、翼子板等。

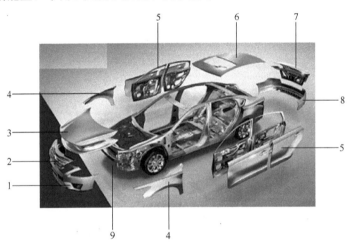

图 2-1　车身覆盖件

1—前保险杠面罩；2—散热器面罩；3—前舱盖；4—前翼子板；5—车门；
6—顶盖（带天窗）；7—后围；8—后保险杠面罩；9—前保险杠

车身维修人员只有充分了解所修车型的相关覆盖件结构特点及与车身的连接方式，才能正确进行覆盖件的拆卸、装配及修理。

本任务主要学习车身覆盖件的结构，包括其内部包含的机电总成的结构原理、各覆盖件与车身的装配方式及拆装方法。

□ 学习目标 □

1. 能够正确描述前舱盖的结构及其与车身的装配方式。

2. 能够正确描述前翼子板和挡泥板的结构及其与车身的装配方式。

3. 能够正确描述保险杠的结构及其与车身的装配方式。

4. 能够正确描述行李舱盖的结构及其与车身的装配方式。

5. 能够正确描述后翼子板和后围板的结构及其与车身的装配方式。

6. 能够正确描述风窗玻璃的结构及其与车身的装配方式。

7. 能够正确描述天窗的结构及其与车身的装配方式。

8. 能够正确描述车门总成的结构及其与车身的装配方式。

9. 能够正确进行前舱盖、前翼子板、保险杠、行李舱盖、风窗玻璃、车门总成的拆装。

10. 培养良好的安全卫生习惯、环保意识及团队协作的职业素养。

11. 能够检查、记录和评价工作结果。

□ 相关知识学习 □

一、保险杠

保险杠的主要功能是，当轿车前后端与其他物体相撞时，能有效地保护车身，还有利于减轻被撞人和物的损伤程度。另外，保险杠作为车身外部装饰件与散热器面罩相互配合，能起到美化轿车外形的作用。保险杠有前保险杠和后保险杠之分，其结构原理基本相同，故在此一并讲述。

事实上，在碰撞事故（正面撞击或后部追尾）中起主要吸能作用的是前、后纵梁，纵梁通过压溃变形和弯曲变形吸收碰撞能量，其中前纵梁几乎要吸收前部碰撞总能量的60%左右；后纵梁所需要承担的吸能压力虽然较前纵梁小，但是仍然是在追尾事故中吸收能量的主力。

保险杠的种类很多，如图 2-2 所示，按其结构不同分为普通型和吸能型两类。普通型保险杠的结构简单、质量轻，广泛用于一般汽车上。而吸能型保险杠的安全保险性能好，且与车身造型相协调，多用于高级轿车上。

图 2-2　各种类型的保险杠

1. 保险杠结构

（1）普通钢制保险杠

普通钢制保险杠也称为刚性保险杠，常以 2 mm 钢板冲压成型，表面做镀铬处理，如图 2-3 所示。它通过支撑柱安装在车身保险杠支架上，如图 2-4 所示。考虑到安全和美观，也有将保险杠的两端埋入车身侧围的。这种类型的保险杠多用于货车、客车和皮卡车。

图2-3　普通钢制保险杠

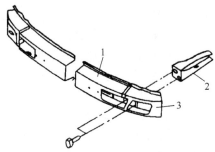

图2-4　普通钢制保险杠安装位置
1—钢制保险杠；2—支架；3—侧罩

有的轿车在保险杠表面贴上橡胶保护带，如图2-5所示。除橡胶保护带之外，也有在保险杠前端设置超控器（防撞块）和护板保护带的，如图2-6所示。普通钢制保险杠的结构简单，但在局部碰撞时会影响到整个车身。

图2-5　在钢制保险杠表面贴上橡胶保护带

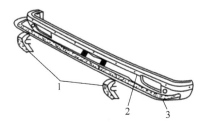

图2-6　带防撞块的保险杠
1—防撞块；2—前保险杠；3—护板保护带

（2）低能量吸收型保险杠

低能量吸收型保险杠是在钢制加强板的外面罩处以树脂材料制成的面罩（壳体、外皮），如图2-7所示。撞击时，由面罩和加强板的变形来吸收能量。面罩材料大多以聚丙烯（PP）为主，还有的采用改性增强尼龙、玻璃钢等。图2-8所示为在面罩内部制有整体成型的加强肋，而不用加强板的结构。

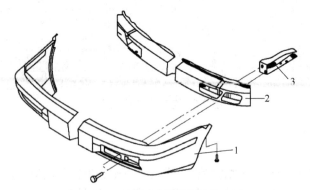

图2-7　带树脂面罩的钢制保险杠
1—面罩；2—加强板；3—支架

近年来，由于造型设计的发展，以及为满足行人保护的需要，大多数轿车的前保险杠采用保险杠与散热器面罩（也称为散热器格栅或中网）一体式设计，如图2-9所示。相比而言，几十年前老车型的保险杠设计更符合"横杠"的概念。

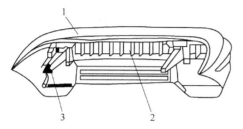

图2-8　制有加强肋的保险杠面罩　　　　图2-9　与散热器面罩一体式设计的保险杠面罩
1—保险杠蒙皮；2—加强肋；3—支架

（3）吸能型保险杠

为了吸收保险杠在碰撞时的冲击能量，最初尝试使支撑杆部位具有吸能功能，形成一个防冲击的隔离层，如图2-10所示。吸能型保险杠有筒状吸能单元式、直接吸收式和蜂窝状树脂式等形式。

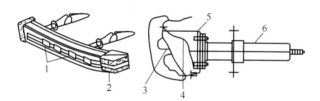

图2-10　吸能型保险杠
1—保险杠面罩；2—侧罩；3—隔离层；4—保险杠挡杆；
5—加强板；6—吸能单元（支撑杆）

① 筒状吸能单元式保险杠。筒状吸能单元有流体减振器和硅酮橡胶减振器两种形式，如图2-11所示。流体减振器是通过在活塞及套筒中封入机油和空气，利用油的阻尼吸收冲击能量，以空气的压缩来减轻冲击的缓冲器，如图2-11（a）所示。硅酮橡胶减振器使用硅油（硅酮橡胶）作为阻尼器，并利用两段套筒的面积差起缓冲复原的作用，如图2-11（b）所示。

② 直接吸收式保险杠。靠车身的一侧为强度比较高的钢制保险杠加强板，将合成泡沫塑料或发泡橡胶等吸收冲击能量效果好的材料填充于加强板与保险杠面罩之间，构成具有一定能量吸收功能的保险杠，这种保险杠称为直接吸收式保险杠。当汽车受到轻度冲击时，它靠填充材料受冲击压迫后的瞬间变形直接吸收能量，如图2-12所示。其装配后的效果如图2-13所示。

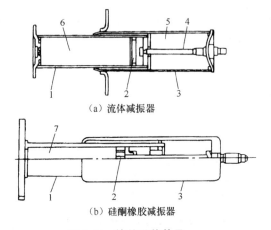

（a）流体减振器

（b）硅酮橡胶减振器

图 2-11　筒状吸能单元

1—活塞套筒；2—活塞；3—外壳；4—调节阀销；

5—机油；6—气体；7—硅酮橡胶

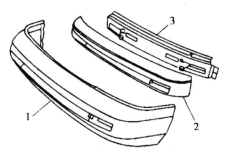

图 2-12　发泡树脂型保险杠

1—保险杠面罩；2—泡沫塑料缓冲垫；

3—加强板

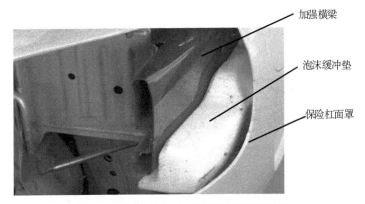

图 2-13　带泡沫缓冲垫的保险杠装配效果

　　另外，在树脂型保险杠内侧设置若干纵横向加强肋，在承受冲击时，这些加强肋压缩，也可吸收能量。

　　加强板也称为保险杠加强横梁，可以将任何形式的装置发生正面碰撞时产生的能量尽可能均匀地分布到吸能元件上，使能量尽可能均匀地被吸能元件所吸收，并将碰撞力均匀地传递到两个纵梁。当汽车与其他车辆或障碍物发生低速碰撞时，如较为常见的停车场碰撞、市区路况频繁发生的低速追尾等，前保险杠加强横梁对翼子板、散热器、前舱盖和灯具等部件起着一定的保护作用，后保险杠加强横梁则可以减少对行李舱、尾门、后灯组等部位的损害。保险杠加强横梁材料大多是钢板，也有用铝合金制作的。

　　③ 蜂窝状树脂式保险杠。其结构与发泡树脂式相似，但采用的不是发泡树脂，而是成型蜂窝状聚氨酯等树脂结构体，如图 2-14 所示。

　　保险杠面罩与横梁（蜂窝状吸能梁）的连接如图 2-15 所示。A 剖面为保险杠上端面罩与横梁搭接配合方式；沿接触处，其间均匀布置 B 剖面所示的卡接结构；面罩与横梁的下端布置 C 剖面所示的卡接或螺钉连接结构；中部主体连接如 D 剖面所示，有焊接和螺钉连接等形式。

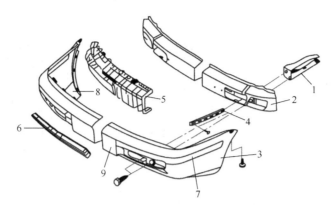

图 2-14　蜂窝状树脂式保险杠

1—保险杠支架；2—保险杠；3—保险杠面罩；4—保险杠侧导向架；

5—横梁（蜂窝状吸能梁）；6—进风口格栅；7—装饰条；

8—扰流板；9—号牌架

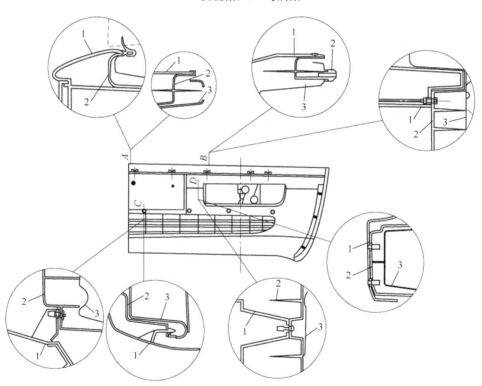

图 2-15　保险杠面罩与横梁的连接

1—支架；2—骨架；3—侧导向架

　　横梁与骨架的连接如图 2-16 所示。一般是在保险杠面罩与横梁形成总成后再与骨架相连，在横梁的上部或中部均匀合理地设计由 G 剖面所示的卡接结构，与骨架上的翻边卡接，卡接后可加防松塞，使卡接更加可靠。下部设计为 F 剖面所示的卡接，做辅助连接。

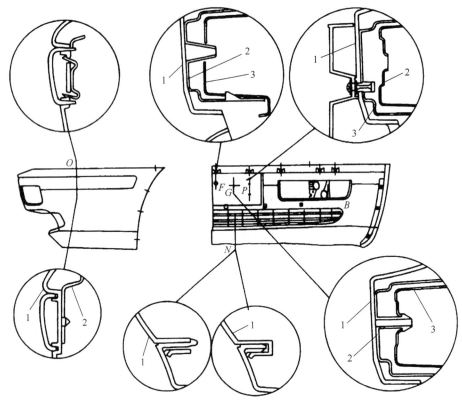

图 2-16　横梁与骨架的连接

1—支架；2—骨架；3—侧导向架

保险杠与车身本体的连接如图 2-17 所示，是在保险杠面罩、横梁、骨架形成总成后，通过支架实现与车体纵梁的连接，如 M 剖面所示。保险杠与周围相关件之间还有些辅助定位点，如侧面 J 剖面所示与翼子板的卡接、后上端 I 剖面所示与翼子板的连接、H 剖面所示上端与侧导向架的搭接等，这些辅助定位点都是为了保证保险杠的侧面连接，保证保险杠与翼子板之间的间隙。此外还有后向 K 剖面所示与轮罩护罩的连接。

保险杠与其他部件的连接如图 2-16 和图 2-17 所示。N 剖面为扰流板与面罩的连接结构，沿接触处一周搭接为卡接结构。O 剖面为独立式装饰条与面罩的连接，为卡接结构。P 剖面为号牌与面罩通过支架的连接。Q 剖面为进风口格栅结构，有整体和独立两种形式。L 剖面为灯具与保险杠结构件的连接。

（4）整体成型的树脂型保险杠

现代轿车中主要采用的是与车身造型一体化的树脂型保险杠，如图 2-18 所示。保险杠材料使用聚丙烯树脂，其质量轻，容易注塑成型。

图 2-19 所示为具有保险杠功能的整体车头和车尾结构，其中填入塑料发泡体及蜂窝体的吸能物质。

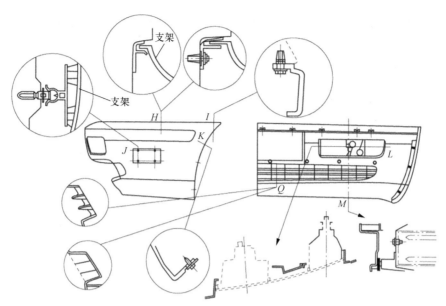

图 2-17 保险杠与车身本体的连接

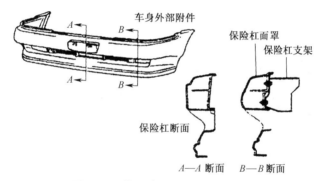

图 2-18 整体成型的树脂型保险杠

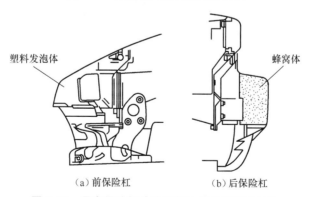

（a）前保险杠　　　　（b）后保险杠

图 2-19 具有保险杠功能的整体车头和车尾结构

2. 保险杠与车身的装配方式

保险杠与车身的装配有直接安装、借助吸能单元安装和借助压溃元件安装等几种方式。

直接安装方式是将保险杠加强横梁直接通过螺栓（中间可能会有连接件）连接在前纵梁上，如图 2-20 所示。

借助吸能单元安装的保险杠如图 2-11 所示。

借助压溃元件安装的保险杠如图 2-21 所示。保险杠加强横梁通过压溃元件 3 及连接板 4 安装在前（后）纵梁上。碰撞时，保险杠面罩、泡沫缓冲垫、压溃元件共同变形来吸收碰撞能量，使得通过纵梁向后（前）传递的力相对减少。图 2-22 所示为带压溃元件的保险杠实例。

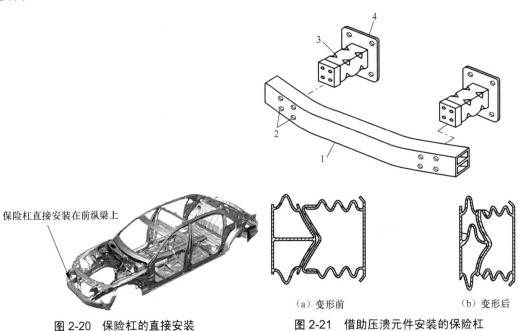

图 2-20　保险杠的直接安装

图 2-21　借助压溃元件安装的保险杠
1—加强横梁；2—螺栓孔；3—压溃元件；4—连接板

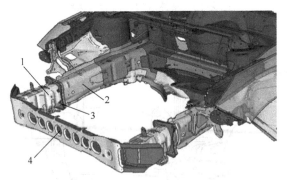

图 2-22　带压溃元件的保险杠
1—压溃元件；2—前纵梁；3—连接板；4—前保险杠加强横梁（钢制）

按保险杠在车身上的安装情况，保险杠分为外置式和内置式两种。外置式保险杠安装后，整体保险杠突出于车身表面，如图 2-23 所示；而内置式保险杠安装到车身上后，其表面与周边表面平齐，如图 2-24 所示。

图 2-23 外置式保险杠

图 2-24 内置式保险杠

另外有的车型，特别是越野车，在普通保险杠前加装了钢结构防护杠，这个防护杠习惯上也称为保险杠，如图 2-25 所示。

有些车型安装了上、下两个保险杠，如图 2-26 所示。下保险杠通常安装在副车架延长杆上。

图 2-25 加装防护杠的汽车

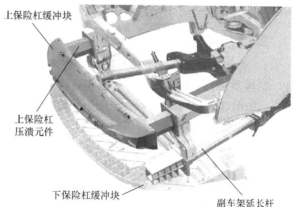

上保险杠缓冲块

上保险杠压溃元件

下保险杠缓冲块

副车架延长杆

图 2-26 双保险杠结构

二、前翼子板

1. 前翼子板结构

前翼子板是遮盖车轮的车身外板，是车上的大型覆盖件之一，其主要作用是遮盖车轮并满足整体车身造型需要。前翼子板通常由整块钢板冲压而成（其材料还有铝合金、玻璃钢等），其外形主要根据车身整体外形设计要求及车轮运动空间要求来决定，典型的轿车前翼子板如图 2-27 所示。

2. 前翼子板与车身的装配方式

在承载式轿车车身上，前翼子板是用螺栓与车身本体连接的；在非承载式车身上，以焊接连接的前翼子板比较普遍。图 2-28 所示为捷达轿车前翼子板安装图，前翼子板的后端通过中间板和前立柱连接，侧面与前舱盖开缝线处的挡泥板相连，前部和散热器固定架延长部分相连。前翼子板一般由 0.6～0.8 mm 高强度钢板冲压成型。前翼子板周围边界形状受前照灯形式和布置，后部车身覆盖件分块情况，前门的运动轨迹，内侧前舱盖的形状、尺寸及侧开缝线等因素的影响。

图 2-27　典型的轿车前翼子板

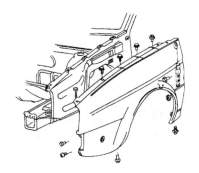

图 2-28　捷达轿车前翼子板安装图

在前翼子板与挡泥板之间，通常安装有内衬结构，其形状复杂多样，材料多为塑料，通过卡扣和螺钉等与挡泥板及前翼子板相连接，如图 2-29 所示。

三、前舱盖

1. 前舱盖结构

前舱盖俗称"机盖"，由外板和内板组成，如图 2-30 所示。外板为适应整车造型的需要，采用的是较为平整（或稍有拱曲）的大覆盖件。有的前舱盖外板表面还纵向布

图 2-29　前翼子板内衬

置了两条相差不大的加强肋，以增强前舱盖整体纵向刚度。为了增强前舱盖的整体刚度，内板由薄钢板经整体拉延后成型，内板呈网格状，采用凸筋的布局方式以增加美感、提高刚度。内板上开设的孔口除考虑减轻质量、提高整体刚度及提高整体美观度的要求外，还要考虑铰链、锁机构等零件的需要。

内、外板采用"黏结+翻边咬合"的形式连接，如图 2-31 所示。黏结时，先在外板的黏结面处涂环氧树脂胶，然后将内板总成放在外板上，输送至咬合模中进行咬合。

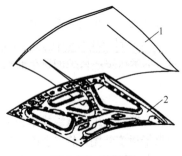

图 2-30　前舱盖
1—外板；2—内板焊接总成

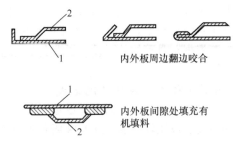

内外板周边翻边咬合

内外板间隙处填充有机填料

图 2-31　前舱盖内、外板结合断面
1—外板；2—内板

内、外板之间除了用环氧树脂胶沿周边黏结外，在内板筋条翻边处与外板内表面还留有2～5 mm 间隙，在内、外板组装在一起时，应用有机填料或将具有弹性的不干胶填入，经烘干固化后，这种有机填料或具有弹性的不干胶就会变成外表硬、内部软的状态，起到吸振和减少噪声的作用。图 2-32 所示为前舱盖局部剖视图。

有的车型的前舱盖内板上还覆盖了一层隔热棉，前部设计有密封条，如图 2-33 所示。

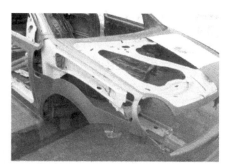

密封条

隔热棉

图 2-32 前舱盖局部剖视图　　　　图 2-33 带有隔热棉及密封条的前舱盖

2. 前舱盖的开启方式

前舱盖的开启方式可分为向后开启（铰链在后）、向前开启（铰链在前）和侧向开启（铰链在纵向中线处）等这几种。

现代轿车大多数采用铰链在后的向后开启方式，如图 2-34 所示。因为向后开启的前舱盖整体刚性好，相对位置稳定，间隙均匀，整个车头的流线型好，容易满足造型的需要。在对发动机（驱动电机）进行检查、维修时，容易从前部和侧面接近发动机（驱动电机），因而维修方便。但是这种开启方式在前舱盖锁钩磨损后，车辆在行驶中受到风压作用时，可能会掀开前舱盖，妨碍驾驶员视线。为防止这类事故发生，必须安装备用辅助挂钩系统。

3. 前舱盖铰链

铰链是将前舱盖与车头本体相连接的机构，也是前舱盖开闭机构，要求启闭轻便、灵活自如，并有足够的开启角度（一般开启角度在 40°～50°为宜），在开启过程中不得有运动干涉，并要有足够的刚度和强度，可靠耐久和易于制造。

前舱盖铰链有明铰链与暗铰链之分。明铰链虽然结构简单，但操作笨重，铰链外露影响外观，增大空气阻力，如图 2-35 所示。

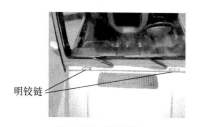

明铰链

图 2-34 向后开启的前舱盖　　　　图 2-35 明铰链

轿车主要采用暗铰链。暗铰链有臂式铰链、合页式铰链及平衡连杆式铰链等多种形式，如图 2-36 所示。暗铰链的臂式铰链和平衡连杆式铰链应用较多，图 2-37 所示为这两种铰链的实物图。

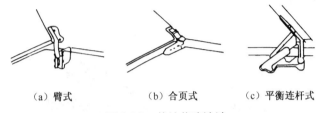

（a）臂式　　　　　（b）合页式　　　　（c）平衡连杆式

图 2-36　前舱盖暗铰链

4. 前舱盖的支撑

为配合铰链的开启，前舱盖上应设置支撑机构。前舱盖的支撑分为带支撑杆和不带支撑杆两种，具体又分为多个类型。

（1）普通铰链与支杆配合的支撑

这种铰链结构简单、使用可靠，一般在普及型轿车等车型上采用。它依靠铰链使发动机开启一定角度，用一根一定长度的支杆支撑，使前舱盖停留在固定的角度上，如图 2-38 所示。

（2）简单铰链与平衡机构配合的支撑

（a）臂式铰链　　（b）平衡连杆式（四连杆式）铰链

图 2-37　两种铰链的实物图

① 简单铰链与平衡弹簧机构配合的支撑。这种形式结构简单，易于制造，可以承受的负荷较大，适用于前舱盖自身质量较大的车型，但铰链与平衡机构分别装在两处，结构上显得不够紧凑，如图 2-39 所示。

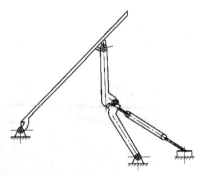

图 2-38　普通铰链与支杆配合的前舱盖支撑　　图 2-39　简单铰链与平衡弹簧机构配合的支撑

② 简单铰链与气动杆配合的支撑。前舱盖的质量靠左右各设一支空气弹簧支撑杆来平衡，如图 2-40 所示。这种机构工作可靠、柔和，结构紧凑，适用于大量生产，目前在轿车上

采用得较多。另外，气动杆在前舱盖关闭时处于压缩状态；打开过程中，杆内气体膨胀，气动杆自动伸长，可起到助力作用。

③ 自锁式支撑。自锁式支撑的前舱盖采用平面四连杆铰链，在前舱盖开启时，瞬时旋转中心不断变化，采用不同杆件尺寸，可以实现所要求的运动轨迹和开启角度，使前舱盖停留在任意开度上。图 2-41 所示为典型的平面四连杆机构式铰链。

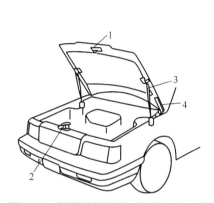

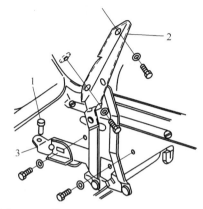

图 2-40　简单铰链与气动杆配合的支撑
1—锁环；2—卡板；3—气动杆；4—铰链

图 2-41　典型的平面四连杆机构式铰链
1—缓冲塞；2—铰链总成；3—限位角板

5. 前舱盖开启助力装置

有些汽车的前舱盖设有开启助力装置。用气动杆作为支撑的前舱盖，气动杆就有一定的开启助力作用。

有些汽车的前舱盖采用带助力螺旋弹簧的四连杆铰链，螺旋弹簧在开启时起助力作用，如图 2-42 所示。还有应用助力卷簧的多连杆式平衡铰链，利用卷簧的扭力实现开启助力，如图 2-43 所示。上述两种形式的铰链，前舱盖可以停在任意开启角度位置。

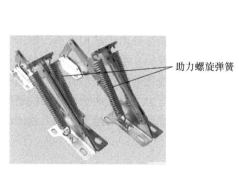

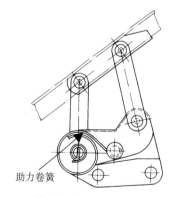

图 2-42　带助力螺旋弹簧的四连杆铰链

图 2-43　带助力卷簧的多连杆式平衡铰链

6. 前舱盖锁

前舱盖锁的主要功能是使前舱盖安全锁闭，并保证前舱盖与车身的相对位置固定，在行车中不得自动开启。

前舱盖锁按其锁体结构可分为钩子锁、舌簧锁及卡板锁等形式。无论哪种形式的前舱盖锁都是由锁体、内开机构和安全锁3部分组成的。

（1）钩子锁

钩子锁结构如图2-44所示，主要由锁钩、支座、锁扣、回位弹簧、支杆等组成。锁钩安装在散热器支架的锁支座上，锁扣安装在前舱盖上。锁止时，锁钩1扣住锁扣3，前舱盖通过 D 点借助支杆5和弹簧6弹性支撑。开罩时，作用于拉手（钮）的作用力经钢索传至 A 点，使点 A 绕支点 B 逆时针转动，从而使锁钩与锁扣脱离，靠弹簧压紧的支杆将机罩弹起，再拨开安全锁的第二道锁紧装置使机罩打开。

由于该种形式的前舱盖锁要求机罩装配位置准确性高，锁支座成型较困难，目前轿车上应用较少。

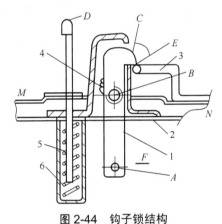

图2-44　钩子锁结构

1—锁钩；2—支座；3—锁扣；4—回位弹簧；5—支杆；6—弹簧

（2）舌簧锁

舌簧锁又称为柱销锁，其结构如图2-45所示，主要由柱销、锁帽、锁扣等组成。柱销安装在前舱盖内板上，锁帽和锁扣安装在散热器支架上。开罩时，在力 F 的作用下锁扣克服扭簧的弹力而绕点 A（销轴）旋转，并与锁舌锥杆脱离配合，前舱盖在回位弹簧的作用下弹离下锁装置，再拨动安全钩即可打开前舱盖。该形式的前舱盖锁由于结构简单、制造方便等优点，在轿车上应用较多。但是这种锁容易因振动而自行开启，尽管有安全钩的保护作用，但一旦安全钩不足以钩住前舱盖时，在风力的作用下仍可能使前舱盖突然打开，使驾驶员视野完全丧失而发生危险事故。为了解决这类问题，有些轿车上采用了两个联动的柱销锁，用一个手柄操纵，这样既解决了安全问题，又解决了因振动或风力使前舱盖两端上翘的问题，如图2-46所示。

（3）卡板锁

卡板锁结构如图2-47所示。锁止时，卡板6伸入锁环7（安装在前舱盖上）中，辅助挂钩8卡在前舱盖内板的孔中。解锁时，拉动操纵手柄，使卡板6逆时针转动而脱离锁环7，前舱盖在弹力的作用下弹起一定高度；用手扳动辅助挂钩8，使其逆时针转动而脱离前舱盖内板的锁孔，从而打开前舱盖。

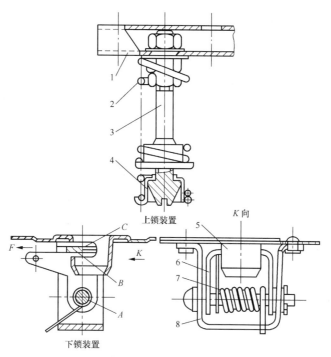

图 2-45 舌簧锁结构

1—固定座；2—回位弹簧；3—柱销；4—弹簧座；5—锁帽；

6—锁扣；7—锁扣弹簧；8—支座

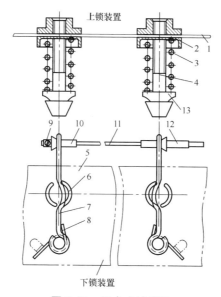

图 2-46 组合式柱销锁

1—前舱盖内板；2—冠状螺母；3—回位弹簧；4—锁紧锥杆；5—锁板；6—导套；

7—锁紧弹簧；8—扭簧；9—拉索端扣；10—导向限位套；

11—拉索；11—护套；13—导向套

前舱盖锁的开启大多采用手动拉索式，图 2-48 所示为典型的柱销式前舱盖锁的操纵拉索连接图。

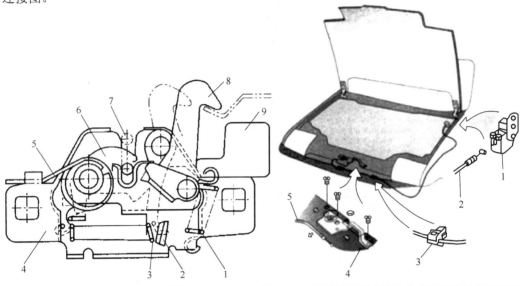

图 2-47　卡板锁结构

1—辅助挂钩弹簧；2—锁紧手柄；3—回位弹簧；

4—锁体；5—举升弹簧；6—卡板；7—锁环；

8—辅助挂钩；9—辅助挂钩离合器

图 2-48　典型的柱销式前舱盖锁的操纵拉索连接图

1—开启手柄总成；2—拉索；3—拉索卡夹；

4—锁体；5—拉索锁钩固定端

四、行李舱盖

轿车行李舱是指客舱后侧用于装行李、物品的部分，通常也称为后车身。三厢式轿车有与客舱分开的行李舱，如图 2-49 所示；而两厢式轿车的行李舱则与客舱合为一体，成为相通的结构，如图 2-50 所示。无论是哪一种形式的行李舱，都有一个宽大的行李舱盖或背门，这是行李舱的薄弱环节，因此在结构对策上都是将开口周围（行李舱框架或背门框架）制成刚性封闭式断面。

图 2-49　三厢式轿车行李舱

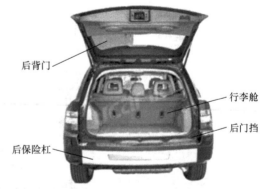

后背门

行李舱

后门挡

后保险杠

图 2-50　两厢式轿车行李舱

1. 行李舱盖结构

行李舱盖的结构与前舱盖相似，由内板、上外板、下外板 3 个板制件构成，如图 2-51 所示。

上、下外板采用焊接连接于一体，也有外板为一体加工成型的形式。内板上焊接用于安装铰链、锁及支撑杆等附件用的加强板，并设计有各种形状的加强肋，以增加强度和刚度，同时在内板上还加工有各种功能的孔，如定位孔、排漆孔、注胶孔、通线孔、减重孔等。

内板与外板在形成总成时，通常采用黏结后翻边咬合的形式，表面涂漆后装上装饰板，如图2-52所示。内、外板通常采用薄钢板制造，为了提高耐腐蚀性，也有用镀锌钢板或铝合金板的。

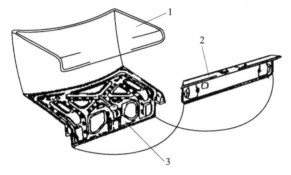 

图2-51 行李舱盖的结构
1—上外板；2—下外板；3—内板

图2-52 行李舱盖内、外板的连接
1—PVC密封胶；2—环氧胶

2. 行李舱盖安装与固定机构

（1）铰链

为了适应行李出入的大开口，并保证行李舱盖有大的开启角，应设置铰链及平衡支撑杆。行李舱盖铰链常用臂式或四连杆式铰链，支撑杆则用扭力杆式或空气弹簧减振支撑杆。

① 臂式铰链。图2-53所示为臂式铰链和扭杆弹簧机构。铰链安装在行李舱盖与车身之间，当行李舱盖锁被打开时，行李舱盖便在扭杆弹簧的作用下自动弹开至最大极限位置，为取放行李提供方便。图2-54所示为采用了臂式铰链的行李舱盖。近来，采用空气弹簧减振支撑杆的行李舱盖日益增多，可减轻开闭时的冲击，如图2-55所示。

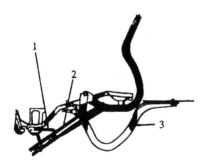 

图2-53 臂式铰链和扭杆弹簧机构
1—扭杆弹簧；2—连接杆；3—臂

图2-54 采用臂式铰链的行李舱盖
1—行李舱盖开启控制杆；2—铰链；
3—行李舱盖锁；4—开启拉索；5—锁环

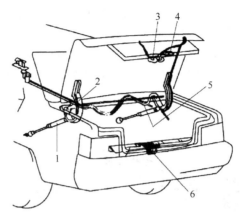

图2-55　采用臂式铰链及空气弹簧减振支撑杆的行李舱盖
1—空气弹簧支撑杆；2—铰链；3—行李舱盖锁；4—电磁铁；5—开启拉索；6—锁环

②　四连杆式铰链。四连杆式铰链可确保行李舱盖有大的开度。开启时，可用空气弹簧支撑杆助力并支撑；关闭时，行李舱盖在后挡泥板及密封凸缘之间合拢，如图2-56所示。

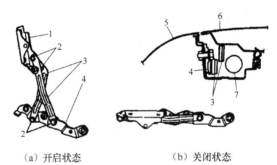

（a）开启状态　　　　　　　　（b）关闭状态

图2-56　四连杆式铰链
1—行李舱盖侧铰链；2—铰链；3—连杆；4—车身侧铰链；5—后挡泥板；
6—行李舱盖；7—气体支撑杆

（2）行李舱盖锁

对行李舱盖锁的基本要求是操作方便、锁闭可靠，通常采用钩扣式和卡板式两种结构形式，如图2-57所示。

钩扣锁主要由锁紧钩和钩扣等组成；卡板锁则主要由锁紧杠杆、卡板和锁扣等零件组成。这两种结构都比较简单，其中卡板锁的操纵性及可靠性要好一些，图2-58所示为卡板锁的外形图。

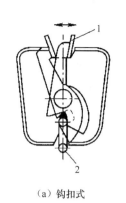
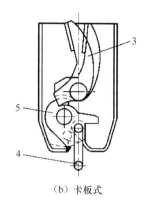

（a）钩扣式　　　　　　　（b）卡板式

图 2-57　行李舱盖锁

1—锁紧钩；2、4—锁扣；3—锁紧杠杆；5—卡板

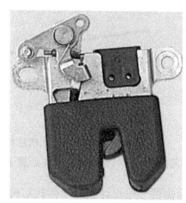

图 2-58　卡板锁的外形图

行李舱盖锁的开启装置有拉索方式，也有电磁式自动锁。

五、后翼子板与后围板

1. 后翼子板

轿车的后翼子板又称为后侧围外板，如图 2-59 所示。后翼子板通常与车身后侧围内板焊为一体，其位置如图 2-60 所示。

图 2-59　轿车后翼子板

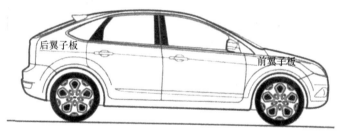

图 2-60　轿车后翼子板的位置

独立的后翼子板除与侧围连接外，前下部与车门配合，利用翻边与后立柱内板点焊固定，翻边处可以固定后门洞密封条。其上部分别与顶盖和连接板配合，点焊形成刚性连接。其下部轮口周边则与轮罩翻边咬合并通过涂胶连接。有些车在翼子板后部的适当位置开设有车内自然通风的出风口。后上部与行李舱盖配合处设置有流水槽，流水槽的翻边与后窗下横梁、后围板一起构成闭合的翻边，用于固定行李舱密封条，如图 2-61 所示。后翼子板上通常还设有加油口，用加油口盖密封，并设有铰链、限位器、锁及密封装置等附件。图 2-62 所示为后翼子板常用的内衬结构，材料通常为塑料。

2. 后围板

后围板是轿车最后部的覆盖件，包括连接板、加强板、锁销加强板、托架等构件，构成行李舱和车身的最后部分，为尾灯及后保险杠提供安装配合面及相应的固定位置，是车身骨架中承受横向载荷的主要零件之一。典型的轿车后围板总成如图 2-63 所示。

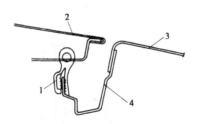

图 2-61　后流水槽结构

图 2-62　后翼子板内衬

1—密封条；2—行李舱盖；3—后翼子板；4—流水槽

后围板一般设计成封闭梁式结构，如图 2-64 所示。上、下连接板利用翻边点焊成一体，翻边两端与流水槽连接，并装配密封条，其他部位两端与后翼子板点焊连接。锁销加强板则根据锁的工作要求点焊在后围板上。

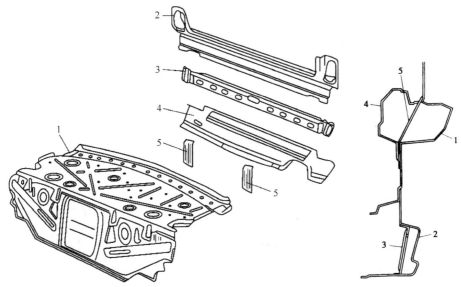

图 2-63　典型的轿车后围板总成

1—后隔板；2—上连接板；3—加强板；

4—下连接板；5—连接托架

图 2-64　后围板

1—上连接板；2—下连接板；3—托架；

4—加强板；5—锁销加强板

六、风窗玻璃

1. 风窗玻璃的安装结构

风窗玻璃和后窗玻璃通常由橡胶密封条和黏合剂牢固地安装在玻璃框上。一般在车身的内外围绕玻璃处装有嵌条。内部嵌条称为装饰条，外部嵌条称为窗框嵌条。玻璃安装方式一般有密封条式、黏结式和组合式 3 种。

（1）密封条式安装结构

密封条式安装结构在旧式汽车上使用得较为普遍，在新型汽车上仍有少量使用。密封条上开有沟槽，用来卡住玻璃并在窗框压焊凸缘上固定，有的还装有外装饰条，如图 2-65 所示。

（2）黏结式安装结构

在安装风窗玻璃时，采用黏合剂代替橡胶密封条，可以将玻璃安装得与车顶板平齐，外形美观，降低了风阻和噪声，还能够使汽车的总体刚度增加，减少车身的变形，同时能在发生碰撞时使玻璃仍留在其位置。黏结式安装结构如图 2-66 所示。

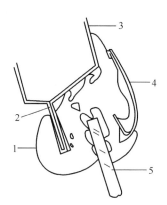

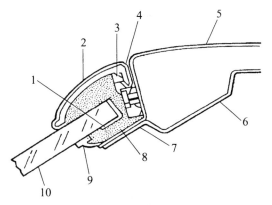

图 2-65　密封条式安装结构

1—橡胶密封条；2—窗框压焊凸缘；

3—车顶盖板；4—外装饰条；5—玻璃

图 2-66　黏结式安装结构

1—底剂；2—模压饰条；3—卡条；

4—密封剂；5—车顶板；6—车内顶板；

7—窗框压焊凸缘；8—黏合剂；9—内饰条；10—风窗玻璃

（3）组合式安装结构

组合式安装结构采用组合玻璃。组合玻璃不同于汽车上的普通玻璃，这种玻璃的边缘有一个塑料装饰塑模，有单片塑模式和双片塑模两种，如图 2-67 所示。双片塑模嵌条中的一片在制造时就黏合在玻璃上，另一片在玻璃安装以后再装上（也可在组装车间或修理车间里安装，因为塑模是玻璃的一部分，在车间组装会节省时间和费用）。目前汽车上多采用组合式安装结构，这样更适合汽车的外形轮廓需要。

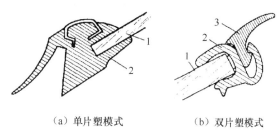

（a）单片塑模式　　　（b）双片塑模式

图 2-67　组合式安装结构

1—风窗玻璃；2、3—塑模

2. 风窗玻璃标识

风窗玻璃必须有强制认证标识，并有商标等相关标注。玻璃商标印刷方法有两种，一种为喷砂法，即用细小的金刚砂在玻璃表面上生成小凹坑，商标呈灰白色；另一种方法为丝网印刷法，即在玻璃进高温炉定型前使用油墨将商标印刷到玻璃表面，高温定型完成后，油墨渗入玻璃并与之结晶，商标一般呈黑色。

真假玻璃的常用鉴别方法有两种，一种是用手指刮商标，若商标能够刮掉，则认定为假冒玻璃；另一种方法是与原装玻璃商标的印刷效果比较，玻璃商标字迹模糊、字形不符、发生扭曲或残缺等的玻璃为假冒玻璃。

七、天窗

轿车顶盖是轮廓尺寸较大的大型覆盖件，顶盖形状大都是曲率较小的"平坦"零件，其作用不只是挡雨，提高零件的刚性也是其至关重要的作用，轿车侧翻时还可起到保护乘员安全的作用。

普通轿车均为与车身成为一体的固定式车顶，有些高级轿车出于采光与通风等方面的需要，在车顶适当部位设有不同形状的天窗，再安装上活动的遮阳板。

1. 天窗的类型

轿车天窗可分为以电机驱动的滑板式和手工拆装式结构，还可进一步细分为如下几种。

（1）外滑板式

外滑板式天窗在车顶的上面滑动，并以电机驱动，如图 2-68 所示。

（2）内滑板式

在车顶与车顶内衬之间滑动的天窗称为内滑板式天窗，如图 2-69 所示。

图 2-68　外滑板式天窗

图 2-69　内滑板式天窗

（3）部分装拆式

这种天窗的一部分可以手工拆装。

（4）倾斜向上的形式

天窗打开时，后端呈向上倾斜的状态，如图 2-70 所示。将后滑块向上抬起，使天窗后端倾斜向上。图 2-71 所示为这种形式的天窗在车身上的应用。

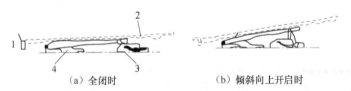

（a）全闭时　　　　　　　　（b）倾斜向上开启时

图 2-70　天窗倾斜向上的形式

1—车顶；2—天窗；3—后滑块；4—前滑块

不用滑板也可用玻璃制作天窗。在车顶全闭时也能手动开启天窗进行采光，为防止玻璃采光带来的温度升高，可使用具有金属薄膜的热反射玻璃。

（5）滑板加倾斜向上式

这种形式的天窗在外滑板中加上了天窗后端向上的机构，如图 2-72 所示。

图 2-71　装用倾斜式天窗的汽车

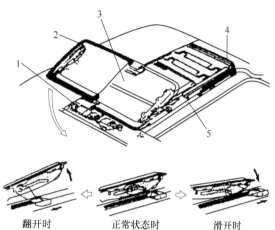

翻开时　　　　正常状态时　　　　滑开时

图 2-72　滑板加倾斜向上式

1—电机；2—遮阳天窗；3—遮阳板；4—支架；
5—驱动钢索

（6）固定玻璃型

在天窗开口位置装上玻璃，不用装拆及倾斜机构。在玻璃作为天窗的构造中，还应装有遮阳板，进行采光与遮光调节，如图 2-73 所示。

2．滑板式天窗

滑板式天窗的构造如图 2-74 所示，它由遮阳顶盖总成、支架、滑动机构（包括钢索、电机）等组成。

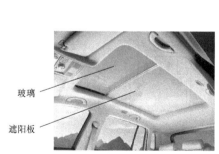

图 2-73　固定玻璃型天窗

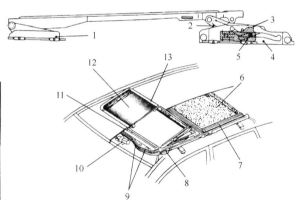

图 2-74　滑板式天窗

1—铰接销；2—连杆；3—后导向体；4—装饰件；
5—约束点；6—车顶内饰板；7—支架；8—钢索；
9—导线；10—电机；11—导轨；12—天窗；13—密封条

（1）遮阳顶盖总成

遮阳顶盖总成由通风栅、密封条、外板总成、遮阳板总成及板扣等组成，如图 2-75 所示。

（2）支架

支架与导轨连为一体，是支撑天窗的骨架，增强了安装刚度，如图 2-76 所示。为了减轻支架的质量，支架采用超轻型树脂，内板、遮阳板、托架等也有使用铝合金的。

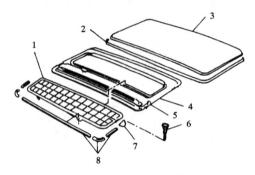

图 2-75　遮阳顶盖总成

1—通风栅；2—密封条；3—外板总成；4—遮阳板总成；
5—钩扣；6—螺钉；7—板扣；8—护圈

图 2-76　支架

1—导轨总成；2—托架；3—螺栓；
4、5—螺柱；

（3）滑动机构

在支架的前方安装驱动电机，驱动齿轮旋转，齿轮带动钢索并使滑板移动，如图 2-77 所示。

钢索与可动滑块连接，可动滑块沿导轨的移动带动了滑板式天窗移动，同时，由调整滑块补偿长度的变化，使钢索始终保持一定的长度，如图 2-78 所示。

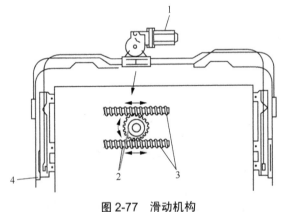

图 2-77　滑动机构

1—驱动电机；2—齿轮；3—钢索；4—后滑块

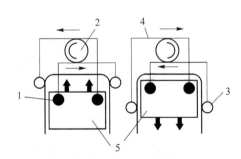

图 2-78　钢索连接

1—可动滑块；2—齿轮；3—调整滑块；
4—钢索；5—天窗

（4）驱动电机总成

驱动电机总成由驱动电机、小齿轮、凸轮、减速齿轮、离合器、限位开关等组成，如图 2-79 所示。限位开关内装有位置传感器及离合器，它们与电机一起组成驱动单元。

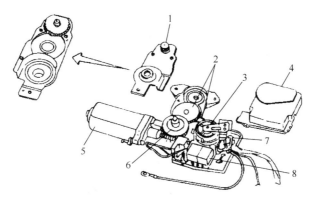

图 2-79 驱动电机总成

1—小齿轮；2—减速齿轮；3—凸轮；4—开关盖；5—驱动电机；
6—离合器；7—限位开关；8—继电器

滑板式天窗移动的位置信号检测由限位开关执行，如图 2-80 所示。限位开关中凸轮的凸起部位压在微动开关上，3 个凸起部位可分别检测出滑板天窗的全开、全闭、倾斜向上、自动动作（天窗由全闭到全开自动动作）等动作。

为防止驱动电机超负荷运转，设置离合器及电流断路器以保护电机。当拉不动天窗的时候，则离合器空转，可起到防止电机超负荷运转的作用。

（5）天窗锁机构

当天窗全闭之后，为防止天窗再度滑动并开启，应设置天窗锁机构，如图 2-81 所示。天窗全闭时，中断了向驱动电机的供电，这时应自动将天窗锁止。

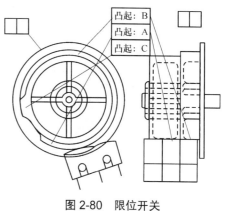

图 2-80 限位开关

天窗锁止过程如图 2-81（a）所示。图中①，天窗处于全开位置，滑板开始向关闭方向左移，这时锁销 1 被弹簧顶起；图中②，天窗滑板继续左移，开始压缩弹簧；图中③，在锁上前，天窗滑板进一步左移，弹簧继续处于被压缩状态，锁销仍可在滑板上滑动；图中④，天窗滑板向左移至全闭位置，锁销被弹簧推入滑板槽孔中，天窗被锁止和固定。

天窗从关闭到开启的过程如图 2-81（b）所示。只需要按下天窗开关，使摇臂动作，摇臂端头便可将锁销从槽孔中推出，天窗被解锁。

3．手工拆装式天窗

手工拆装式天窗多用在运动型轿车中，其特征是分块构造，能从左右两侧分别进行安装与拆卸。从车顶向下看，它与前缘框架形成一个 T 字形，所以又称为"T 形框架式活动天窗"，如图 2-82 所示。其玻璃天窗及遮阳板的构造如图 2-83 所示。

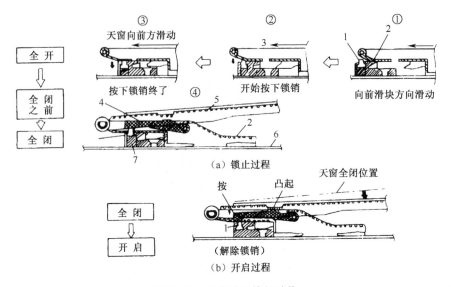

图 2-81 天窗锁机构的动作

1—锁销；2—前滑块；3—天窗；4—臂；5—玻璃托架；6—导轨；7—弹簧

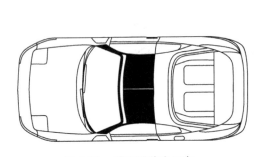

图 2-82 手工拆装式天窗

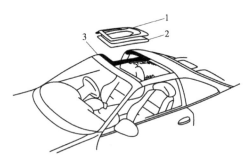

图 2-83 玻璃天窗及遮阳板的构造

1—玻璃天窗；2—遮阳板；3—导向槽

天窗有金属型及玻璃型天窗两种，而且玻璃型天窗正在逐渐增多。在玻璃型天窗中应备有遮阳板，这个遮阳板也应拆装方便，在需要采光时可取下遮阳板。在拆装式天窗中锁止机构是十分重要的，锁止机构由手柄、齿轮副、锁轴等组成，如图 2-84 所示。按指定方向拉动手柄，能使天窗处于锁定或释放状态。只要转动遮阳板上的旋钮，就能方便地拆下遮阳板。遮阳板安装断面如图 2-85 所示。

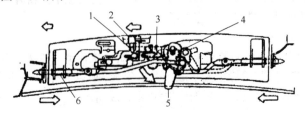

图 2-84 玻璃天窗的锁止机构

1—锁杠杆；2—锁旋钮；3—锁旋钮用回位弹簧；4—齿轮副；5—手柄；6—锁轴

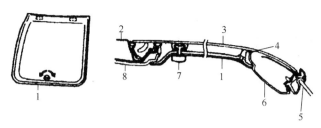

图 2-85　遮阳板安装断面

1—遮阳板；2—车顶板；3—玻璃天窗；4—托架；5—门玻璃；

6—锁罩壳；7—锁旋钮；8—内顶棚

八、车门总成

车门是一个独立的车身覆盖件，一般是通过铰链安装在车身上的。车门通常由车门壳体、附件和内外装饰件 3 部分构成，如图 2-86 所示。

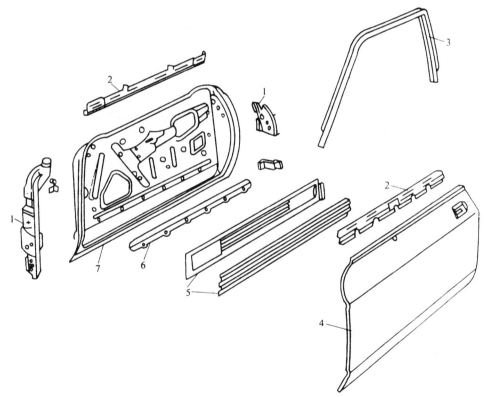

图 2-86　框架式车门分解图

1—安装铰链和门锁的加强板；2—玻璃横向夹持板；3—玻璃窗框；

4—门外板；5—加强板；6—玻璃升降导板；7—门内板

为了保证乘员上下车的便利性、行车安全性、良好的侧面视野、密封性及低噪声性等方面的性能，对车门应有如下要求。

① 车门开关灵活、运动自如，具有足够乘员上、下车的开度；车门开关应有轻度的节制，能在最大开度和中间开度的位置上停稳。轿车车门开度一般在 60°～70°，并保证即使在倾斜路面上车门也能够顺利开启并可靠地锁止在开启位置。

② 车门锁止时，不得因振动、碰撞而自动开启；在希望开启时，应很容易打开。

③ 车门应有足够的强度和刚度，不允许因变形、下沉而影响到车门开关的可靠性。在关门时不得有敲击声，行驶时不允许产生振动和噪声。

④ 车门与门洞之间应有良好的密封性，雨、雪不能从车门缝隙中进入车内，并能把灰尘和泥水挡在车外。

⑤ 有良好的工艺性和维修便利性。

⑥ 附件布置合理，互不干涉，使用方便，性能可靠。

1. 车门的类型

（1）按车门数量分类

车门的数量与轿车的用途和形式有密切关系，常见的有 2 门、3 门、4 门、5 门等多种类型，如图 2-87 所示。2 门、4 门常用在折背式（三厢式）、直背式、溜背式、短背式等多种类型的车身上，视车身的大小、允许搭载乘员的多少决定车门的数量。

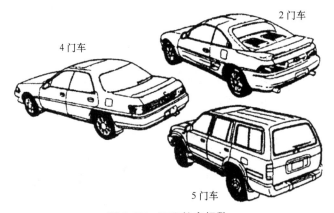

图 2-87 不同的车门数

对于二厢式车身或单厢式车身，多数在后部设有车门（后背门），使大件物品可以进出。如果将后座椅叠起，那么后部的空间可放大件行李物品，通常将这一类的形式称为"掀背式"。

由于 2 门及 3 门式轿车的前座椅掀倒后才能利用后座椅，所以乘员超过两人后乘降很不方便，有时为了便于后座人员的乘降而加大了车门。

（2）按车门的开闭方式分类

车门按开闭方式的不同，分为旋转式车门、推拉式车门（滑门）及飞翼式车门等。

① 旋转式车门。旋转式车门指车门开关时绕固定轴线或按一定规律旋转的车门。车门按开启方向不同分为顺开、对开门两类。顺开是车门铰链布置在车门前端的车门，车门开启时顺着车的前进方向旋转，如图 2-88 所示。这种车门布置得比较安全，如果在车辆行驶中门锁失灵而使车门打开或者乘员误开车门，会因气流压力的作用而使车门不易打开，从而减小发生危险的可能性。对开门的前门为顺开式，后门铰链是固定在后立柱上的，后车门开启时是向后旋转的，这种布置便于三排座轿车的中排座椅和后排座椅的乘员上下车，如图 2-89 所示。

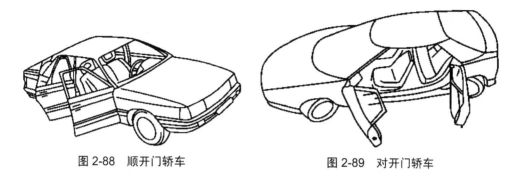

图 2-88　顺开门轿车　　　　　　　　图 2-89　对开门轿车

② 推拉式车门（滑门）。推拉式车门的支撑与滑动主要依靠安装在车门上、中、下的 3 个导轨及与之配合的滚柱，如图 2-90 所示。在开始打开车门时，车门锁先向外移动，再向车身后方水平滑动，因此，车门打开后占用场地空间小，停车占用场地面积小，还可以相应增大车内空间。

③ 飞翼式车门。飞翼式车门分为上开式和旋翼式等形式，如图 2-91 和图 2-92 所示，大多用于运动车。这是一种车身低、流线型好、为了方便乘员上下车而采用的结构形式。

飞翼式车门向上方弹起，车门打开后的形态像正在飞翔的海鸥的翅膀，所以称为"飞翼式"。普通的铰链机构很难承受将车门举起的质量，因此采用封入高压气体的托杆，可利用气体的反弹力辅助举起车门并支撑车门。

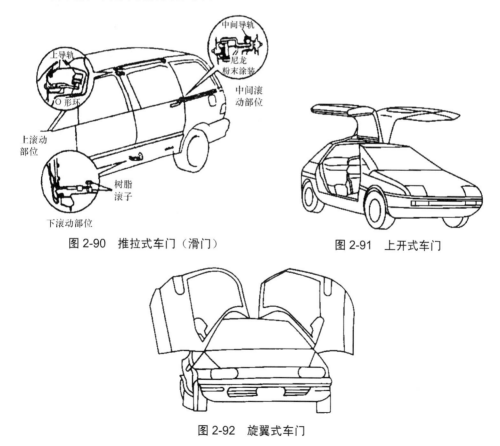

图 2-90　推拉式车门（滑门）　　　　　图 2-91　上开式车门

图 2-92　旋翼式车门

汽车的背门通常为旋转式车门，其开启方式有举升式、外摆式及下摆式等3种，图2-93所示为外摆式和举升式背门的轿车；图2-94所示为下摆式背门的轿车。对于斜背式车尾的车辆，通常需要一个较大的背门来封闭，如图2-95所示。

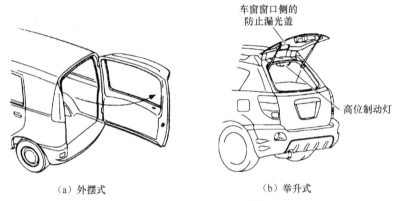

（a）外摆式　　　　　　　　　　　　（b）举升式

图 2-93　背门的两种开启方式

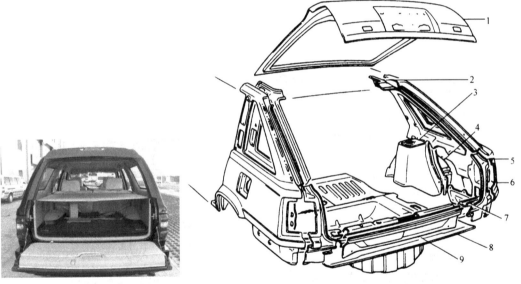

图 2-94　轿车的下摆式背门

图 2-95　斜背式车尾结构

1—后背门；2—内车顶侧梁；3—后内轮罩；

4—后外轮罩；5—后内车顶侧梁；6—侧围；

7—背门口下梁；8—后地板；9—下后围板

　　（3）按车门有无窗框分类

　　按有无窗框，车门可分为有框车门与无框车门。大多数轿车的车门是有框的，如图2-96所示。有框车门的刚性和密封性好。无框车门如图2-97所示，多用于敞篷车和硬顶车。在一辆轿车上前门没有窗框、后门有窗框的形式也是有的。

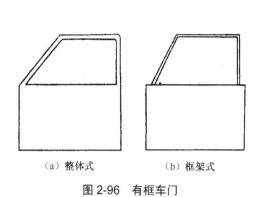

（a）整体式　　　　（b）框架式

图 2-96　有框车门

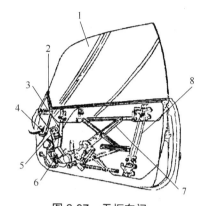

图 2-97　无框车门

1—车门玻璃；2—侧面防雾装置；3—前导轨；

4—防雾装置通风口；5—主开关；6—电机；

7—双臂交叉式玻璃升降器；8—后导轨

另外，车门按其安装位置不同分为前车门、后车门和背门等。

2. 车门结构

图 2-98 所示为典型的前车门组成图，其他位置的车门结构与前车门类似。

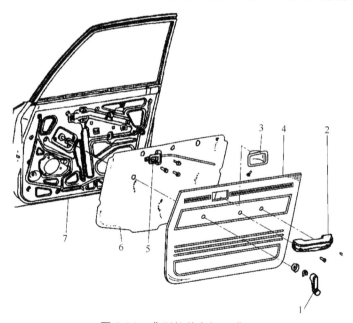

图 2-98　典型的前车门组成图

1—车门玻璃升降手柄；2—扶手；3—内手柄安装盒；4—内饰板；

5—内手柄；6—维修孔盖板；7—外板

（1）车门壳体

车门壳体的骨架部分由车门内板、车门外板、窗框和加强板等构成，如图 2-99 所示。

① 车门外板。车门外板俗称"车门皮"，其形状基本上是根据车身外形来确定的，由厚度为 0.6～0.8 mm 的薄钢板冲压而成（多数为高强度钢板，也有使用镀锌板、铝合金板或玻璃钢的），通常在车门外板上冲制一些孔，用以装配外手柄、锁机构、装饰条等，如图 2-100 所示。

② 车门内板。车门内板是车门主要受力部件，大多数附件都装在车门内板上，所以车门内板的形状复杂，刚度、强度都较高，并且在一些重要位置还需焊上加强板，典型的车门内板如图 2-101 所示。车门内板通常为薄钢板冲压件，整体为盘形结构，与车门外板组装后，其凹陷的空间内可容纳玻璃、玻璃升降器等机构，车门的内部结构如图 2-102 所示。

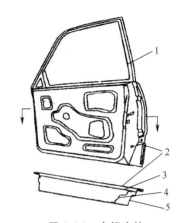

图 2-99　车门壳体

1—窗框；2—车门外板；3—外加强板；

4—内加强板；5—车门内板

图 2-100　典型的车门外板

图 2-101　典型的车门内板

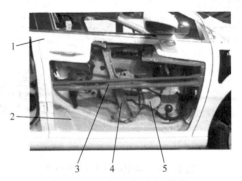

图 2-102　车门的内部结构

1—车门外板；2—车门内板；3—防撞杆；4—玻璃升降导杆；5—玻璃升降器

车门内板有整体冲压的，如图 2-103 所示；也有分块冲压后焊接成型的，如图 2-104 所示。整体冲压的车门内板刚度大，免去了焊接的麻烦，尺寸精度高，但需要大型冲压设备，生产成本较高。车门内板也有用螺栓与外板总成紧固连在一起的。

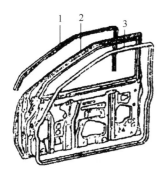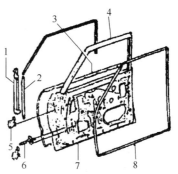

图 2-103　整体冲压型车门

1—玻璃导槽；2—门板总成；3—密封条

图 2-104　分块冲压焊接型车门

1—前杆；2—玻璃导槽；3—车门外板；
4—窗框；5—铰链；6—车门限位器；
7—车门内板；8—密封条

车门内、外板的装配一般采用点焊、黏结及咬合相结合的方法。

③ 窗框。窗框大多数是用薄钢板冲压、滚压或用其他方法加工后焊接而成的，也有极个别的车型将滚压成型的窗框通过螺栓固定在车门板上。为了实现良好的玻璃定位、玻璃运动导向及密封，车门窗框设计成不同的结构，如图 2-105 所示。

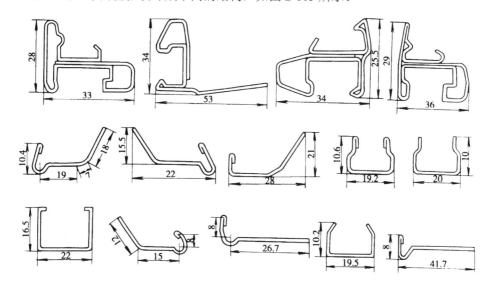

图 2-105　车门窗框的断面结构

窗框结构满足如下要求。

a. 具有使车门玻璃能上下运动的导槽。

b. 有固定车门密封条的结构。

c. 便于外装饰条及内护板的装配。

d. 可拆卸窗框的结构形式应具有良好的装配工艺性及足够的连接刚度。

e. 窗框与其相邻的车身骨架应协调，保证车身表面的光滑度、车身的密封性，并避免产生运动干涉。

f. 要有足够的刚度，以保证玻璃能正常升降以及车门的密封性。

在车的外部，一般能看到窗框，为了使外观平整美观，有些车型采用了隐蔽式窗框的形式，如图 2-106 所示。

（2）车门内护板

车门内护板除可装饰车门外，还具有车门开关方便、支撑肘腕、隔音、防尘、防水及车辆冲撞时保护人体的功能。

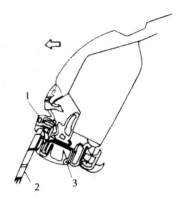

图 2-106　隐蔽式窗框

1—密封条；2—玻璃；3—窗框

按其基材部分是否成型，可分为平板内护板（无成型）和成型内护板两种。前者按包含车门的范围分为半包和全包两种；后者按成型部位和深度分为部分成型（只有部分浅拉延）和整体成型（包括拉手在内）。现代轿车大多采用整体成型车门内护板，如图 2-107 所示。

在车门内护板与车门内板之间，通常用密封条黏结一层塑料膜，称为车门挡水膜，可起到防止灰尘、隔音、减小振动等作用，如图 2-108 所示。

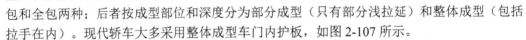

图 2-107　整体成型车门内护板

图 2-108　车门挡水膜

（3）车门扶手

车门扶手安装于内护板的车室一侧，起扶手作用，并作为车门开关的拉手，因此要有供手肘扶靠的部位和手握的部位。在某些高级车的扶手上还会安装一些附件，如电动玻璃升降器等电气开关、烟灰盒、门锁内手柄等，一般为隐藏式。扶手有装配式和整体式两种，如图 2-109 所示。扶手多为半硬结构，由骨架、发泡层和表皮组成。骨架为钢板冲压件或塑料件，发泡层为聚氨酯等发泡材料，表皮大多是聚氯乙烯复合材料通过搪塑、吹塑或吸塑成型的。

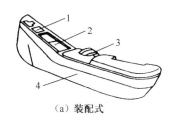 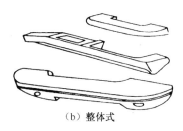

（a）装配式　　　　　　　　　　（b）整体式

图 2-109　车门内扶手

1—电气开关；2—烟灰盒；3—门锁内手柄；4—扶手底座

搪塑又称为涂凝成型，它是用糊塑料（塑性溶胶）制造空心软质制品（如玩具）的一种重要方法。其方法是将糊塑料倒入预先加热至一定温度的模具（凹模或阴模）中，接近模具内壁的糊塑料即会因受热而胶凝；然后将没有胶凝的糊塑料倒出，并将附在模具内壁上的糊塑料进行热处理（烧熔）；再经冷却即可从模具中取得空心制品。

吸塑是一种塑料加工工艺，主要原理是将平展的塑料硬片加热变软后，采用真空方式吸附于模具表面，冷却后成型，广泛用于塑料包装、灯饰、广告等行业。

吹塑是将热塑性树脂经挤出或注射成型得到的管状塑料型坯，趁热（或加热到软化状态）置于对开模中，闭模后立即在型坯内通入压缩空气，使塑料型坯因吹胀而紧贴在模具内壁上，经冷却脱模，即得到各种中空制品。

（4）车门铰链

① 对车门铰链的要求。车门铰链是决定车门与车身间相对位置、控制开闭运动的装置，它由门铰链和销轴构成。一般应对车门铰链有如下要求。

a. 能承受车门质量，保证车门能灵活自由地开闭，防止因铰链松动引起车门下沉或车门与车身的错位。

b. 铰链及销轴应耐磨，应保证车门在长时间开闭后不会明显下沉。

c. 应有保持车门任意开度时的阻尼机构和车门全开时的限位装置。

d. 对某些具有特殊功能的铰链机构（如四连杆型铰链），应能控制车门的开启运动规律；能顺利地避让拱形挡泥板；为方便乘员乘降，在开启过程中要使车门上部略微外倾。

② 车门铰链的类型。车门铰链有内铰链（也叫隐铰链）和外铰链。现在大部分轿车都使用内铰链，在某些特殊车身结构中也有使用外铰链的。

a. 内铰链。内铰链通常为合页式铰链，图 2-110 为合页式铰链的典型结构。图 2-111 所示为上、下合页式铰链与车门开度限位器的布置情况。

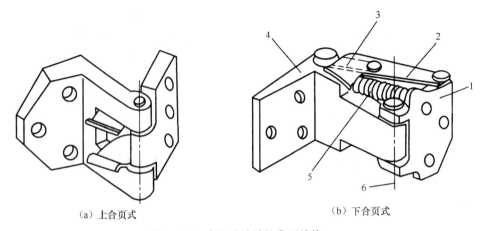

（a）上合页式　　　　　　　　　　　　　（b）下合页式

图 2-110　合页式铰链的典型结构

1—车门合页；2—连杆；3—传力构件；4—门柱合页；5—弹簧；6—铰链轴线

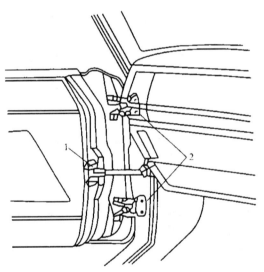

图 2-111　上、下合页式铰链与车门开度限位器的布置情况

1—车门开度限位器；2—上、下铰链

　　图 2-112 所示为合页式铰链在车身上的典型安装情况。铰链支座焊于立柱上，其上带有内螺纹。单耳页板焊于车门端板上。双耳页板和单耳页板通过铰链轴、铰链衬套形成铰链式连接。双耳页板通过垫圈和螺栓与铰链支座固定连接。双耳页板上的方孔可对铰链的位置做微量调整。

　　b. 外铰链。外铰链一般也采用合页式结构，合页的回转侧向外突出，用两个螺栓固定在车门上（为阳侧），铰链支撑部位为阴侧，插入车身的支柱也用两个螺栓固定，如图 2-113 所示。外铰链的结构与功能较简单，结构暴露于车门外表，有碍外观，一般应用在背门上。

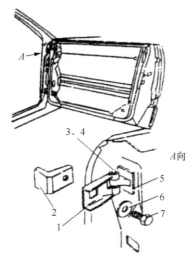

图 2-112　合页式铰链在车身上的典型安装情况　　　　图 2-113　外铰链
1—双耳页板；2—支座；3—铰链轴；4—铰链衬套；　1—铰链销；2—阴侧；3—阳侧；4—螺栓；
5—单耳页板；6—垫圈；7—螺栓　　　　　　　　　　5—螺母；6—双头螺柱

　　c. 四连杆型铰链。在车门侧与固定在立柱侧的铰链座之间增加两级连接杆，即构成四连杆型铰链，如图 2-114 所示。这种铰链机构的特点是使车门相对于立柱的运动不是单纯的圆周运动，而是绕两个支点的复杂运动，如图 2-115 所示。由于四连杆型铰链使车门相对立柱的转动是绕两个支点的复杂运动，因而车门在开启过程中呈拱弧形运动，可避让车身上拱形的挡泥板，如图 2-116（a）所示。而且上、下铰链的连接杆长度不相等（上侧长、下侧短），使车门开启时呈外倾形态，这使乘员肩胸部位的乘降空间比较宽敞，有利于提高乘降的舒适性，如图 2-116（b）所示。

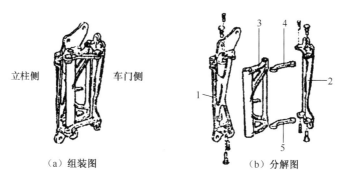

（a）组装图　　　　　　　（b）分解图

图 2-114　四连杆型铰链
1—立柱侧铰链座；2—车门侧铰链座；3、4、5—连杆

（5）车门开度限位器

　　在车门的安装机构中，除了应有将车门与车身进行铰接的铰链外，还应有车门在任意开度的阻尼机构和车门开度限位装置。

　　典型的车门开度限位器的结构如图 2-117 所示。

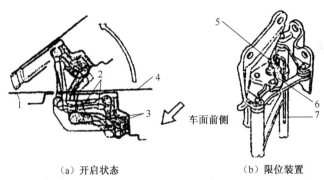

（a）开启状态　　　　　　（b）限位装置

图 2-115　四连杆型铰链的运动过程

1—挡泥板；2—第一回转连杆；3—第二回转连杆；4—车门板；

5—滚柱；6—凸轮盘；7—扭杆弹簧

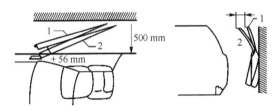

（a）车门开启过程中向外拱出　　（b）车门开启时呈外倾状态

图 2-116　具有四连杆铰链的车门的开启状态

1—容易出入的门铰链；2—标准铰链

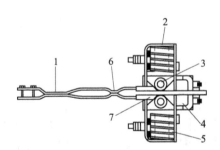

图 2-117　典型的车门开度限位器的结构

1—拉杆；2—弹簧；3—滚轮；4—橡胶缓冲限位块；5—滚轮保持架；

6—半开限位凹坑；7—全开限位凹坑

　　将车门开度限位器的拉杆一端用销钉与车身连接，另一端嵌入车门体内，用螺栓将滚轮保持架固定在车门内端板上。打开车门时，滚轮沿楔形拉杆表面移动，由于拉杆的楔形设计，滚轮移动时要压缩弹簧，从而形成阻尼，使车门能停在任一开度；但只有当滚轮位于半开或全开凹坑处时，才能进行锁止。

　　车门开度限位器除采用滚子及压缩弹簧的形式外，还有靠阻尼橡胶来保持车门位置的，其作用原理与采用滚子和压缩弹簧配合的结构相似，如图 2-118 所示。

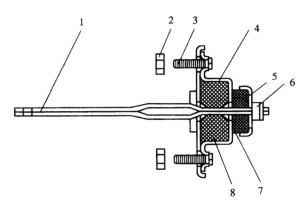

图 2-118　橡胶阻尼式车门开度限位器

1—拉杆；2—螺母；3—螺栓；4—外壳；5—挡板；

6—调整装置；7—缓冲块；8—阻尼橡胶块

　　典型轿车独立的车门开度限位器如图 2-119 所示。限位器支架焊在门柱上，臂的一端与限位器支架用销钉铆接，铆接后应使臂能自由转动。滚轮与保护罩用销轴双面铆接，铆接后的滚轮应能轻便自如地转动。螺旋滚轮与保护罩没有固定连接，而是把扭簧的一端作为螺旋滚轮轴。扭簧一端靠弹力卡紧在保护罩的孔槽上，另一端卡在保护罩的另一孔槽上。为使受力均匀，扭簧的中部与保护罩之间增加一弹簧支座。保护罩用两弹簧垫圈和内六角螺钉紧固在门端板内侧。

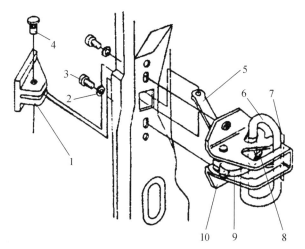

图 2-119　典型轿车独立的车门开度限位器

1—限位器支架；2—垫圈；3—内六角螺钉；4—销钉；5—臂；

6—扭簧；7—弹簧支座；8—螺旋滚轮；9—滚轮；10—保护罩

　　当车门逐渐打开时，滚轮与臂相互远离，随着臂的宽度尺寸加大，两滚轮之间的径向尺寸也随之加大，即扭簧逐渐发生角位移，这时它对于车门并无限位作用。当扭簧转动 8°以后，臂的第一个凹槽卡入滚轮与螺旋滚轮之间，开始对车门执行第一挡限位；第一挡限位时，前门转角 35°，后门转角 49°30′。车门继续转动，臂的第二个凹槽卡入两滚轮之间，对车门执行第二挡限位；在弹性极限内，前门的最大开度为80°，后门为77°30′。其运动过程如图2-120所示。

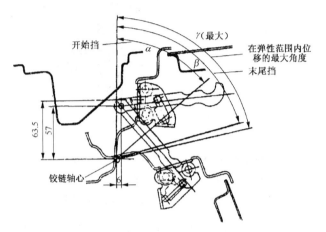

图2-120　限位器的运动过程

　　图2-121所示为集阻尼、限位、合页各项功能于一体的具有限位功能的铰链。

　　（6）车门锁

　　① 对车门锁的要求。

　　车门锁是汽车车门重要的、使用最频繁的专用安全部件。它一方面直接关系到汽车行驶时乘客的安全，另一方面也是汽车的防盗安全装置。为此，对车门锁在操作性、安全性、可靠性、强度、装饰性等诸多方面均有一定要求。

　　a. 操作性。要求在车门内外均能灵活、方便、可靠地将车门锁紧或打开。要求门锁装置具有对车门的导向、定位和防振的功能。

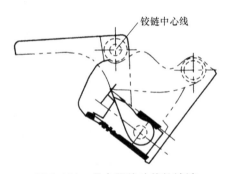

图2-121　具有限位功能的铰链

　　b. 安全性。要求车门锁只有两个挡位的锁紧位置，即全锁紧和半锁紧。在汽车行驶中，当车门松动而与工作位置脱开时，半锁紧挡能起到使车门关闭的保险作用，由此产生的松旷声或者专设的安全指示信号能及时提醒驾驶员或乘客注意安全，并将其重新锁闭。

　　此外，车门锁还应具有可靠的安全锁止操纵机构，如按下锁钮或外手柄处于锁止状态时，车门内、外手柄不能打开车门，只有在车外使用钥匙，或者在车内先拉起锁钮才能打开车门。

　　c. 可靠性。当车门处于正常全锁紧状态时，除非转动或拉动车门手柄或操作按钮，否则不能因汽车在行驶时的碰撞、振动或其他外力使车门打开，并且门锁部件应具有足够的耐磨性。

　　d. 装饰性。车门锁的一部分结构装配在车身构件的夹壁内，还有一部分必须装配在车身的内、外表面上，这就要求车门锁的外形应美观、大方，与车身的造型协调一致，表面质量也要满足装饰性和频繁使用的要求。

② 车门锁的分类

车门锁按控制方式可分为手动式、自动式和防盗型 3 种。

a. 手动式门锁。手动式门锁的种类较多，如舌簧式、钩簧式、转子式、卡板式、上掀式、齿轮齿条式、凸轮式、钩扣式、棘轮式等。

i. 棘轮式门锁。棘轮式门锁的内部有一套由锁钩（棘爪）和棘轮组成的控制机构，如图 2-122 所示。棘爪借助卷簧的弹力使棘轮处于锁止状态。当提起内锁止按钮或用钥匙开门时，均可解除棘爪对棘轮的锁止状态，使车门能够顺利地打开或关闭。

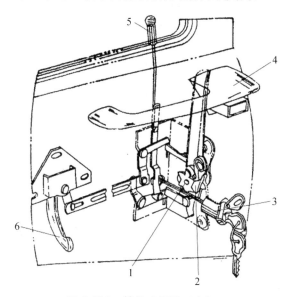

图 2-122　棘轮式门锁（内部）
1—棘轮；2—锁钩（棘爪）；3—锁芯；4—门外手柄；5—锁止按钮；6—门内手柄

ii. 转子式门锁。转子式门锁如图 2-123 所示，由转子 3（小齿轮）与定位器挡块 6（齿条）啮合，保持车门锁紧状态。棘轮与转子装在同一根轴上，通过一系列杠杆机构可以从门内、外操纵锁钩 12，使其脱开棘轮，则门可打开，如图 2-124 所示。当放开按钮 5 时，锁钩上的弹簧趾 8 在弹簧 6 的作用下将锁钩卡进棘轮顶住一个齿，使棘轮和转子只能在一个方向，即关闭门的方向转动，因此门不能被打开。当汽车在不平道路上行驶时，压紧锁钩的弹簧只要能保证锁钩不会因惯性力作用而脱钩即可，所以轻便省力，这是转子式门锁的最大优点。其缺点是对齿轮、齿条的啮合间隙要求较高，因而对车门的安装精度要求也较高，通常用于城市客车上。

iii. 卡板式门锁。在各类机械式门锁中，卡板式（又叫叉销式）门锁受力平稳、冲击性小。零件多为钢板冲压、加工后装配而成，结构紧凑。生产工艺性、可靠性、耐久性和维修性均较好，强度高，定位准。由于锁体部件也可用增强树脂制造，既轻巧，启闭噪声又低，可使用于各种类的汽车，并逐渐取代其他类别的门锁，占据了车门锁结构的主导地位。

卡板式门锁的锁紧原理与转子式门锁相似，所不同的是卡板式门锁是以 U 形卡板与车身立柱上的环形锁扣结合的，它既可承受纵向载荷，又可承受横向载荷，工作安全可靠，如图 2-125 所示。

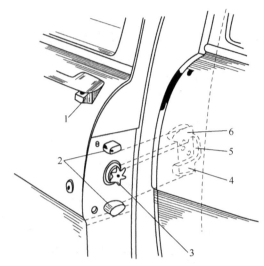

图 2-123　转子式门锁（外部）

1—按钮；2—导向楔；3—转子；4—定位器滑块；5—定位器；6—定位器挡块

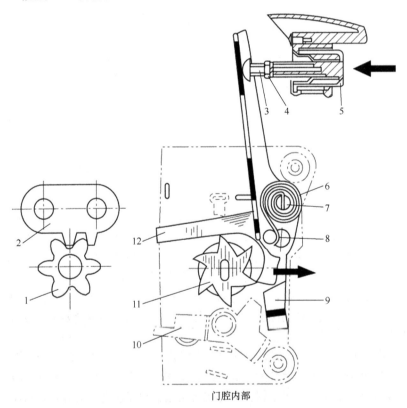

门腔内部

图 2-124　转子式门锁工作原理

1—转子；2—挡块（齿条）；3—调整螺钉；4—锁紧螺母；5—按钮；6—弹簧；7—锁钩轴；
8—弹簧趾；9—外操纵杠杆；10—锁止器；11—棘轮；12—锁钩（棘爪）

卡板式门锁总成如图 2-126 所示。它由锁扣、锁体（包括卡板）、内外拉手、锁芯及锁定按钮等组成。工作时，利用锁体上的叉形卡板和锁扣的脱开或啮合来实现车门的开闭。当车门开启时，锁扣与卡板是分开的，如图 2-127（a）所示；当关闭车门时，固定在门框上的锁扣与锁体上的卡板相碰撞，使卡板、棘爪同时旋转到位，卡板被棘爪定位，卡板被锁扣锁止，如图 2-127（b）所示。

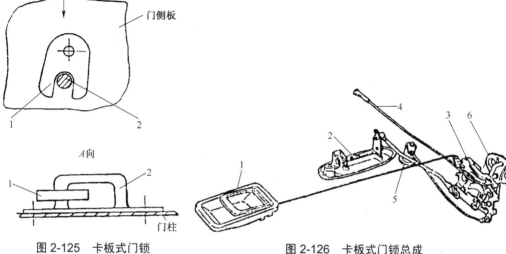

图 2-125　卡板式门锁

1—卡板；2—锁扣

图 2-126　卡板式门锁总成

1—内拉手；2—外拉手；3—锁芯；4—锁定按钮及连接杆；

5—锁体（包括卡板）；6—锁扣

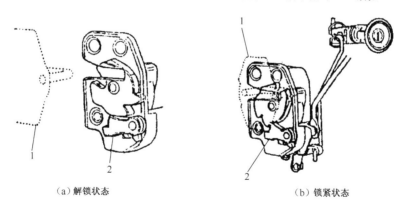

（a）解锁状态　　　　　　　　　（b）锁紧状态

图 2-127　车门锁动作状态

1—锁扣；2—棘爪

卡板和棘爪的啮合与脱开是依靠各自弹簧力的作用。当关闭车门的时候，锁扣推动卡板绕卡板轴旋转，卡板弹簧被压缩，同时卡板的旋转带动棘爪转动，使棘爪弹簧被拉伸，呈锁定状态，如图 2-128（a）所示。当锁定状态被解除时，外力推开棘爪，卡板与棘爪在各自弹簧恢复力的作用下脱开，呈解锁状态，如图 2-128（b）所示。

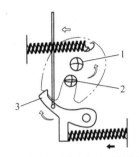 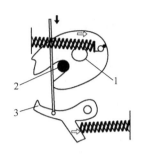

（a）卡板在车门弹簧力作用下呈锁定状态　　（b）在弹簧恢复力作用下呈解锁状态

图 2-128　卡板与棘爪啮合与脱开示意图

1—卡板主轴；2—锁环；3—棘爪

图 2-129 所示为卡板式门锁装置在车门上的布置。

iv. 上掀式门锁（背门的门锁）。上掀式背门的装配方式与侧车门有所不同，所以门锁的结构形式也存在很大的差别。背门锁结构基本上采用比较流行的卡板式门锁机构，但开启门锁的方法有两种，一种是从车内远距离控制的方法（缆索方式），另一种是直接用钥匙控制，如图 2-130 所示。无论是用远距离控制的缆索方式，还是用钥匙直接控制的方式，都是将卡板和棘爪脱开或啮合，以实现解锁和闭锁。

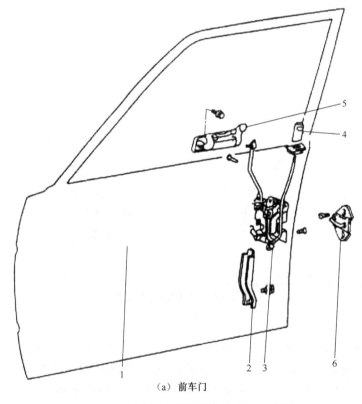

（a）前车门

图 2-129　卡板式门锁装置在车门上的布置

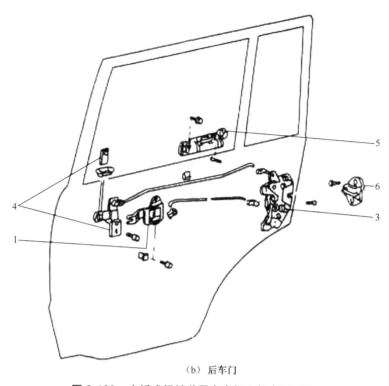

（b）后车门

图 2-129 卡板式门锁装置在车门上的布置（续）

1—内拉手；2—玻璃导轨；3—车门锁；4—内安全锁上按钮；5—外拉手；6—锁扣

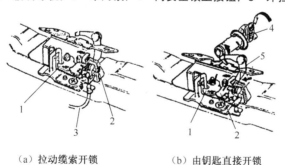

（a）拉动缆索开锁　　　　（b）由钥匙直接开锁

图 2-130 背门锁机构

1—卡板；2—棘爪；3—缆索；4—钥匙；5—杠杆

v. 凸轮式门锁。凸轮式门锁具有旋转的凸轮，如图 2-131 所示。开有特殊形状缺口的锁片装在车门立柱上，凸轮通过轴和摇臂与门锁外拉手相连。

关门时，凸轮与锁片的上部先接触，并克服弹簧的力矩顺时针方向转动；当凸轮开始进入缺口后，缺口上部右端作用于凸轮上的反作用力线正好通过凸轮的旋转轴心，因而不会使凸轮转动，这是第一挡锁止；再进一步关紧车门时，缺口下部作用在凸轮上的反作用力线也正好通过凸轮的旋转轴心，这是第二挡锁止。

开门时，掀起车门拉手，克服弹簧的力矩，使凸轮顺时针方向转动，即可脱出缺口。

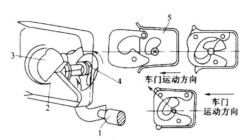

图 2-131　凸轮式门锁

1—拉手；2—锁片；3—凸轮；4—弹簧；5—定位器

ⅵ. 钩扣式门锁。有些上掀式背门采用了图 2-132 所示的钩扣式门锁。打开时，压下按钮 1（内装锁芯）可使推杆 7 下移并使锁钩 4 打开，随即与锁扣 5 脱开，如图 2-133 所示。

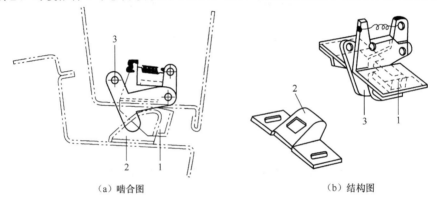

（a）啮合图　　　　　　　　　　　　　　　（b）结构图

图 2-132　钩扣式门锁

1—缓冲橡胶块；2—锁扣；3—锁钩

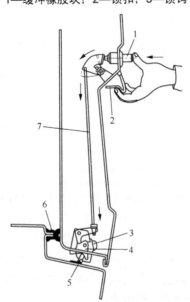

图 2-133　钩扣式门锁采用的按钮式开启机构

1—按钮；2—扳手；3—锁体总成；4—锁钩；5—锁扣；6—密封条；7—推杆

b. 拉手。拉手和锁芯大多制作成一体。门锁外拉手可分为旋转式、按钮式、扳机式、掀拉式等几种类型，其中掀拉式外拉手置于车门外蒙皮的凹槽内，空气阻力小，安全性好，美观大方并与车身浑然一体。门锁外拉手结构如图 2-134 所示。而门锁内拉手主要有旋转式和掀拉式两种类型，如图 2-135 所示。有些车门锁的安全锁止操纵机构也装在内拉手上。

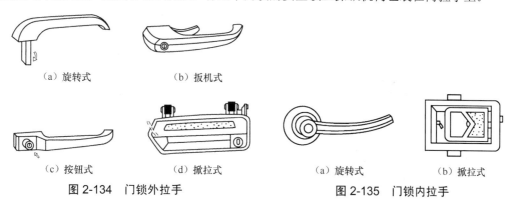

（a）旋转式　　　（b）扳机式

（c）按钮式　　　（d）掀拉式　　　　　（a）旋转式　　　（b）掀拉式

图 2-134　门锁外拉手　　　　　　　图 2-135　门锁内拉手

锁芯可与外拉手合装而成为一体，也可将拉手与锁芯分开单装（成为分体式）。车锁的锁芯均为圆柱形，结构上有锁片式、弹子式、片销式等，其中片销式实际上是销式和片式的组合。锁芯通常开有若干个孔（或槽），与相同数量但高度不等的弹子（或销片）组合成一体。锁芯结构如图 2-136 所示，由锁芯外壳 1、锁芯体 2、销片（或弹子）3、弹簧 4 和钥匙 5 等零件组成。钥匙插入锁芯且弹子（或销片）的调试合适时，锁芯体方可与其外壳相对转动，与锁芯连接的拉杆或锁止板也随之动作，从而达到启闭车门锁或行李舱锁的目的。

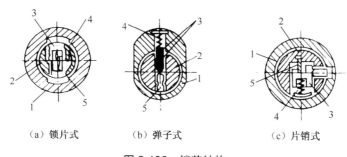

（a）锁片式　　　（b）弹子式　　　（c）片销式

图 2-136　锁芯结构

1—锁芯外壳；2—锁芯体；3—销片；4—弹簧；5—钥匙

c. 自动门锁。自动门锁在现代轿车上应用普遍，手动式门锁与自动门锁的主要区别在于操纵方式，前者需使用钥匙或拉手将车门锁打开或锁紧，而后者可由驾驶员集中控制各车门的启闭。按操纵方式的不同，自动门锁可分为电磁式、电机式、真空式和电子式等几种类型。

自动门锁可从车内驾驶员席一侧，手按车门控制开关，将车门全部锁死，如图 2-137 所示。除集中控制门锁功能外，有的轿车上还加装了车速传感器及相应的电控系统，当轿车行驶速度提高到一定值（如 20 km/h）后，能自行通电将全部车门自动锁死，以避免忘记锁止门锁或行驶中车门开脱。

门锁的开启及锁止也有依靠电磁阀驱动的，电磁式自动门锁的结构如图 2-138 所示。以不同方式向电磁阀的线圈通电，可使电磁阀拉杆于中间位置向相应的方向移动，拉动联动杆做相应动作，从而使车门锁被开启或锁止。电磁式自动门锁摩擦阻力小，操作方便可靠，在轿车上应用较多，缺点是耗电量大，动作噪声高。

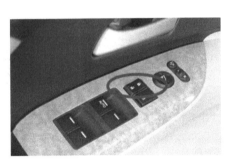

图 2-137　车门控制开关

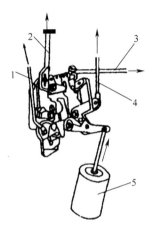

图 2-138　电磁式自动门锁

1—锁芯连杆；2—外拉手连杆；3—内拉手连杆；

4—内锁止连杆；5—电磁阀

　　d. 遥控式电子门锁。遥控式电子门锁又称为"电子防盗式"门锁，一般由电子指令发射器、接收器和执行机构 3 部分组成。点火钥匙内装微波或红外线信号发射器，信号接收器收到解除门锁信号、并与存储的数据一致时，便可使门锁开启。使用这种遥控门锁不插钥匙即可上锁和解锁，信号接收器的接收距离为 1 m 以内（接收距离有逐渐增大的趋势），在黑暗的场所不用钥匙便可方便地解除门锁。由于每台轿车的遥控式电子门锁具有各自不同的电信号，因而比机械式门锁的防盗功能更强。

　　图 2-139 所示为轿车使用的典型遥控式电子门锁系统布置图。

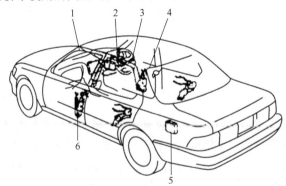

图 2-139　轿车使用的典型遥控式电子门锁系统布置图

1—车门控制继电器；2—车门未锁好报警开关；3—主开关；4—车钥匙遥控解锁开关；

5—车门锁控制信号接收器；6—门锁总成

使用车钥匙内藏式信号发射器发出解锁或锁止信号后，由后窗接收天线将接收到的信号经分配器送到信号接收器，如图 2-140 所示。接收器分辨出锁止或解锁信号，经车门控制继电器输送至控制电机，操纵门锁总成执行发射器发出的信息，如图 2-141 所示。除上述可由发射器发出遥控信号外，当车辆久置或在发射器丢失的情况下，可使用车内主开关，将信息直接输入接收器，以控制车门启闭，如图 2-142 所示。此外，通过车门未锁好报警开关以及由乘员许用的信号开关也可将信号直接输入接收器。

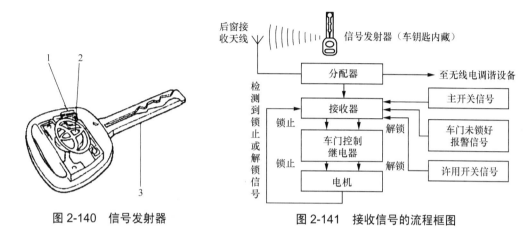

图 2-140　信号发射器
1—发送信号开关；2—锂电池；3—钥匙

图 2-141　接收信号的流程框图

e. 中央门锁。中央门锁（也称中控锁）系统主要由中央门锁控制模块、车门开关、门锁芯开关、门锁电机、防盗报警灯及警报器等组成。除电子控制系统外，在车门结构中设有电磁铁机构，如图 2-143 所示。

中央门锁系统会测量开门锁钥匙的电阻，如果电阻值不对，防盗系统将发出警报。利用中央门锁系统，当驾驶员侧车门锁扣被按下或用钥匙锁门时，汽车能自动锁定其他车门及行李舱门。

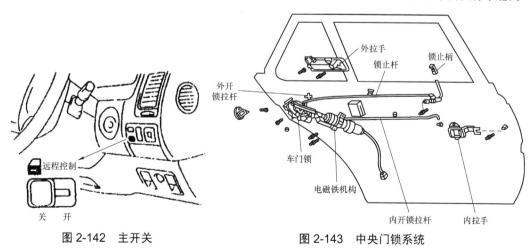

图 2-142　主开关

图 2-143　中央门锁系统

中央门锁系统的控制电路如图 2-144 所示。当按下侧车门锁扣时，锁门开关闭合。此时电磁线圈的电流通路为：蓄电池正极→控制电路①端子→锁门继电器 K1 动合触点（ON）→控制电路②端子→电磁线圈→控制电路③端子→开锁继电器 K2 动断触点（OFF）→控制电路④端子→搭铁。

当拉起驾驶员侧车门锁扣或用钥匙开门时，开锁开关闭合。此时电磁线圈的电流通路为：蓄电池正极→控制电路①端子→开锁继电器 K2 动合触点（ON）→控制电路③端子→电磁线圈→控制电路②端子→锁门继电器 K1 动断触点（OFF）→控制电路④端子→搭铁。

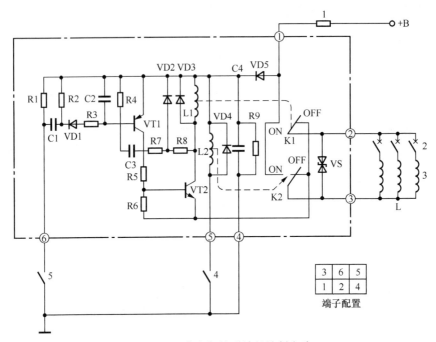

图 2-144　中央门锁系统的控制电路

1—熔断器；2—断路器；3—电磁线圈；4—开锁开关；5—锁门开关；
L1、K1—锁门继电器线圈与触点；L2、K2—开锁继电器线圈与触点

（7）玻璃升降器

① 对玻璃升降器的要求。玻璃升降器是调节车门玻璃开度大小的专用部件，其功能是保证车门玻璃平衡升降，车门玻璃能随时并顺利地开启和关闭；当手摇柄不转动时，玻璃应能停在任意位置上，既不能向下滑，也不能由于汽车的颠簸而上下跳动；锁上车门后，能防止外人从外面将玻璃降下而进入车内。因此，对玻璃升降器提出下列要求。

a. 操作方便。玻璃升降器在最大载荷工作条件下，手摇柄力矩不得大于 2 N·m，为此，要尽量减轻各部件的质量，减小各摩擦副的摩擦力，提高制造与安装精度，选择平衡特性良好的平衡机构。

b. 结构可靠。玻璃升降器必须具有足够的制动力矩，以保证良好的制动性能。在工作行程内，在摇臂滚轮运动轨迹的切线方向加 300 N 的负荷时，应无反转运动。玻璃升降器处于上行程任意位置时，玻璃下降量应不大于 5 mm。各连接部位应牢固，经台架振动试验后，各铆接处及调整轴不应松动。机构应有足够的刚度和强度，即玻璃升降器经强度试验后（手摇臂位于上止点，在手柄上施加 150 N 的负荷），各部件不得产生扭曲和有碍运动的变形。

c. 寿命长。玻璃升降器进行往复升降 4 万次耐久试验后，不得产生异常声响及制动失灵

现象，各部件不得产生严重磨损，连接部位不得松动。

② 玻璃升降器的分类。玻璃升降器根据操作方式分为手摇式和电动式两种；根据结构又分为臂式、钢绳式、带式和齿簧式 4 种。臂式玻璃升降器又分为单臂式、双臂平行式、双臂交叉式、双臂反向式及车轮拱形位置关系式等，如图 2-145 所示。其中使用较多的是单臂式和双臂交叉式。

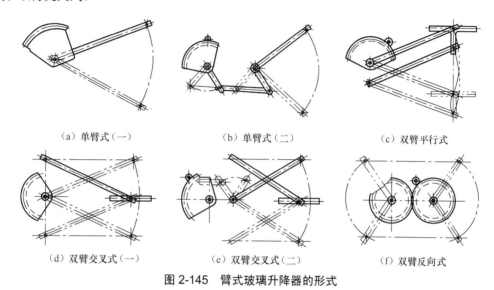

（a）单臂式（一）　　　　（b）单臂式（二）　　　　（c）双臂平行式

（d）双臂交叉式（一）　　（e）双臂交叉式（二）　　（f）双臂反向式

图 2-145　臂式玻璃升降器的形式

a. 单臂式玻璃升降器。单臂式玻璃升降器由单点支撑玻璃，其运动轨迹为一弧线，在水平方向产生分力，水平位移较大，影响了玻璃升降的平稳性，所以要求玻璃导轨要平直。但由于其结构简单，与车门关联比较少，被广泛应用于形状规整的矩形窗框或有避让要求的后车门上。

单臂式玻璃升降器如图 2-146 所示。当转动手柄（或电机驱动）时，通过小齿轮带动扇形齿轮及升降臂（单臂）回转，由此推动玻璃托槽及玻璃升降。

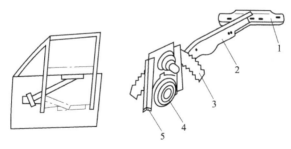

图 2-146　单臂式玻璃升降器

1—玻璃托槽；2—升降臂；3—扇形齿轮；4—平衡弹簧；5—固定板

与图 2-146 所示结构不同，还有采用一根导杆的单臂式玻璃升降器，如图 2-147 所示。当升降臂回转时，它的端部沿导杆移动，并支撑玻璃上下升降。这种结构的特点是，玻璃前后方向的倾斜度在安装导杆时调整，玻璃插入部分由下构件调整。

具有整体导向板的单臂式玻璃升降器如图 2-148 所示。在导向板中有引导升降器端部的导向槽，升降臂的一端沿着导向槽移动，另一端支撑着玻璃。这种结构的特点是无法调整，它常在硬顶车的后三角窗上使用。

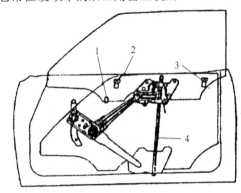

图 2-147　采用一根导杆的单臂式玻璃升降器
1—稳定器；2—挂钩；3—下构件；4—导杆

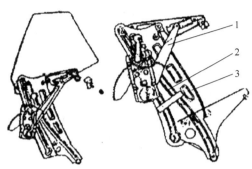

图 2-148　具有整体导向板的单臂式玻璃升降器
1—升降臂；2—导槽；3—导向板

b. 双臂交叉式玻璃升降器。双臂交叉式玻璃升降器由两臂端部滚轮的两个支撑点支撑玻璃升降。在玻璃上下移动过程中，支撑中心始终接近或重合于玻璃质心，载荷变动小，因此其运动平稳，升程较大，升降速度快，该结构适用于尺寸大而形状不规整的车门玻璃。

双臂交叉式玻璃升降器的构造如图 2-149 所示。在交叉的双臂中，一个是可动的升降臂，另一个是与之保持相对角度的平衡臂，两个交叉臂像钳子一样动作，两臂的端部在玻璃托槽中移动，使玻璃托槽平行地进行升降运动，推动玻璃的升降。图 2-150 所示为双臂交叉式玻璃升降器在玻璃处于最高和最低两个位置时的状态。

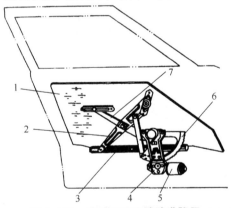

图 2-149　双臂交叉式玻璃升降器
1—玻璃；2—升降臂；3—托槽；4—齿轮箱；
5—电机；6—扇形齿轮；7—平衡臂

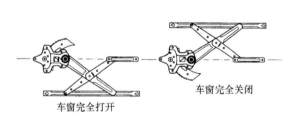

车窗完全打开　　车窗完全关闭

图 2-150　双臂交叉式玻璃升降器的两个极限位置

双臂交叉式玻璃升降器除了电机驱动方式以外，还有手动式。手动机构的构造如图 2-151 所示，转动手摇柄，和手柄轴一体的小齿轮带动扇形齿轮转动，以手柄回转中心点为支点使升降臂摆动，从而使玻璃托槽推动玻璃上下移动。双臂交叉式玻璃升降器的动力传递路线为：手摇柄→小齿轮→扇形齿轮→升降臂（主动臂或从动臂）→玻璃托槽→玻璃。

制动机构的作用是防止玻璃升降器倒转。这种机构通常采用弹簧涨圈式结构，它是由制动毂 1、制动弹簧 3、传动轴 2 和联动盘 6 等元件组成的，如图 2-152 所示。制动毂 1 用铆钉 7 固定在底板 8 上，是不动件；制动弹簧 3 是一个螺旋形扭力弹簧，在自由状态时，外径稍大于制动毂内径，在给予一定预紧而径向变形的情况下装进制动毂内。传动轴 2 与手柄连接，而联动盘 6 则通过铆接在盘上的小齿轮 5、扇形齿板 4 和传动臂与玻璃托槽相连接。当摇动手柄时，传动轴转动超过空行程（间隙 b）后带动弹簧（使弹簧直径缩小）一起旋转；当转过了留有的间隙 a（使弹簧离开制动毂的最小值）以后，又推动联动盘转动，此时玻璃便可以升降。反之，当外力作用于玻璃时，联动盘推动弹簧使其扩张，于是弹簧与制动毂内壁之间的压紧力增大，并产生与运动方向相反的摩擦力矩，阻止联动盘继续转动，因而玻璃不会自行下降。

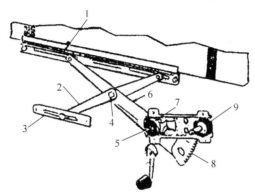

图 2-151　手动双臂交叉式玻璃升降器

1—玻璃托槽；2—平衡臂；3—平衡臂托槽；4—交叉臂支点；5—回转中心点；
6—升降臂（主动臂）；7—扭簧；8—扇形齿轮；9—手柄轴

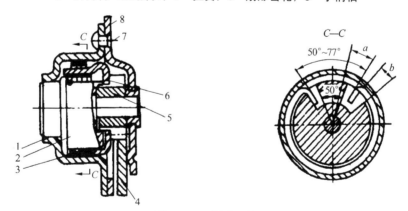

图 2-152　制动机构

1—制动毂；2—传动轴；3—制动弹簧；4—扇形齿板；5—小齿轮；
6—联动盘；7—铆钉；8—底板

　　平衡机构的作用是平衡玻璃的部分质量，使玻璃升降轻便。平衡机构的主要元件是一个扁平的螺旋扭簧，扭簧的外端固定在底板上，是不动件；内端固定在扇形齿板轴心上，随齿板的转动而转动。当摇动手柄时，主动小齿轮带动扇形齿板使玻璃下降时，弹簧被旋紧，玻璃下降的势能部分转化为扭簧的变形能而被储存起来。当摇动手柄升起玻璃时，弹簧释放能量，起到平衡玻璃部分质量的作用。

在无框式车窗使用双臂交叉式玻璃升降器时，也有采用两根平行导杆构造的，如图 2-153 所示。

c. 钢绳式玻璃升降器。钢绳式玻璃升降器是通过摇转手柄时驱动机构牵拉钢索来驱动玻璃托架移动的。图 2-154 所示为钢绳式玻璃升降器。其动力传递路线为：手摇柄小齿轮→扇形齿轮→卷筒→钢丝绳→玻璃托架→玻璃。图 2-155 所示为钢绳的两种缠绕形式。

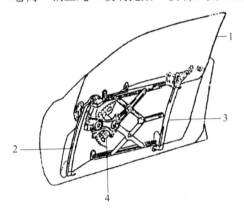

图 2-153　有两根平行导杆的玻璃升降器

1—车门玻璃；2—前玻璃导杆；
3—后玻璃导杆；4—玻璃升降器

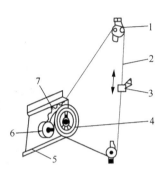

图 2-154　钢绳式玻璃升降器

1—滑轮；2—钢绳；3—玻璃托架；4—钢绳卷筒；
5—座板；6—小齿轮；7—扇形齿轮

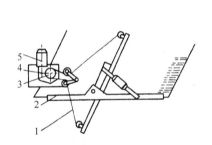
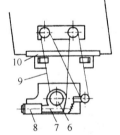

（a）钢绳的缠绕形式一　　　　（b）钢绳的缠绕形式二

图 2-155　钢绳的两种缠绕形式

1、9—钢绳；2—玻璃安装导槽；3、6—钢绳卷筒；4、7—齿轮减速器；
5、8—电机；10—玻璃托槽

钢绳式结构的优点是：手柄位置可自由布置，钢绳的松紧度可利用张紧轮进行调节，结构简单，加工容易，体积小，质量轻；由于玻璃装配在运动托架上，所以玻璃的质量始终能与钢绳平衡，玻璃升降过程十分顺畅。但由于这种升降机构对自身倾斜没有保持能力，因此必须设置玻璃导轨，如图 2-156 所示。

d. 带式玻璃升降器。带式玻璃升降器的基本结构如图 2-157 所示，其动力传递路线为：手摇柄→穿孔带轮→塑料带孔→运动托架→玻璃。

由于带式玻璃升降器的零件多数为塑料制品，质量轻、运动平稳、无噪声，因此无须对其进行润滑维护。与臂式玻璃升降器相比，两门轿车可减轻质量 3.2 kg，四门轿车可减轻 5.0 kg，耐久性试验可达 25 000 次以上。

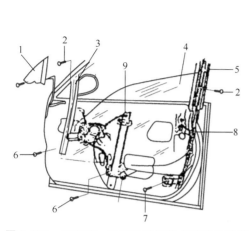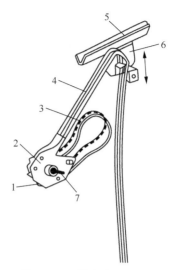

图 2-156　设置前、后导轨的钢绳式玻璃升降器
1—前门拐角护板；2—螺钉；3—前导轨；
4—车门玻璃；5—后导轨；6—螺栓；
7—螺母；8—后下窗框；9—玻璃升降器总成

图 2-157　带式玻璃升降器
1—塑料穿孔带连接片；2—底板；3—塑料穿孔带；
4—塑料穿孔带导向槽；5—玻璃安装槽板；
6—运动托架；7—手摇柄轴

e. 齿簧式玻璃升降器。齿簧式玻璃升降器是齿轮弹簧式玻璃升降器的简称，典型结构如图 2-158 所示。其动力传递路线为：手摇柄→小齿轮→螺旋弹簧→玻璃托架→玻璃。

为了降低小齿轮与螺旋弹簧啮合时的摩擦力，在螺旋弹簧的内孔中除穿有一根直径为 4mm 的多股钢丝绳外，还在其表面缠绕了约 2 mm 厚的浸油羊毛。螺旋弹簧外侧套装的薄壁管可使弹簧沿管内壁滑动。与臂式玻璃升降器相比，其零件少、质量轻、结构简单、工作平稳、无噪声、免维护。

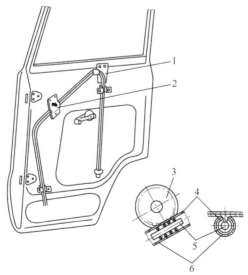

图 2-158　典型的齿簧式玻璃升降器结构
1—玻璃托架；2—摇转器；3—齿轮；4—弹簧；5—多股钢丝绳；6—钢丝绳导向管

f. 电动式玻璃升降器。电动式玻璃升降器由可逆直流电机和减速器取代手摇柄，可通过控制按钮实现集中控制。在桑塔纳 2000 豪华型轿车上也有使用电动摇窗机的，其结构如图 2-159 所示。

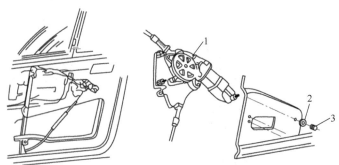

图 2-159　桑塔纳 2000 豪华型轿车的电动摇窗机

1—电动摇窗机；2—垫圈；3—螺栓

电动式玻璃升降器使用的电机采用永磁直流电机，如图 2-160 所示。电压方向可正反向切换，使电机轴可正反向旋转，电机轴端设有蜗轮蜗杆机构作为一级减速，在蜗轮轴上的小齿轮驱动升降器扇形齿轮进行二级减速，进一步带动升降臂。

（8）车门密封条

密封条用来密封车身的门、窗玻璃等可动部分及前后窗、三角窗等不可动部分。密封条的形状与断面应适应不同使用部位及不同功能的要求，如图 2-161 所示。

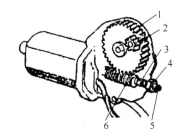

图 2-160　电动式玻璃升降器使用的电机

1—蜗轮；2—小齿轮；3—滚珠；4—锁紧螺母；

5—推力调整螺栓；6—蜗杆

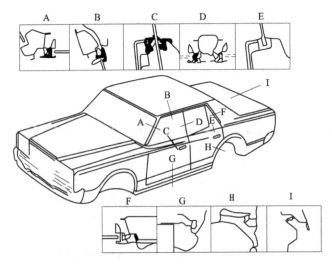

图 2-161　不同密封部位设置的不同断面形状的密封条

设置密封条有以下目的。

① 避风雨、防尘、隔热、隔音。

② 当车身受到振动与扭曲时，密封条还起到缓冲、吸振、保护玻璃的作用。

③ 对门窗交接的边缘起装饰作用。

早期的密封条常使用天然橡胶，后来以乙烯丙烯橡胶、丁腈橡胶等人工合成橡胶为主流，也有使用聚氯乙烯树脂的。对于前后窗、三角窗等固定窗缘部分，也有采用多种黏结形式（如直接黏结法或橡胶带黏结法）的。

车门与车身是密封比较困难的部位，密封要求比较严，应密封的部分比较长，各密封部位的断面形状不尽相同。

车门密封条的基本断面形状有 3 种：弯曲型、压缩型和复合型，如图 2-162 所示。不同部位实际使用的密封条形状非常复杂。车门密封条的布置形式有车门安装型（密封条固定在车门的四周），车身安装型（密封条固定在门洞周围的骨架上），车门、车身双重安装型（在车门四周及门洞周围两侧均安装密封条），如图 2-163 所示。

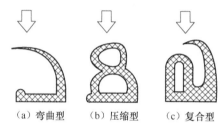

（a）弯曲型　（b）压缩型　（c）复合型

图 2-162　车门密封条的种类

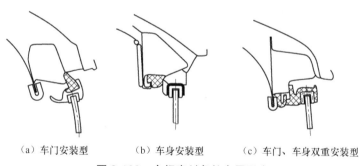

（a）车门安装型　　　　（b）车身安装型　　　　（c）车门、车身双重安装型

图 2-163　车门密封条的布置形式

密封条根据使用部位不同，做成了各种复杂的断面形状，如图 2-164 所示。为了加强密封的效果，在高级轿车上常设置 3 道、4 道密封，图 2-165 所示为安装在前立柱及车顶侧横梁部位的 4 道密封的密封条断面。这种多道密封一般都布置在前门缝里，除具有密封功能外，还有防止产生风噪声的作用。

车门玻璃的两侧和上部都靠导槽密封，导槽与玻璃接触部分多用静电植绒密封，如图 2-166 所示。车门玻璃密封条装在玻璃导槽内，起缓冲和减小导槽制造误差的作用。

窗台部位玻璃一般采用双面密封，以防止灰尘与雨水进入车内，还能隔音，并可减少挂在车门玻璃上的脏物。双面密封的几种常见形式如图 2-167 所示。

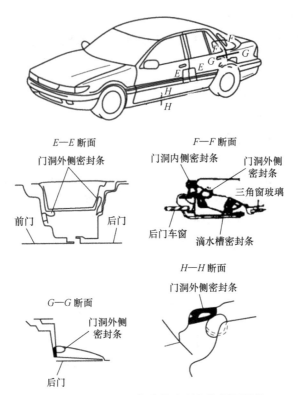

图 2-164　车门不同部位的密封条的断面形状

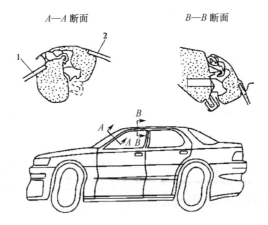

图 2-165　4 道密封的密封条断面
1—风窗玻璃；2—车门玻璃

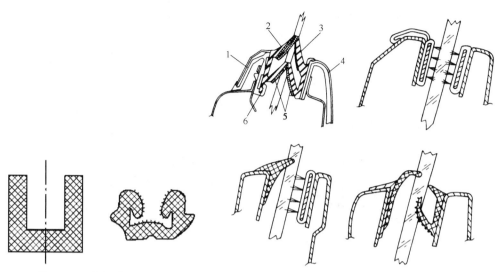

图 2-166 车门玻璃导槽 图 2-167 窗台处玻璃的双面密封

1—车外侧嵌条；2—车外侧密封条；3—车内侧密封条；

4—车门内护板；5—植绒；6—卡头

有的轿车门洞密封条是由发泡橡胶和带有金属骨架而表面为塑料的卡紧部分同时挤出成型的，如图 2-168 所示。其发泡部分采用的是三元乙丙橡胶（EPDM），护套即卡紧部分表面采用的是聚氯乙烯，金属骨架材料采用的是低碳冷轧薄钢板，表面光亮，卡紧部分表面带有花纹，花纹形状和颜色与内饰的颜色和图案相协调，起到美化内饰的作用。

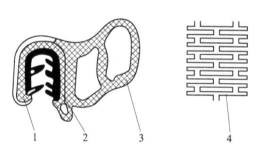

图 2-168 典型门洞密封条结构

1—装配护套；2—骨架；3—发泡的密封部分；4—骨架展开图

········· □ 技能学习 □ ·········

一、拆装保险杠

以下以奥迪轿车的前保险杠为例，说明其拆装过程。

1. 拆卸

① 用塑料刮刀（或专用装饰件拆装工具）撬开塑压装饰罩，如图 2-169（a）所示。

② 拆下十字螺钉，如图 2-169（b）所示。

③ 在端部向上撬开中央饰框支架，并向前取出，如图 2-169（c）所示。

④ 拆下散热器面罩及通风罩，从保险杠支架上拔下电线束插接器。为防止电线短路或插接器内进入灰尘、水等，对拆开的插接器头用绝缘胶带包好。

⑤ 拆下保险杠的上、下固定螺栓，从两边的导向装置上向前拆下保险杠，如图2-169（d）所示。如果长时间不安装，应将螺栓用胶带包好，以防生锈或意外损坏。

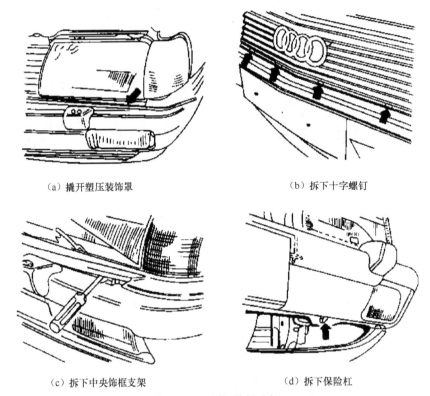

（a）撬开塑压装饰罩　　　　　　　　　（b）拆下十字螺钉

（c）拆下中央饰框支架　　　　　　　　（d）拆下保险杠

图 2-169　拆卸前保险杠

2. 安装

安装前保险杠按拆卸的相反顺序进行即可，注意各螺栓的紧固力矩要求。

二、拆装前翼子板

多数轿车的翼子板总成都是用螺栓装在结构座上，所以在拆装时，只要分别拆下和装上紧固螺栓即可，但在安装时，应注意保证翼子板位置正确和螺栓紧固力矩符合标准要求。

有些轿车（大多数车架式车身的轿车）用点焊和熔焊来连接翼子板，拆卸时，可先用电钻将焊点钻通，然后用錾子将尚有连接的焊口錾开，使翼子板与结构座完全分离。安装时将翼子板与原结构座对好位置，按原点焊或熔焊位置，重新焊牢即可。但必须防止在焊接过程中翼子板位置发生变动，可先焊两端的焊点，再焊中间的焊点，左、右交叉进行。

下面以奥迪轿车的前翼子板为例，说明其拆装过程。

奥迪轿车的前翼子板拆装需在拆下前轮罩板后进行，如图2-170所示。

1. 拆卸

① 拆隔板。拆下自攻螺钉1，取下隔板2，如图2-171（a）所示。

② 拆下翼子板装饰板。拆下六角螺母4，向前推翼子板装饰板，直到取下，如图 2-171（b）所示。

③ 拆下转向信号灯导线连接器，取下转向信号灯。

④ 拆下各个组合自攻螺钉 1、5、6、7、8、10 和自攻螺钉 11，如图 2-170 所示。

⑤ 取下翼子板。

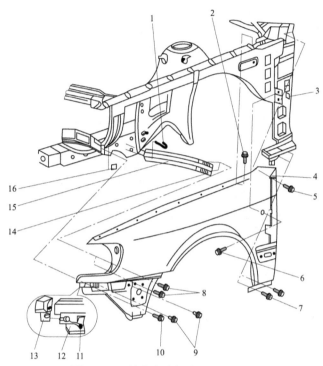

图 2-170　拆装奥迪轿车前翼子板

1、7、8—组合自攻螺钉（4N·m）；2、6、10—组合自攻螺钉（7N·m）；

3、14、16—螺母；4、12—翼子板；5—组合自攻螺钉（3N·m）；

9—盲孔螺钉；11—自攻螺钉（3N·m）；13—装饰板座；15—拉条

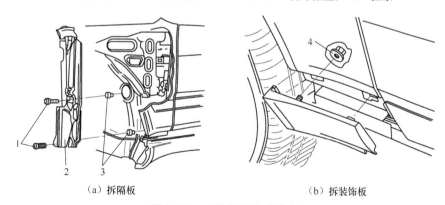

（a）拆隔板　　　　　　　　　　　　（b）拆装饰板

图 2-171　拆卸隔板和装饰板

1—自攻螺钉；2—隔板；3—螺母；4—六角螺母

2. 安装

安装时按拆卸的相反顺序进行即可，注意各螺钉的紧固力矩。

三、拆装车门玻璃

1. 拆卸

① 将车门玻璃降到适当的位置，通常为最低点。

② 拆下车门开启拉手（扣手）、摇窗机手柄等附件，如图 2-172 所示。注意，不同的车型车门附件的种类及安装方法不同，通常附件通过螺钉连接，有些在螺钉头部有装饰帽，需先用一字螺丝刀（或专用工具）拆下装饰帽后才可见螺钉。

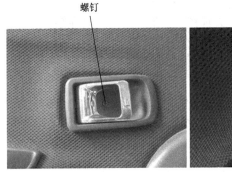

（a）车门开启拉手固定螺钉　　　（b）拆卸车门开启拉手

图 2-172　拆车门的附件

③ 拧下内锁止按钮护帽，如图 2-173 所示。

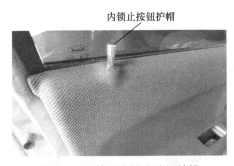

图 2-173　拧下内锁止按钮护帽

④ 拆下车门装饰板。用专用工具从装饰板底部一角开始撬起装饰板，专用工具如图 2-174 所示；视需要用专用工具配合撬出卡扣，如图 2-175 所示。

⑤ 断开导线连接。当所有装饰板固定卡扣均撬开后，向上外方向推装饰板即可拆下装饰板，此时可见连接的导线。找到导线插接器，断开导线连接，如图 2-176 所示。

⑥ 拆车门玻璃密封条，如图 2-177 所示。密封条不需要全部拆卸，只要将一侧窗柱的密封条拆离窗框，其增大的空间就足以取出玻璃。注意：大多数车门玻璃拆卸时，需要按此步骤操作；但如果车门玻璃较小或形状较规整，无须拆卸密封条。

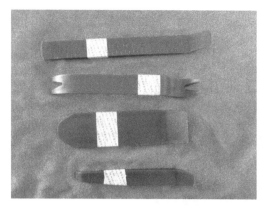

图 2-174　拆车门装饰板专用工具

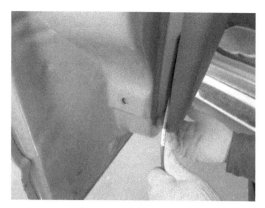

图 2-175　撬开卡扣

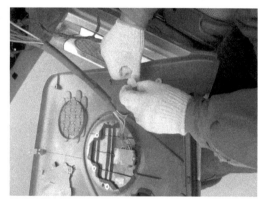

图 2-176　断开导线连接

图 2-177　拆车门玻璃密封条

⑦　由助手协助固定住玻璃，防止其掉入车门内。也可用楔形塞或专用工具在下窗框与玻璃之间塞紧玻璃，以固定住玻璃，如图 2-178 所示。

⑧　在车门内板检修孔处找到玻璃与导轨间的固定螺栓，如图 2-179 所示。拆下螺栓（通常为 2 颗），即可使玻璃与导轨脱离连接。

图 2-178　固定玻璃

玻璃固定螺栓

图 2-179　玻璃固定螺栓

⑨ 向上外方向提拉玻璃，即可取出玻璃，如图 2-180 所示。注意，有时为了能够取出玻璃，向上提拉时需要改变玻璃的倾斜角度。

图 2-180　取出玻璃

2．安装

按拆卸的相反顺序安装车门玻璃，并注意以下几点。

① 损坏的或无弹性的卡扣应换新件。

② 螺栓应按规定力矩拧紧。

③ 安装完成后，应做玻璃升降功能检查，如玻璃升降不顺畅，应检查并调整密封条。

四、拆装前舱盖

1．拆卸

① 打开前舱盖，并用防护垫覆盖车身，以防损伤漆面。

② 将风窗洗涤器喷嘴及软管拆离前舱盖。

③ 在前舱盖的铰链位置划上记号，以便于以后安装。

④ 如果前舱盖有气动支撑杆，则通常只拆卸支撑杆的上部（即与前舱盖相连接的部位）。图 2-181 所示为典型轿车前舱盖气动杆上部连接情况。拆卸时，先用临时支撑杆撑起前舱盖，拆下锁紧垫圈，拉出销钉 1 即可拆开上部连接。如果需拆卸气动杆下部连接，则按图 2-181 所示进行。对于带有塑料球形插座的支撑杆，用一字螺丝刀把定位夹箍向上挑起大约 4 mm，即可使球头螺栓与支撑杆分离，如图 2-182（a）所示；对于

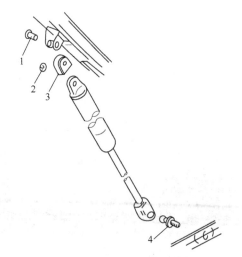

图 2-181　气动杆上部连接情况

1—销钉；2—锁紧垫圈；3—盖；4—球头螺栓

带有金属球头插座的支撑杆，用钳子将销钉拔出即可，如图 2-182（b）所示。

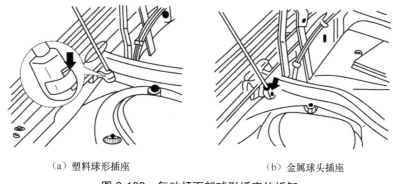

（a）塑料球形插座　　　　　　　　　　　（b）金属球头插座

图 2-182　气动杆下部球形插座的拆卸

⑤ 将前舱盖与铰链的固定螺栓拆下，并应防止螺栓拆除后前舱盖滑落。

⑥ 小心向上托起前舱盖，抬离前舱。

2. 前舱盖的安装与调整

前舱盖的安装应依照拆卸的相反顺序进行。前舱盖与铰链的固定螺母拧紧前，将前舱盖的前后左右进行调整。铰链有长孔，可以使螺栓有一定的前后移动量，使前舱盖前后位置合适、左右缝隙配合均匀，如图 2-183 所示。

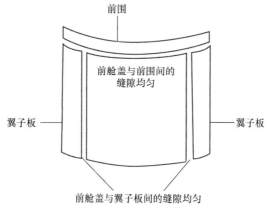

图 2-183　前舱盖的间隙调整

在调整前舱盖后部高低位置时，先稍稍松开铰链与车身壳体的螺栓，然后慢慢盖上前舱盖。根据情况将它的后部抬起或压下，当它的后部与相邻的翼子板和前围高度一致时，慢慢掀开，将螺栓拧紧。

大多数轿车前舱盖前部高度的调整是借助前舱盖锁来实现的，如图 2-184（a）所示。调整前舱盖锁之前，须将前舱盖校正妥当，然后松开前舱盖锁固定螺栓，将锁体前后、左右移动，使之与锁座对准，上下移动锁体至前舱盖前端，高度合适位置后锁紧紧固螺栓。

前舱盖前后高度调整合适后，必须再对可调橡胶块（减振座）做一次检查，如图 2-184（b）所示。有些车上只有两个橡胶块，两个前角处各有一个，而有些车上则四个角都有。橡胶块必须调整到能撑住前舱盖的位置，以免前舱盖产生移动和颤动。前部橡胶块主要用来控制前舱盖前面两个角的高度，应将它调整到前舱盖前部与翼子板高度一致的位置上。调整完毕后一定要将橡胶块上的防松螺母拧紧。

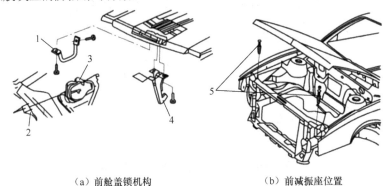

（a）前舱盖锁机构   （b）前减振座位置

图 2-184　前舱盖锁止装置

1—锁扣（撞击器）；2—释放手柄；3—锁钩；4—安全钩；5—减振座

　　有些汽车制造商建议，在进行前舱盖调整时，必须满足必要的尺寸要求。图 2-185 所示为通用汽车公司生产的一款轿车的前舱盖调整尺寸。

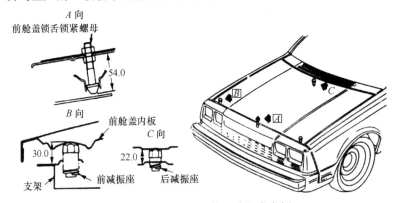

图 2-185　前舱盖调整尺寸要求实例

五、拆装行李舱盖

1. 拆卸

① 打开行李舱盖并沿行李舱开口边缘盖好防护垫。

② 在行李舱盖的锁座及铰链位置做上标记，以利于安装。

③ 支撑行李舱盖并拆下铰链的固定螺栓，如图 2-186 所示。

④ 向上托起，将行李舱盖拆离车身。

2. 行李舱盖的安装与调整

　　行李舱盖的安装应按拆卸的相反顺序进行。在拧紧铰链螺栓之前，先盖上行李舱盖，检查并调整行李舱盖四周的间隙，直到各处间隙均匀；然后轻轻打开行李舱盖，拧紧铰链螺栓。

　　如果行李舱盖的前部高度不合适，可通过在行李舱盖与铰链摇臂之间增减垫片进行调整，并通过行李舱盖的前后、内外移动，使之与后翼子板装配平齐。如果要抬高前缘，应在前部螺栓部位的铰链与盖板之间放置垫片。如果要降低前缘，应在铰链的下方放置垫片，如图 2-187 所示。

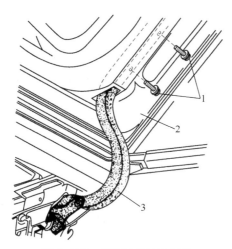

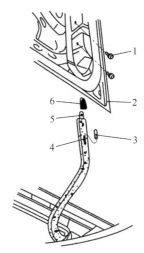

图 2-186　行李舱盖铰链螺栓

1—螺栓及垫圈；2—行李舱盖；3—铰链摇臂

图 2-187　行李舱盖前缘高度的调整

1—螺栓及垫圈；2—行李舱盖；

3、5—螺母；4—铰链摇臂；6—隔套

　　为了使行李舱盖与防水橡胶条保持良好密封，并使行李舱盖锁能对准锁头，应将行李舱盖锁的固定螺栓拧松（通常松开锁环、固定螺栓即可），使锁或锁座能够移动，直至调整妥当后再将螺栓锁紧，如图 2-188 所示。

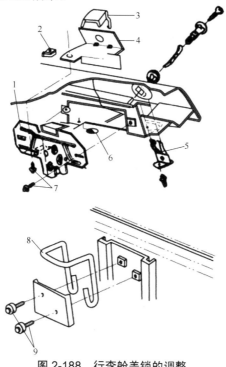

图 2-188　行李舱盖锁的调整

1—锁芯装置；2—外簧螺母；3—支座；4—托板；5—挡板；

6—弹簧螺母；7、9—螺栓；8—锁环装置

六、拆装风窗玻璃

1. 拆装密封条安装式风窗玻璃

（1）拆卸

① 拆除刮水臂、后视镜等影响玻璃拆装作业的零部件，在风窗玻璃和窗框的中心做标记，如图 2-189 所示。

② 拆卸外装饰条。在大多数情况下，风窗玻璃的外装饰条是由几段构成的，每一段都用螺钉或卡子来固定，如图 2-190 所示。

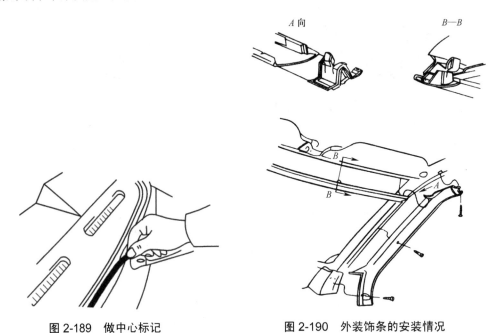

图 2-189　做中心标记　　　　图 2-190　外装饰条的安装情况

所有的装饰条都应当用专用工具来拆卸，用专用工具撬出左、右侧嵌条和上、下侧嵌条，如图 2-191 所示。注意：已经弯曲变形的嵌条不能再使用。

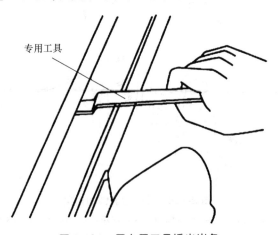

图 2-191　用专用工具撬出嵌条

如果没有专用工具，可按图 2-192 所示的方法，将弹性钢带绑起来制作一个弹簧卡子拆卸工具。将卡子的端部卡口滑过密封条，然后拉动弹簧卡子把装饰条卸下来，如图 2-193 所示。

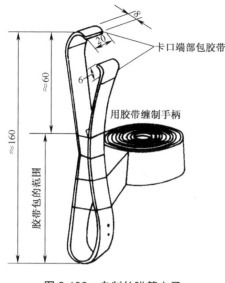

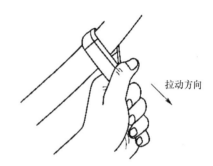

图 2-192　自制的弹簧卡子　　　　　图 2-193　用自制弹簧卡子拆卸密封条

③ 用专用工具撬开密封条，使其与压焊凸缘分离。由助手协助，从内侧向外推风窗玻璃，慢慢将风窗玻璃取下。

（2）安装

① 用溶剂清理压焊凸缘上的污物和残留的密封胶，安装垫块和垫条。

② 小心地将玻璃装到垫块上，检查安装位置并对中。

③ 玻璃定好位后，用胶带做好记号，然后沿玻璃周边将胶带切断，把玻璃取下放置一旁。在正式安装时，将窗框上的胶带对准玻璃上的胶带，如图 2-194 所示。

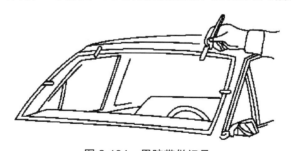

图 2-194　用胶带做记号

④ 将玻璃的边缘和密封条清理干净，把密封条安装在玻璃上，并沿密封的凸缘槽内埋入预先准备好的尼龙软线。塞线时应从玻璃的顶端开始塞，使线的两端在玻璃的下缘中部会合，用胶带把线的末端粘贴到玻璃的内表面上，如图 2-195 所示。

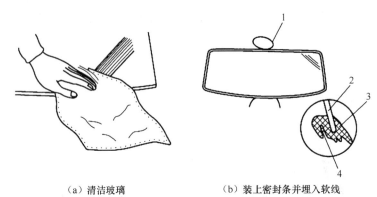

（a）清洁玻璃　　　　　　　　（b）装上密封条并埋入软线

图 2-195　准备玻璃

1、4—尼龙软线；2—玻璃；3—密封条

⑤　在密封条凸缘槽和窗口压焊凸缘的边缘涂抹肥皂水。由助手协助，把玻璃和密封条组件装到窗框里，应注意按胶带标记调整好位置。将密封条底面的槽滑到窗框的压焊凸缘上，如图 2-196 所示。

⑥　在车外用手掌压住密封条的同时，从车内玻璃下部的中间部位起牵拉尼龙线，风窗玻璃随之被镶装在车身的压焊凸缘上，如图 2-197 所示。应注意按胶带标记调整好位置。拉线时应从玻璃的下缘开始，使密封条进入位置，然后是侧缘，最后是上缘。线的两端要同时拉，否则玻璃容易破裂。为使密封条、玻璃、窗口三者之间贴合紧密，在镶装过程中可用手掌从外部轻轻拍打玻璃。确认安装合格后，沿密封条周围贴上胶带纸，以防止涂胶过程中或密封胶挤出后弄脏玻璃和车身漆面。

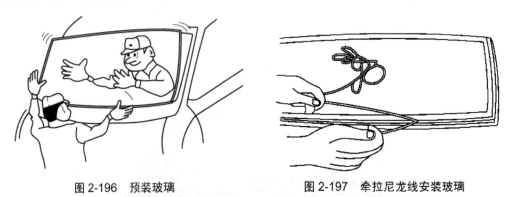

图 2-196　预装玻璃　　　　　　　图 2-197　牵拉尼龙线安装玻璃

⑦　在密封条、玻璃、车身三者之间加注玻璃密封剂，如图 2-198 所示。

⑧　用溶剂清除多余的密封胶后，安装装饰条。

⑨　待密封剂凝固好后，用低压水流对风窗玻璃的周边做漏水检查（参考黏结式风窗玻璃的安装）。

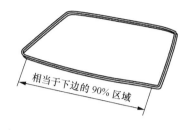

（a）沿密封条两边加注密封剂　　　（b）不加密封剂的区域

相当于下边的90%区域

图 2-198　加注密封剂

2. 拆装黏结式风窗玻璃

（1）拆卸

① 拆下刮水器、天线、装饰条及其他可能妨碍作业的零部件，然后用钩形工具钩起风窗玻璃底部的嵌条，将它抓住并从风窗玻璃四周抽出。

② 切割黏结剂。必须使用专门的工具和保护措施，图 2-199 所示为风窗玻璃拆装套件，包含专门用于切割黏结剂的工具。

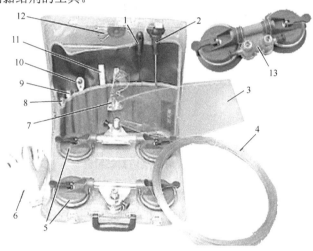

图 2-199　风窗玻璃拆装套件

1—钢丝牵引头；2—抛物面凿子；3—塑料垫；4—切割钢丝卷；5—卷盘；
6—防护手套；7—防护眼镜；8—加长件（短）；9—加长件（长）；
10—转换棘轮；11—塑料楔；12—牵引针；13—双槽卷盘

a. 在玻璃周围的窗框内外表面贴上胶带，以保护漆面，如图 2-200 所示。

b. 将卷盘固定在玻璃的内侧。切割时先用钢丝牵引头将原黏结剂钻透，再将切割用钢丝穿过并固定在卷盘上，如图 2-201 所示。

c. 拉动钢丝将黏结剂割开，如图 2-202 所示。

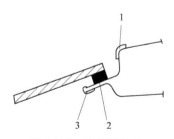

图 2-200　贴保护胶带

1、3—保护胶带；2—黏结剂

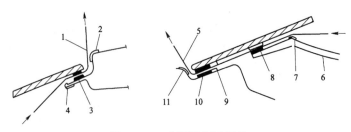

图 2-201　穿引切割用钢丝

1、5—细钢丝线；2、4、7、11—保护胶带；3、10—黏结剂；6—仪表板；

8—仪表板密封条；9—橡胶挡块

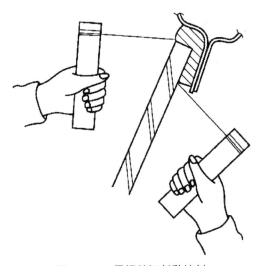

图 2-202　用钢丝切割黏结剂

如果有带夹持器的中继滚轮装置，可将滚轮装在风窗的左、右两个下角（利用吸盘），夹持器要支撑在仪表板上，如图 2-203 所示。再在风窗中间安装卷线装置，用卷线棘轮轻轻拉紧切割钢丝，检查无误后，即可操纵手摇柄进行切割。

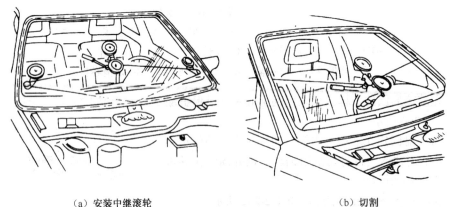

（a）安装中继滚轮　　　　　　　　　　　　　（b）切割

图 2-203　用专用的钢丝牵拉装置拆卸风窗玻璃

d. 当玻璃一周的黏结剂均被割开后，由助手配合，即可拆下玻璃。

实际工作中，切割玻璃黏结剂的方法很多，如电热刀法、冷刀法及电动振动刀法等，所使用的工具有电动振动刀、双柄割刀、吸盘等，如图 2-204 所示。

电动振动刀有几种不同的刀片，适用于玻璃与车身之间不同连接部位的拆卸。如果使用电动振动刀切割黏结剂，应在贴好保护胶带后，将振动刀的刀片紧贴玻璃边缘插入黏结剂，按压电源开关，刀片就开始振动并切割黏结剂。用手推动振动刀沿玻璃周边移动一周即可切开黏结剂。

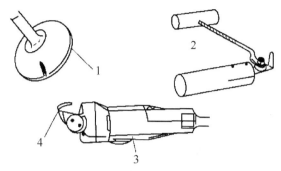

图 2-204　电动振动刀及配套工具
1—玻璃吸盘；2—双柄割刀；3—电动振动刀；4—刀片

如果使用电热刀切割，首先将电热刀插进黏结剂中并使刀片尽可能靠近玻璃边缘，按压电热刀的电源开关，等刀片变热后，用手推动电热刀，沿着玻璃的整个周边进行切割。切割玻璃角落的黏结剂时，应使工具柄尽可能靠近该角落，然后使工具旋转来切割黏结剂，如图 2-205 所示。注意刀刃不要扭转，以免断裂。如果切割后的黏结剂有自行恢复密封的倾向，就要使用楔块塞入刚切开的切口，以限制黏结剂的回粘。

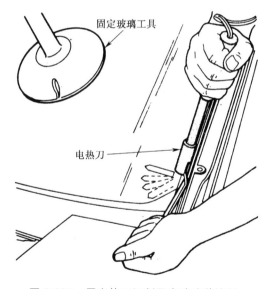

图 2-205　用电热刀切割风窗玻璃黏结剂

如果使用冷刀（如图 2-204 所示的双柄割刀）来切割黏结剂，就要先把玻璃边缘到压焊凸缘处的多余黏结剂切除，如图 2-206（a）所示。再将黏结剂切开 V 形口，如图 2-206（b）所示。用适当的化学剂使黏结剂软化。插进冷刀并小心地拉过黏结剂，如图 2-207 所示。使刀略微倾斜，以便前刃沿着玻璃表面切削。用手拉动（或推动）手柄即可沿玻璃边缘进行切割，也可采用空气锤进行推动从而进行切割，如图 2-208 所示。

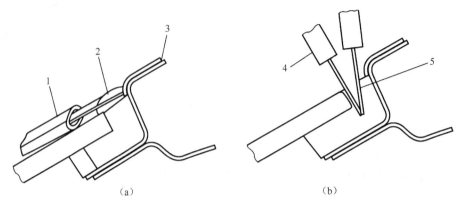

（a）　　　　　　　　　　　　（b）

图 2-206　切除压焊凸缘的黏结剂

1、4、5—冷刀；2—多余黏结剂；3—保护胶带

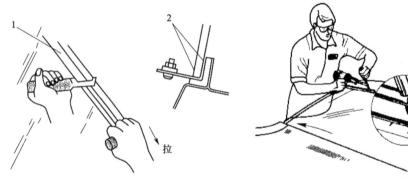

图 2-207　将冷刀拉过黏结剂　　　　　图 2-208　用空气锤推动冷刀

1—保护胶带；2—沿玻璃移动

（2）安装

① 处理损坏漆膜。为了保证其具有长期的耐腐蚀功能，应对损坏的漆膜进行修补。漆膜的修补最好请专业技师完成，以保证修补质量。

② 处理窗框黏结区域。用小刀割掉残留的黏结剂（见图 2-209），使窗框压焊凸缘四周的残余黏结剂厚度在 2 mm 以内，并进行修整，使其光滑平整，如图 2-210 所示。如果窗框压焊凸缘锈蚀损坏严重或旧黏结剂老化严重，则需全部清除干净（包括锈蚀），并涂上防锈底漆。

注意：如果原黏结剂质量较好，则不要刮掉过多的黏结剂，不要让小刀损伤车身上的漆膜；如果漆膜表面受损伤，则应修补好后再安装玻璃。

用酒精清洁窗框的安装表面。注意让已被清洁的部位搁置 3 min 或更长时间，待晾干后再继续进行下一步作业。此外，不要触碰已清洁好的表面。

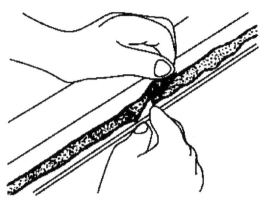

图 2-209　清除残留黏结剂

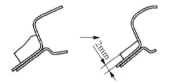

图 2-210　修整残留的黏结剂

③ 检查所有显露的嵌条夹。把断裂和锈蚀的夹子更换，矫正弯曲的夹子。

④ 如仍使用被拆下的玻璃时，应清除掉残留在玻璃上的黏结剂和车窗衬垫屑，并用酒精进行清洁。

⑤ 处理玻璃陶瓷表面。在玻璃内侧的边缘区域，有一层黑色的玻璃陶瓷，其作用是保护黏结剂不受紫外线破坏。玻璃陶瓷层不得损坏，必须按以下方式进行处理：用酒精清洁，保持至少 1 min 的干燥时间；涂上一层薄薄的玻璃活化剂，保持至少 10 min 的干燥时间。

⑥ 在适当的位置安装玻璃垫片，各垫片必须在玻璃周围对称地支撑玻璃，如图 2-211 所示。

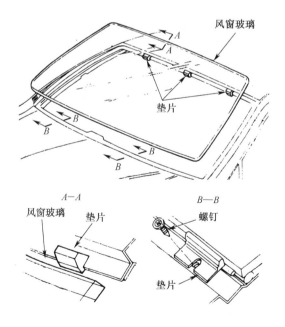

图 2-211　典型的玻璃垫片安装位置

如果玻璃是使用黏结带密封的，此时安装黏结带的过程如图 2-212 所示。不要把黏结带伸展，而要把端部切削成 45° 并对接起来。

⑦ 试安装玻璃。由助手协助，将风窗玻璃放到窗口定位，并做出准确安装位置的定位标记（如贴上胶带，然后再将胶带沿玻璃边缘切断），如图 2-213 所示。

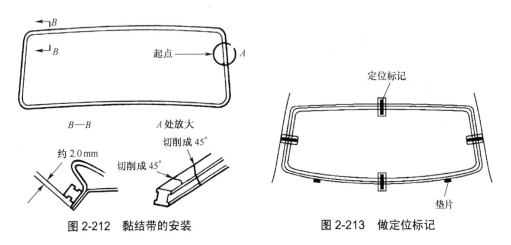

图 2-212　黏结带的安装　　　　图 2-213　做定位标记

⑧ 涂黏结剂。将黏结剂筒装入黏结剂枪中，拆下封口，并将黏结剂的两个组分挤出。均匀地挤出黏结剂，并装上混合管。挤出约 50 mm 的试验黏结剂条，如果是热黏结，则应注意在试验条中是否有气泡产生；如果没有气泡，则应立即将黏结剂涂覆到黏结面上。在涂覆黏结剂条时，中断时间不得超过 5 s，并保持黏结剂筒垂直于黏结面。用刮刀将黏结剂涂在黏结面上，涂层厚度约 2 mm（根据缝隙大小适当调整），如图 2-214 所示。用纸张或抹布清除多余的黏结剂。

在涂覆黏结剂的过程中，应时刻检查后部的黏结剂筒上是否只有一个黏结剂组分排出；如果是，则应停止黏结过程，换用新的黏结剂筒继续操作。混合后黏结剂的使用期限约为 2 h，只有在 1 h 内没有黏结剂流过混合器的情况下，才需要更换混合器。

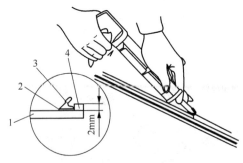

图 2-214　涂覆黏结剂
1—玻璃；2—胶带；3—挡水圈；4—黏结剂

对于装有垫块或安装了黏结带的窗框，黏结剂应涂在垫块或黏结带的后方，其高度最好与垫块（或黏结带）平齐，如图 2-215 所示。

⑨ 由助手协助，使用吸盘将玻璃安装到窗框中，以定位胶带为指引调整位置，并适当将玻璃压紧。

⑩ 检查玻璃四周挤出的黏结剂。用油灰刀将黏结剂压匀、压平，把多余的黏结剂清除掉，如图 2-216 所示。把玻璃与窗框钢板之间的所有空间都填满。

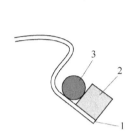

图 2-215 黏结剂的涂覆位置与用量
1—窗框压焊凸缘；2—黏结带；3—黏结剂

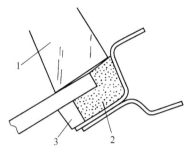

图 2-216 修整黏结剂
1—油灰刀；2—黏结剂；3—垫块

⑪ 安装好装饰嵌条，然后用黏结剂清洗剂清理周边多余的黏结剂。

⑫ 安装好修理时拆卸下来的刮水器、天线等附件。

⑬ 待黏结剂基本硬化后（硬化时间根据黏结剂使用要求确定），进行水密封性能试验，即向风窗玻璃区域喷射低压水流，从车内观察，如有渗漏，可使用黏结剂进一步加以密封。

七、拆装车门

下面以奥迪轿车前车门为例，详细说明车门的拆装过程。

1. 拆卸

① 拆卸车门内拉手。拉开拉手，拆下拉手后面的螺钉；按箭头所示方向压车门拉手总成并拆下，如图 2-217（a）所示。

② 拆下拉索，如图 2-217（b）所示。

③ 拆下玻璃升降器手摇柄。插入一字螺丝刀，按箭头所示方向撬开手柄；把罩盖拉出，拆下罩盖下面的螺钉，如图 2-217（c）所示。

④ 拆卸车门内饰框。松开车门内饰框螺钉后，拆下内饰框；用螺丝刀撬开内饰框的夹子，拆卸内饰框嵌条，如图 2-217（d）所示。可以用一个图 2-218 所示的专门拆卸装饰板上卡夹的叉状工具，将其在车门和内饰板之间撬动，取出所有塑料卡夹，这样做不会损坏内饰板。

⑤ 从车门检修孔内拆下车门限位器的限位块锁紧螺母，拆下限位器缓冲块护罩及缓冲块。

⑥ 由助手扶住车门，拆下车门铰链安装螺栓，断开所有导线插接器，拆下车门总成，如图 2-219 所示。

为了提高拆卸车门的安全性，将车门打开大约一半，将移动式千斤顶放到车门下面。将护罩、抹布、带切口的木块或车门固定工具放到千斤顶支撑座上以支撑车门，并保护车门的漆膜边缘不受损坏，如图 2-220 所示。

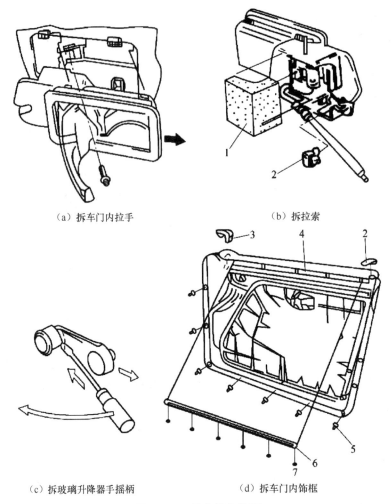

（a）拆车门内拉手　　　　　　　　　　（b）拆拉索

（c）拆玻璃升降器手摇柄　　　　　　　（d）拆车门内饰框

图 2-217　拆车门内饰框

1—衬垫；2—夹子；3—内饰框；4—内饰框嵌条；5—螺栓；6—密封条；7—螺母

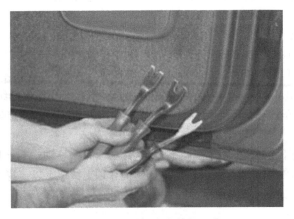

图 2-218　拆卸卡夹用的工具

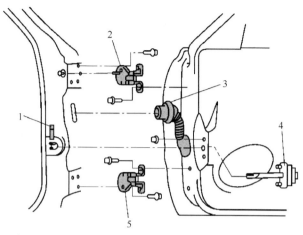

图 2-219 拆下车门铰链螺栓

1—销子；2—上部铰链；3—套管；4—车门开度限位器；5—下部铰链

图 2-220 车门拆卸时用橡胶垫支撑

2. 安装

① 由助手协助，举起车门并初步对准铰链位置。此时最好用千斤顶配合支撑车门。

② 将限位器穿过车门侧壁的限位器孔，并尽量使车门贴靠到门立柱上。

③ 安装限位器缓冲块及其护罩，按规定力矩拧紧锁紧螺母。

④ 安装车门铰链的螺栓，并初步拧紧。

⑤ 安装车门内饰板。在安装车门内饰板、车门内拉手及摇窗机手柄等附件时，应按拆卸时的相反顺序进行，注意各螺栓（螺钉）的紧固力矩要求，并根据需要更换损坏的固定卡夹。

⑥ 调整车门间隙。车门间隙的调整，通常是从后门开始的，因为后翼子板是不可调的，故必须调整后门与这些不可调的部件之间的间隙和配合。后门调好后，再调整前门，使之与后门相匹配，然后调整前翼子板，使之与前门相配合。车门通过铰链装在车身上，通常可以进行前、后和上、下的调整以及向内和向外的调整，如图 2-221 所示。

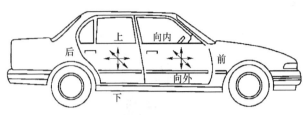

图 2-221　车门的调整

　　调整车门时必须牢记，车门必须与门框正确配合，大部分车型都提供有进行车门调整的部位，可保证车门与车身框能正确配合。在有些新车型上，车门门框使用的是焊接铰链或铰接带。焊接铰链除发生碰撞事故外，通常不需进行调整。当汽车发生碰撞事故后，为了调整车门，使之与车身门框正确配合，通常需要更换铰链或者向后弯曲铰链，使其恢复至原始形状与车门正确配合。为了提供这些调整，有些车型上采用活动孔或锚接板来调节立柱与车门部件的连接。

　　后门是通过铰链螺钉悬置于车身中间立柱上的，因此铰链和车门之间是可以进行前、后、上、下和向内、向外的调整的，如图 2-222 所示。

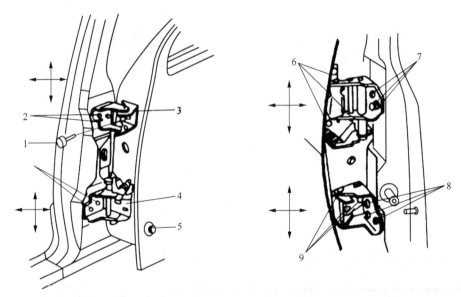

图 2-222　螺栓安装的铰链的调整

1—螺钉；2—螺柱；3—车门上铰链；4—车门下铰链；5—螺母；6—车门上铰链调整螺栓；
7—立柱上铰链调整螺栓；8—立柱下铰链调整螺栓；9—车门下铰链调整螺栓

　　在调整后门前，应检查车门相对于门框的位置和车门前护板与摇臂板之间的间隙。如果护板的位置太低或太高，可使用千斤顶或木块使车门升起或降低。

调整时可将木块置于车门内板加强框架下部位置，以防止损伤外板。用千斤顶使车门升起或降低之前，应将车门铰链上的螺栓松开，以允许车门按需要稍微升起或降低。在调整好后，应将每个车门铰链的固定螺栓仔细拧紧，使车门不要改变向内或向外的位置；然后再落下千斤顶，并检查车门与车身门框的配合是否符合要求。

对于焊接连接的铰链，当需要使车门背面升高或降低来使与车身门框和密封条相配合时，可将受撞击变形的螺栓插入校正棒的孔中，然后将螺栓插进门框中，将车门关闭，根据需要向上或向下施力，使门升高或降低。为使车门正确配合，可通过施力使铰链稍微弯曲，也可使立柱上的车门铰链和车门框变形，从而使车门正确配合；还必须调整前护板后边缘，使两板间保持正确间隙。

一个铰链的前后位置应一次调好，如果车门铰链的插销已磨损，必须进行更换。有些车型上的铰链在铰链销外还有衬套，当衬套磨损后可以更换，使衬套与铰链的配合恢复正常，这也在一定程度上重新调整了车门位置。

图 2-223 表示采用先调整上部铰链、然后调整下部铰链的方法来调整前门位置；或通过先调整下部铰链、然后调整上部铰链的方法将车门调整至理想间隙，也可获得理想的效果。

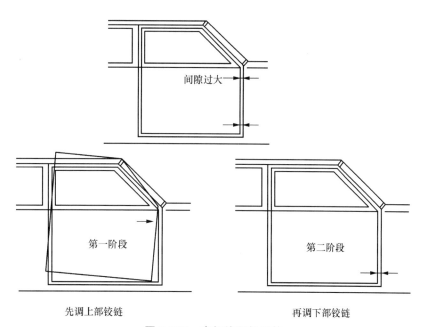

图 2-223 车门位置的调整

奥迪轿车车门间隙调整要求：$a=4\sim5$ mm，$b=4.5\sim5.5$ mm，$c=3.5\sim4.5$ mm，如图 2-224 所示。

如果在车门关闭时被迫升高或降低，则表明锁扣调整不当。在车门关闭时，锁闩应当平顺地滑动并啮合到锁扣内。锁扣可以上下、内外和前后移动，以适应调整车门锁的需要，如图 2-225 所示。

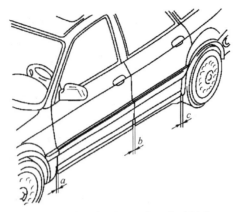

图 2-224　车门间隙的要求（奥迪轿车）

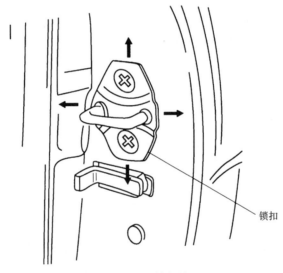

锁扣

图 2-225　调整门锁扣

任务 2-2　车身装饰件拆装

□任务引入□

　　轿车车身外装饰件的种类较多，如散热器面罩、风窗玻璃压条、车标、标牌、侧装饰条等，如图 2-226 所示。

　　在进行汽车车身维修前，必须充分了解所维修汽车的各类型装饰件的结构特点以及与车身的安装方式，才能进行合理的车身装饰件拆装（更换）。

　　本任务主要学习轿车车身的内外装饰件的种类，各类型装饰件的作用、结构特点、与车身的安装方式及拆装方法。

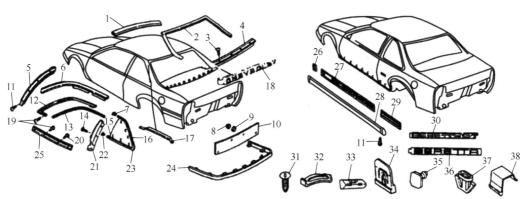

图 2-226 车身外装饰件

1—风窗玻璃上压条；2—后窗玻璃上压条和侧压条；3、11、14、19、20、31—螺钉；
4—后窗下压条；5—风窗玻璃左、右侧压条；6—顶盖侧密封条；7—上橡胶帽（零件 15 的一部分）；
8—螺母；9—密封垫圈；10—行李舱后壁板；12—车窗框左上条；13—车窗框左上密封条；
15—玻璃压条；16—上部密封条（零件 15 的一部分）；17—顶盖与后侧窗间的压条；
18—后保险杠上的标牌；21—车身侧装饰板；22—下端左、右橡胶帽（零件 15 的一部分）；
23—下部密封条（零件 15 的一部分）；24—后保险杠装饰板下压条；25—车窗下部压条；
26—前车门压条；27—车门中压条；28—门槛装饰条组件；29—后侧窗下装饰条；
30—后侧窗标牌；32—后窗下部固定夹；33—后窗下部隔板；34—车门槛板固定夹；
35、37、38—夹子；36—后侧侧面标牌

□ 学习目标 □

1. 能够正确描述轿车车身装饰件的种类及各类型装饰件与车身的固定方式。
2. 能够正确进行各类型车身装饰件的拆装操作。
3. 培养良好的安全卫生习惯、环保意识及团队协作的职业素养。
4. 能够检查、记录和评价工作结果。

□ 相关知识学习 □

一、车身装饰件的固定方法

1. 车身外装饰件的固定方法

车身外装饰件的固定方法有大头螺栓和尼龙夹固定、螺栓和夹子固定及双面胶带固定等，如图 2-227 所示。

（1）大头螺栓和尼龙夹固定

这种固定方式常用在一些外侧板件的装饰件中，如图 2-227（a）所示。首先把尼龙夹安装到外板件上。然后把装饰件放在正确的安装位置上，用尼龙夹的上唇夹住装饰件。用手掌轻轻向下撞击装饰条，使装饰条滑入尼龙夹中。一个装饰件至少应用两个大头螺栓和尼龙夹固定，防止装饰件向两侧滑动。最后，把螺栓的头端对正尼龙夹上的槽进行紧固。如果螺栓损坏，可以用拉铆铆钉替换。

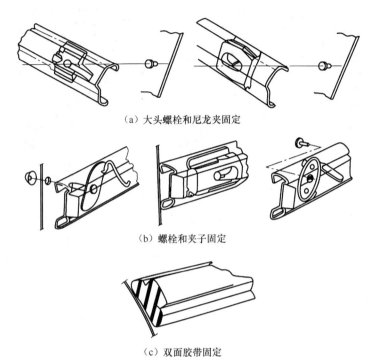

（a）大头螺栓和尼龙夹固定

（b）螺栓和夹子固定

（c）双面胶带固定

图 2-227　外装饰件的固定方法

因为尼龙夹不存在腐蚀问题，尼龙比钢软，尼龙夹不像一些金属夹那样在安装时会损坏下面的漆膜，所以得到了广泛应用。

（2）螺栓和夹子固定

螺栓和夹子固定装饰件的方法是最常用的固定方法之一，如图 2-227（b）所示。首先用夹子固定住装饰件，然后把螺栓塞入外板件上预钻好的孔中。在板件的另一面拧紧螺母，这样就可以把装饰件固定在外板件上面了。采用这种方法时，对外部板件钻孔应比较方便，并且有足够的操作空间。

（3）双面胶带固定

双面胶带固定是目前比较流行的一种外装饰件固定方式，多数用来固定装饰条和标牌，如图 2-227（c）所示。当装饰条或标牌损坏时，拆卸非常方便，用一把尖锐小刀割开胶带即可，如图 2-228 所示。

2. 车身内装饰件的固定方法

车身内装饰件的固定方法比较多。固定件通常安装在内饰板边缘处预冲的孔或槽内。新型的汽车采用了塑料车门内饰板，图 2-229（a）所示为这种塑料内饰板常用的尼龙固定件。

拆卸内饰板时，为了尽量不损坏板件和固定件，应选用合适的拆卸工具，用该工具轻轻撬起固定件，即可拆下内饰板，如图 2-229（b）所示。

管路和线路均采用不同形状的橡胶圈、管夹和线夹固定，如图 2-230 所示。橡胶圈常用在线路通过车身板和梁件的孔时，防止线路在孔中来回运动时受到磨损。管夹和线夹用来固定制动管路和燃油管路，防止磨损和损坏。

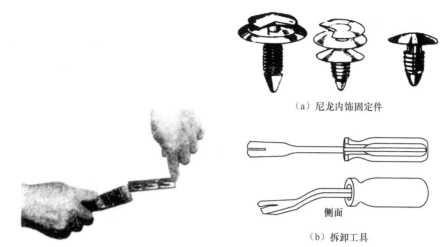

（a）尼龙内饰固定件

图 2-228　双面胶带固定的标牌的拆除方法　图 2-229　内饰板固定件及其拆卸工具

（b）拆卸工具

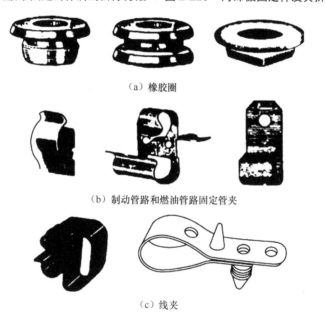

（a）橡胶圈

（b）制动管路和燃油管路固定管夹

（c）线夹

图 2-230　橡胶圈、管夹和线夹

对于座椅上的垫、蒙皮及座椅罩等的固定，常采用软垫夹，用专用钳把固定夹夹稳即可实现固定，如图 2-231 所示。

开口　闭合　　　软垫夹专用钳

图 2-231　软垫夹及其专用钳

二、车身外装饰件

1. 散热器面罩

散热器面罩（中网）是装在散热器外部的保护零件，其功能是保护散热器不受冲击，同时为散热器提供足够的通风、冷却面积，如图 2-232 所示。

图 2-232　散热器面罩

随着人们对车身外形要求的提高，散热器面罩的装饰性早已超越其功能性，成为车头乃至整车的一个重要装饰零件。

散热器面罩材料主要有钢板冲压件、铝合金压铸件、塑料件等。钢板冲压件工艺要求低、成本低，为货车所广泛采用；但难以满足复杂的成型要求，所以在轿车上很少使用。铝合金压铸件曾在轿车散热器面罩中广泛使用，能满足成型要求，加工装配精度也较高；但质量大、成本高，目前已逐渐被塑料件所取代。目前轿车普遍采用树脂注射成型的散热器面罩，常用的材料为 ABS 树脂（目前应用较多的材料是 PP 或 PP 与其他树脂的复合材料），其优点是质量轻、耐腐蚀，可采用注射成型等高效的大批量生产方式，产品表面及尺寸精度较高，零件表面可以电镀，也可进行各种装饰花纹处理。

因为散热器面罩相当于轿车的"面孔"，因此面罩的各种形式凝聚了设计师的心血与创意。例如，面罩造型以横向长度方向为基调，突出了车辆低矮、宽大的效果，如图 2-233 所示。在现代轿车中，常常将散热器面罩与保险杠的横向布置以及车头灯罩整体注塑成型，其结构断面是门字形，既提高了车身前端的整体刚度，又增添了车身的协调感与纵深感。

图 2-233　散热器面罩的造型

从功能上考虑，散热器面罩应考虑面罩的开口面积以及网格叶片的倾斜所引起的气流运动，提高散热器的冷却与散热效果。

在现代轿车中，电动风扇的出现改变了散热器面罩的布置，散热器面罩在整个车头中的比例减小，因为在发动机后置后驱动的轿车中，完全可以取消散热器面罩，如图 2-234 所示。甚至在一些发动机前置前驱动的轿车中，也出现无散热器面罩的结构。

散热器面罩大多用螺钉和卡扣安装在车身上，典型的散热器面罩安装结构如图 2-235 所示。另外，也有将散热器面罩安装在前舱盖上并与前舱盖一起开关的结构。

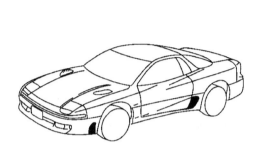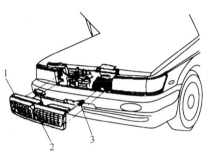

图 2-234　无散热器面罩的轿车　　图 2-235　典型的散热器面罩安装结构
1—散热器面罩；2—中央部位卡头；3—固定器

2. 嵌条与防擦条

嵌条指安装于风窗玻璃、散热器面罩、前照灯、车门及轮罩等周边的嵌入件。防擦条指安装于车身侧面腰部和前、后保险杠上的主要起防擦保护作用的构件，如图 2-236 所示。

车门防擦条

图 2-236　车门防擦条

嵌条的制造材料有不锈钢、合金钢、ABS、聚氯乙烯及橡胶等。

图 2-237 所示为典型的车门防擦条安装结构。大多数的防擦条是用双面黏结剂贴于车身表面的。

3. 标记

汽车装备的商标、厂标等装饰统称为标记，如图 2-238 所示。它们以标示厂家名称、车名及车的规格等为目的，安装在散热器面罩和车尾部，材料多用 ABS、聚丙烯、压铸锌及铝等，表面处理主要是涂漆、电镀、热冲、印刷及染色等，采用螺栓、卡子、双面胶带等安装固定。

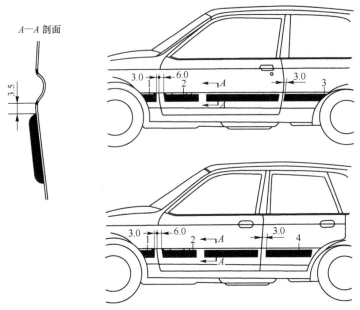

图 2-237　典型的车门防擦条安装结构（单位：mm）

1—前翼子板装饰件；2—前车门装饰件；3—后侧围装饰件（3 车门型）；

4—后车门装饰件（5 车门型）

标记

图 2-238　汽车的标记

4. 阻风板、扰流板及导流板

阻风板、扰流板及导流板都是提高汽车空气动力特性的装置，也是很重要的外装饰件。位于前保险杠下部的称为阻风板，如图 2-239 所示。位于顶盖后端或行李舱盖上的称为扰流板，如图 2-240 所示。主要用于载货汽车上，位于前围外盖板两侧的"鱼鳃"和顶盖上的导流装置，称为导流板，如图 2-241 所示。

阻风板

图 2-239　阻风板

扰流板

图 2-240　扰流板

导流板

图 2-241　导流板

阻风板起稳定气流的作用，故又称"气流稳定器"，它的形状和尺寸要经过多次风洞试验确定。形状与尺寸匹配合适不但能降低整车的正面迎风阻力系数，而且能降低前部升力系数。

阻风板有与树脂保险杠注塑成一体的，也有单独做成一件并固定在保险杠面罩上的。一体式的优点在于结构与工艺都很简单；分体式的优点在于要求改动阻风板形状或尺寸时，可以只改动阻风板的模具，不必改动整个保险杠的大模具。

阻风板可以与保险杠进行同样的表面处理，也可以分开处理，如保险杠为喷涂处理，阻风板可以喷涂，也可以不喷涂。某些车因阻风板位于接近地面的位置，易被泥沙侵及，故不喷涂，只是表面做成花纹，此时，分体式更有优越性。在一体式喷涂保险杠中，假如阻风板不喷涂，则保险杠与阻风板分界处要设置隔离沟槽。

后扰流板有的起分流作用，有的起减少涡流、控制升力的作用。后扰流板有装于行李舱盖上的，有装于顶盖或后窗上的。装于行李舱盖上的又分为粘在车尾端的平置型板和装在行李舱盖上的翼形板两种，如图 2-242 所示。部分车辆为了对行驶中的空气动力特性进行动态调整，采用图 2-243 所示的密封或可动式的扰流板，可按车速和行驶状态进行控制。

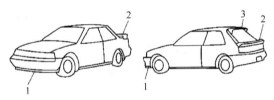

图 2-242　后扰流板

1—前阻风板；2—后扰流板；3—顶盖扰流板

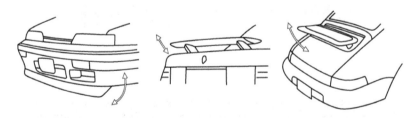

图 2-243　可收缩的阻风板和扰流板

5. 外后视镜

普通外后视镜的结构如图 2-244 所示。外后视镜镜片 1 在壳体加热后卡入壳内，压板 4 通过两个压紧螺钉 5 紧压在球头销上，用来防止行车时后视镜自行转动；后视镜总成通过球头销杆部螺纹与支杆 6 连接，支杆则固定在车身上。

左、右外后视镜多为铝镜（反射膜为真空镀铝）、银镜（反射膜为镀银）。近年来，高级车多用蓝镜，其反光柔和、气派高雅。这种发蓝镀膜一般采用氧化钛、二氧化硅等物质，镀膜技术复杂，成本也高。外后视镜多采用球面镜以扩大视野。

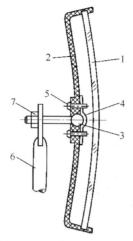

图 2-244　外后视镜的结构

1—镜片；2—壳体；3—球头销；4—压板；5—压紧螺钉；6—支杆；7—螺母

典型轿车外后视镜的主要功能如下。

① 调节视野。根据主控制单元（倾斜与伸缩量控制单元）原来存储的信息，或将后视镜开关的操作信息送入后视镜控制单元，控制后视镜电机旋转，带动蜗轮及齿轮传动系，调节镜壳内镜片的水平与垂直角度，由此可以根据驾驶员的身高、坐垫高度及转向盘的位置确定后视镜的最佳视野。

图 2-245 所示为典型轿车后视镜的结构。镜壳内右侧为电机与齿轮系，用以调节镜片的水平与垂直角度。

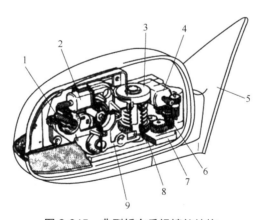

图 2-245　典型轿车后视镜的结构

1—尖螺钉；2—水平调节电机；3—限位开关；4—垂直调节电机；5—基座；
6—减速齿轮；7—后视镜本体；8—离合器机构；9—活动支架

② 自动除雨滴。图 2-246 所示为超声波除雨滴装置结构，图 2-247 所示为其原理示意图。当操作开关处于 ON 时，控制电路中激振控制器使压电振子产生高频振动，使附着在后视镜镜面上的水滴瞬时雾化，加热器使雾化的水滴蒸发。该装置不仅可以除去雨滴，还有除霜的效果。

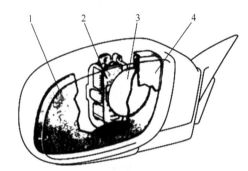

图 2-246　超声波除雨滴装置结构
1—加热板；2—超声波驱动回路；3—压电振子；4—镜面

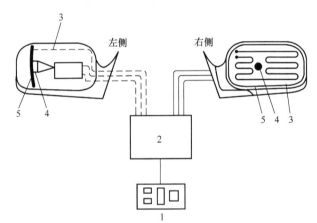

图 2-247　超声波除雨滴装置原理示意图
1—操作开关；2—控制电路；3—加热器；4—压电振子；5—反射镜

③ 避让机构。当后视镜遇到障碍物时，避让机构可使后视镜偏转，避开障碍，既能自我保护，又不致伤人。

三、车身内装饰件

车身内装饰件主要指客舱内的装饰性构件。客舱主要的内装饰件有立柱装饰板、车门装饰板、门槛防滑板等，如图 2-248 所示。通常将仪表板、遮阳板、内后视镜也归入车身内装饰件。

1. 内后视镜

内后视镜用于观察车内乘员情况及透过后窗观察车后方的情况。内后视镜的结构如图 2-249 所示，镜杆通过弹簧片、卡座以及螺钉与车身相连，当人头撞击后视镜且撞击力大到一定程度时，弹簧片会自动滑入杆端部，杆和镜头一起脱落，避免乘员受到更大伤害。

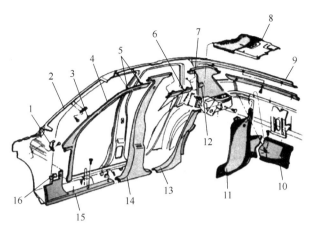

图 2-248 客舱的内装饰件

1—固定片；2—窗框；3—固定件；4—A 柱（前立柱）内饰板；5、16—卡夹；
6—上边梁嵌条；7—上部侧围内饰板；8—后窗台板；9—车顶衬板；
10—后壁内饰板；11—行李舱侧板内饰板；12—挂钩固定件；
13—后侧上板内饰板；14—B 柱（中立柱）内饰板；15—门槛防滑板

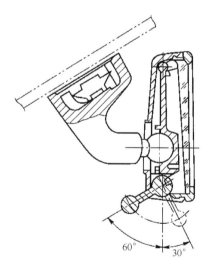

图 2-249 内后视镜结构

内后视镜多使用平镜，为铬反射膜，反射率低，以防后面汽车灯光眩目。因白天铬膜反射率低（约为 38%），故中高级车多采用棱镜以改变反射率，白天反射率在 80% 以上。使用这种棱镜，在夜间反射率低（4%～5%），既能看到后车的车头，又不眩目，只要将镜面扳动一个角度即可，如图 2-250 所示。

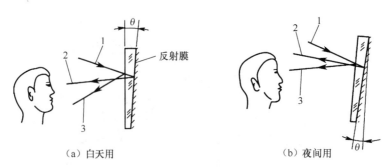

图 2-250　棱镜后视镜
1—入射光；2—反射膜光（70%～80%）；3—镜面反射光

为了改善内后视镜防眩目的效果，有些轿车上采用了镀银膜镜片的不等厚结构；还有些轿车上采用了液晶防眩目元件，其结构如图 2-251 所示。

图 2-251　液晶防眩目内后视镜
1—微型开关；2—开关按钮；3—液晶动作基板；4—液晶元件及内后视镜

2. 仪表板

仪表板是轿车内装饰件中最重要的组成部分，也是车厢内最引人注意的部分。一方面，它能在行车过程中为驾驶员方便、安全地提供内部各种信息；另一方面，它的造型设计也体现了轿车的个性，可以将其作为衡量不同生产厂家的工艺水平及艺术风格的标准之一。图 2-252 所示为上海桑塔纳轿车的仪表板结构。

仪表板总成安装在前围上盖板总成上，形成封闭的承载式结构件，主要以钢板冲压件或树脂整体成型件为框架，将各部件组装到框架上之后，再用螺栓固定到车身上。

仪表板上部突起，形成平台，贯穿全长，与门护板相对应，可使驾驶员注意力集中。同时在驾驶员对面集中了全车的监察仪表，通过它们显示出发动机的转速、油压、冷却液温度和燃油的储量、灯光和发电机的工作状态、车辆的即时速度和行驶里程等（对于电动汽车，还有驱动电机转速、动力电池电压/电流等），方便驾驶员随时掌握和控制汽车的运动状况。在仪表板总成的中部，通常装有一些选装设备的控制仪表和开关，以及烟灰盒和杂物箱等，两端则固定有通风格栅。在一些轿车上，还会在乘员的一侧安装安全气囊，以及一些其他的电子设备，提高其方便性以及乘员的安全性。仪表板总成的上部延伸至驾驶员旁侧通道的一段，称为副仪表板，主要安装有换挡手柄、驻车制动操纵杆，以及烟灰盒、音响等辅助设备。通常不同轿车的选装设备和安装位置略有不同。图 2-253 为富康轿车仪表板总成的元件组成。

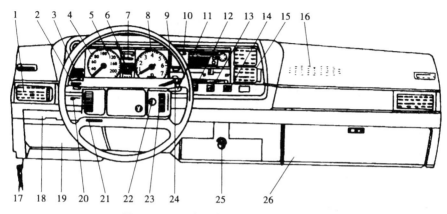

图 2-252 上海桑塔纳轿车的仪表板结构

1、15—出风口；2—灯光开关；3—阻风门与制动信号灯；4—车速里程表；5—电子钟；

6—报警灯；7—冷却液温度表；8—带有燃油表的发动机转速表；9—暖风及通风控制杆；

10—收音机；11—选装件备用安装口；12—雾灯开关；13—后窗加热开关；

14—紧急灯开关；16—喇叭放音口；17—前舱盖锁钩脱开手柄；

18—小杂物盒；19—熔断器保护壳；20—转向信号及变光灯拨杆开关；

21—阻风门拉手；22—转向盘锁与点火开关；23—喇叭按钮；

24—风窗刮水器及风窗洗涤器拨杆；25—点烟器；26—杂物箱

　　一般中低档轿车仪表板本体采用一体注塑成型仪表板，多用 PP 复合材料、ASG 及改性 PPO 等。这种结构质量小，易于成型，加工工艺简单，当受到冲击时可吸收一部分能量，同时造价较低。有时用钣金加强梁支撑来增加其强度。

　　高级轿车仪表板多采用软化结构，主要包括骨架、蒙皮和中间发泡层 3 部分。将蒙皮加入镶嵌物，再注入发泡剂发泡成型，形成局部骨架结构，将其固定在仪表板横梁及支架上；也有直接在骨架上胶结软化层来形成封闭骨架结构的。

　　骨架材料主要有以下几种：钢板冲压件、树脂注塑件、纤维板、硬纸板。钢板冲压件骨架质量大、成本高、刚性差、焊接工作量大、装配质量低。相对而言，树脂注塑成型的仪表板骨架应用较广泛。

　　一般轿车的仪表板采用聚氯乙烯（PVD）材料制成的人造革或者聚丙烯（PP）材料作为蒙皮，厚度在（2.5±0.5）mm。一些高级轿车的仪表板则用真皮做蒙皮。也有的轿车仪表板用桃心木精雕细刻而成。

　　中间的发泡层主要具有隔音、隔热、减振的功能，在受到冲击时，可以吸收能量，防止骨架破碎后刺出，降低驾驶员及乘员所受伤害程度，同时给人柔软、舒适的感觉。发泡层多为半硬聚氨酯（PUR）材料。发泡成型有两种，一种是整体发泡成型，另一种是局部发泡成型。局部发泡成型成本较低，质量好，方便成型。

具有软化结构的仪表板不但外形美观，而且大大提高了整车的安全性和舒适性。

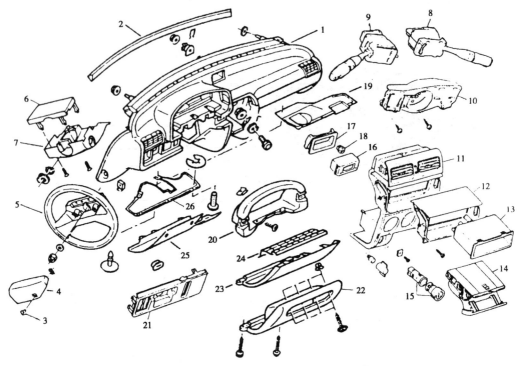

图 2-253　富康轿车仪表板总成的元件组成

1—仪表板；2—密封条；3—螺钉；4—转向盘面盖；5—转向盘；6—上罩壳；7—下罩壳；
8—刮水器清洗开关；9—灯光开关；10—开关托架；11—装饰面板总成；12—收放机机架；
13—杂物箱；14—烟灰盒；15—点烟器；16—时钟；17—时钟支架；18—照明灯；
19—右下隔音板；20—仪表罩；21—支架；22—右杂物袋；23—暖风护罩；
24—护罩支架；25—左下护板；26—左下隔音板

（1）仪表

仪表是整车仪表板中非常重要的一个零部件。它随时向驾驶员提供关于汽车各方面的信息和数据，同时还有装饰作用。目前趋向于把各种功能仪表及警报灯设计成一个整体式的组合仪表。主要仪表有行车速度表、发动机转速表、燃油表、机油压力表、冷却液温度表、电流表、行驶里程表等（电动汽车还有驱动电机转速表、动力电池电压/电流表等）。有些仪表还设有变速挡位指示、计时钟、环境温度表、路面倾斜表和地面高度表等。警报信号与工作指示灯系统有危险警报信号指示灯、各种故障警报灯、手制动工作指示灯、左右转向指示灯、发动机冷却液高温警报灯、机油压力警报灯、制动块磨损警报灯等。在组合仪表中一般还有仪表照明灯，便于驾驶员在夜间行车时观察仪表。随着电子技术的发展，越来越多的精良电子设备被采用。

仪表主要有指针式和数字式两种。指针式仪表结构简单，但是不够灵敏，而且由于指针的摆动，不便于观察。数字仪表虽克服了这些缺点，但是由于数字不断变化，观察时容易令人产生疲劳。最近在轿车上试验引入飞机上采用的风窗玻璃映像显示装置，将仪表测量的数据映照在风窗玻璃上，并且由电路控制。随着现代科学技术的发展，轿车仪表板采用电子显示技术代替传统的机电式模拟仪表已成为发展的趋势。电子显示技术也就是薄型平面电子显示器技术，利用这种技术做成的汽车平面仪表板显示数字及信息时清晰明了，驾驶员在开车的同时，仍然可以清楚地看到仪表数字及其他信息的变动。目前，平面仪表板主要采用真空荧光管显示、液晶显示、电发光显示和高压驱动器集成电路等技术，具有测试反应速度快、指示准确、图形设计灵活、数字清晰、可视性好、集成化程度高、可靠性强、功耗低等优点。典型的汽车组合仪表如图 2-254 所示。

图 2-254　典型的汽车组合仪表

（2）自然通风口

仪表板上附设的通风口是保持车内空气新鲜、氧气充足的主要部件之一。它一般为圆形或方形的格栅，可以根据需要上下、左右调整进风方向。一般通风口的数量为 4 个，中间两个，左右各一个。有的轿车还在仪表板两侧各设置 1 个出风口，主要用于冬季门和玻璃的除霜。典型的仪表板侧通风口如图 2-255 所示。

图 2-255　典型的仪表板侧通风口

（3）杂物箱

杂物箱用于放置各种杂物，例如装备手册、检车证件、使用说明书等，也可装 CD、VCD、书籍等，因此其箱体面积稍大，大约为 180 mm×260 mm。杂物箱有 3 种结构，即箱体和箱盖分别安装、箱体和箱盖的内侧整体成型、框架和箱体整体成型且另加箱盖。杂物箱成型材料大多为 PP、ABS 等塑料物质。另外，为了避免在碰撞时箱盖自动打开使乘员受到伤害，杂物箱一般应装有锁止机构。铰链有合页式、拉出臂式，注塑杂物箱多为直接注出薄膜式的铰链。在设计阶段，要考虑将其安装在仪表板下部。有些汽车将杂物箱设置成冷暖保温箱，如图 2-256 所示。

图 2-256　某汽车的杂物箱

（4）烟灰盒

烟灰盒用于存放烟灰。虽然其结构简单，但是如果布局不合理，烟灰飞出，则很容易引起火灾。烟灰盒多放在仪表板中部且容易看到的地方，以方便使用，不影响驾驶员操作。通风口处经常有风进入，所以一般避免装在其附近。烟灰盒多用耐热性好的酚醛系列或脲醛系列的树脂制造；熄火栅和表面装饰板做成一体，保证其装配精度，固定部分多以钢板冲压制造。用钢板制造的烟灰盒，常用聚酰胺等有润滑性的树脂做导轨或者使用钢球以便于开合，同时减小噪声。

现代汽车多采用易拆装式烟灰盒（缸）。如大众 Polo 汽车的烟灰缸为独立件，其安装在副仪表板中设计的凹槽内，如图 2-257 所示。

图 2-257　大众 Polo 汽车的烟灰缸

（5）副仪表板

副仪表板主要的功能是遮挡驾驶员旁侧通道上的变速杆和驻车制动手柄的安装部位。副仪表板左右各有侧护板，起保护作用。副仪表板上同时还装有空调/音响的控制部件、后出风口、烟灰缸、小件物品存放盒等，后部是可以当扶手使用的带盖的杂物箱，有的轿车上还装有一些其他的选装设备。

副仪表板有两种形式，一种是布置在左右前座椅之间，另一种是和仪表板主体连在一起，如图 2-258 所示。副仪表板的使用材料有 PP、ABS 等，为了避免撞伤乘员的腿部，有时也要进行软化处理。表皮和发泡层所用材料基本上与仪表板主体相同，骨架则采用了填充树脂的 ABC 注塑件。

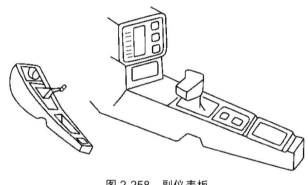

图 2-258　副仪表板

3. 遮阳板

遮阳板用来遮挡迎面和侧面射进车内的阳光，避免驾驶员眩目，是轿车必不可少的安全件之一。遮阳板安装在驾驶员侧上方，大多数轿车在副驾驶员座椅上方也安装有遮阳板。遮阳板可以转向侧面，遮挡侧面阳光；当遮阳板不使用时，可以旋转到顶棚的平面上，确保乘员的安全。

遮阳板一般由框架、夹片、转轴、泡沫芯和蒙皮构成，如图 2-259 所示。钢丝框架 1 焊接在夹片 3 内，卡上弹簧片 4，加以填充物，再覆盖上蒙皮 6，周边固定切边，然后插入固定座。通过调节螺钉 8 来调整弹簧片 4 对转轴 2 的夹持力，避免遮阳板因受振动而绕横轴翻转。

图 2-260 所示是仅设有横轴的遮阳板结构示意图，左右两个半轴在同一轴线上。为了使遮阳板保持在所调整的位置上，转轴的另一端设有固定架，这种固定架大多数是与内后视镜座结合在一起的。

遮阳板支座用锌合金压铸，或者用聚缩醛、ABS 等塑料压制，轴的锥形部分与弹簧组装在一起，用来防止松动，并使其产生适当的转动摩擦。芯板多采用硬质材料制作，并在外面包以氯化乙烯表皮饰面来装饰，填充芯多为甲酸乙酯泡沫或者毛毡类。为了保证二次碰撞时的安全，除了在遮阳板上加柔软的衬垫外，露出来的凸出物都要做成圆形。在遮阳板的后面可嵌上玻璃做镜子用。此外，也有用聚丙烯爆炸成型的中空的软质化遮阳板，或用各种颜色的透明板制成的遮阳板。

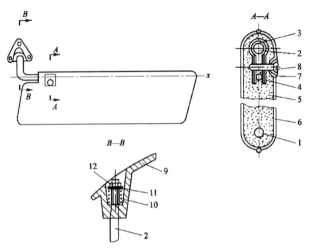

图 2-259 轿车遮阳板

1—钢丝框架；2—转轴；3—夹片；4—弹簧片；5—PU 泡沫塑料芯；6—蒙皮；
7—塑料垫圈；8—调节螺钉；9—固定座；10—弹簧；11—挡圈；12—螺母

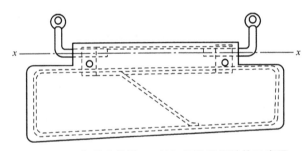

图 2-260 仅设有横轴（x 轴）的遮阳板结构示意图

4. 地毯和行李舱垫

（1）地毯

地毯是车内重要的装饰件，对地毯有如下性能要求。

① 适宜的造型处理。做工要求精细，在凹凸处不能有褶皱，色彩要与整车的内饰相协调。

② 舒适性好。要柔软、舒适、手感良好。

③ 良好的隔音性、吸音性。

④ 良好的防静电性和阻燃性。

⑤ 容易清理。

⑥ 良好的保暖性能。

地毯的绒毛材料有纯毛、尼龙、聚丙烯等。纯毛绒地毯舒适性好，但成本高，主要用于高级轿车。而一般轿车都使用尼龙与聚丙烯地毯。地毯的绒毛形状有 3 种，即剪绒、环绒及针刺等，如图 2-261 所示。

成型地毯是在生产过程中制成的与地板形状一致并且固定不变形的地毯，一般是通过在地毯下面复合上一层聚乙烯热压而成的。目前在轿车上使用的地毯几乎都是成型地毯，如图 2-262 所示。其装配性、装饰性及合适性方面都比片状地毯优越。但因其成型工艺比较复杂，不像钢板那样容易拉延成型，所以成本较高。有的车型在地毯的背面还复合有 1.5 mm 左右的 EPDM 板材，以增加隔音和减振效果。还有的车型在乘员搁脚的地毯部位复合上 PVC 脚垫，以提高地毯的使用寿命。地毯的装配方法有卡扣、螺钉、压板及黏结等。

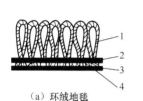
（a）环绒地毯

（b）剪绒地毯

图 2-261　地毯绒毛形状

1—植绒；2—第一层底布；3—黏结剂；4—第二层底布

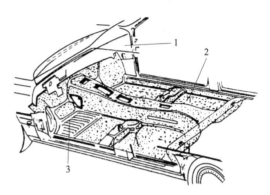

图 2-262　成型地毯

1—车身；2—成型地毯；3—脚垫

（2）行李舱垫

行李舱垫的作用是覆盖车身，使外观好看，把货物和车身隔开，以免磕坏行李，起缓冲的作用，可防止因车身振动使行李发出响声，阻止各种杂音透过，起隔音和吸音作用，阻止排气装置热量传导。

行李舱垫使用的材料有聚氯乙烯板、聚乙烯板和车用地毯等。

5．把手

汽车在弯路上行驶或者加、减速行驶时，乘员为了保持身体的平衡，需要用手拉住把手。把手一般布置在上边梁、仪表板、立柱、车门及前座靠背后面等位置上。为确保安全，把手不允许有尖角，其外层要用软质材料制作。把手外形有杆形、环形和带式等。

杆形把手一般以薄弹簧板作为芯材，以软质泡沫注塑成型，或包以柔软的内饰材料。其紧固后是不可移动的，握手部位到固定面要有 30 mm 以上的距离。杆形把手有的制成可伸缩的，其目的是减少把手的突出量，在与头部碰撞时减少磕击程度，起到缓冲作用，如图 2-263 所示。

环形把手在不使用时，由于弹簧的作用可使把手转到水平位置，以减少对乘员的干扰，如图 2-264（a）所示。而带式把手是比环形把手长很多的一种把手，不仅可以用手

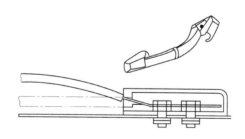

图 2-263　可伸缩的杆形把手

拉，还可以将手臂挎在环带上，如图 2-264（b）所示。

6. 顶盖内护板

顶盖内护板（顶棚）是车身顶盖钣金件下面加装的内装饰件，主要起隔音、吸音、绝热的作用，同时具有良好的装饰效果。顶盖内护板可分为黏结顶棚、吊式顶棚及成型顶棚 3 类。

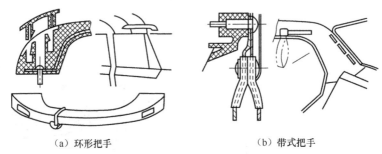

（a）环形把手   （b）带式把手

图 2-264 把手类型

（1）黏结顶棚

这种顶棚将顶盖内护板直接黏结在顶盖上，一般由面料和泡沫复合在一起制成，其面层起装饰作用，泡沫层起绝热、吸音、隔音作用。面层多用织物或皮革、PVC 膜等材料制造；泡沫层用聚氨酯（PU）或交联聚乙烯（XPE）泡沫制造；面层和泡沫层用层压法或火焰法复合在一起。其特点是简单易行、成本较低，但装饰效果较差，故只用于低档轿车上。

（2）吊式顶棚

吊式顶棚的结构如图 2-265 所示，在饰面上缝制的布袋中穿过棚杆，棚杆弯曲成与顶盖横断面相近似的曲线。棚杆多数为圆形断面，两端的固定方法有多种，如图 2-266 所示。饰面的周边用黏结剂粘到车身顶盖的侧梁上，然后夹上卡扣，或者直接装到风窗封条或内护板的里面，又或者采用其他装配方法，如图 2-267 所示。

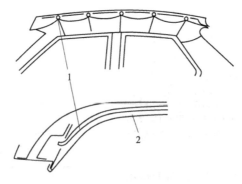

图 2-265 吊式顶棚

1—棚杆；2—饰面

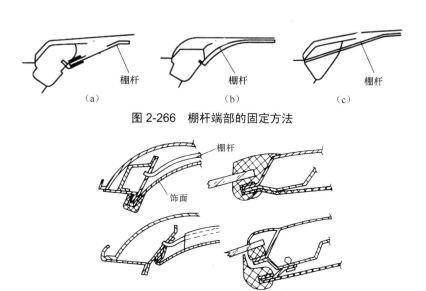

图 2-266　棚杆端部的固定方法

图 2-267　饰面周边的结构处理

吊式顶棚的优点是质量小、成本低，适于批量生产。缺点是装配时作业性和作业环境不佳；顶棚与顶盖之间的间隙较大，占用了室内空间；装饰效果不理想，行车时饰面会颤动。故这种结构现在很少用。

（3）成型顶棚

成型顶棚是预先把饰面与芯材复合成一个整体，成为具有一定刚性和立体形状的内装饰件。成型顶棚的蒙皮、衬垫和基材一体成型。目前轿车车身上广泛采用整体成型顶棚，其四周沿顶盖的边缘成型，直接嵌在上边梁和前、后上横梁的结构中，或利用扣钉固定在顶盖四周上。成型顶棚一般由 3 层组成，即面层（饰面）、泡沫层及基材。面层可采用人造革、织物等材料；泡沫层主要起隔音、吸音、绝热作用，一般采用聚氨酯和聚乙烯泡沫；基材可采用的材料较多，各车型视习惯、材料来源和工艺而定。

成型顶棚具有以下优点。

① 整体装饰效果好。能形成所要求的自由曲面，有利于室内造型设计。

② 室内空间利用率高。比吊式顶棚更能有效地利用室内空间。

③ 装配工艺性好。便于安装、更换，装配作业性好，装配效率高。

④ 便于遮阳板的收藏及顶灯等的安装，如图 2-268 所示。

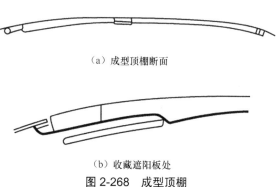

（a）成型顶棚断面

（b）收藏遮阳板处

图 2-268　成型顶棚

汽车车身结构（第3版）

成型顶棚将向轻量化、低成本、蒙皮材料多样化、装配方式简单化方向发展。

成型顶棚一般情况下是一体成型的，但也有分成两块或多块结构的。顶棚能保持预定形状是由周边的紧固装置及遮阳板支座、顶灯座等部件的紧固来共同完成的，也有一些汽车将顶棚中间部分黏在顶盖上。成型顶棚周边紧固方法如图 2-269 所示。

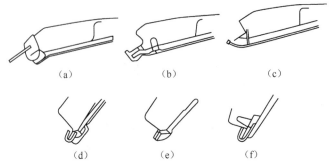

图 2-269 成型顶棚周边紧固方法

□ 技能学习 □

一、拆装装饰件

1. 拆装黏结式固定的装饰件（车门防擦条、侧装饰条）

（1）拆卸

使用带保护套的铲刀将防擦条的端头铲起约 30 mm，如图 2-270（a）所示；再用刀具逐步割断其间的黏结剂，如图 2-270（b）所示。一般在防擦条的两端 30～80 mm 处使用的是强力黏结剂，将此范围内的黏结剂割断即可把防擦条揭下来，如图 2-270（c）所示。

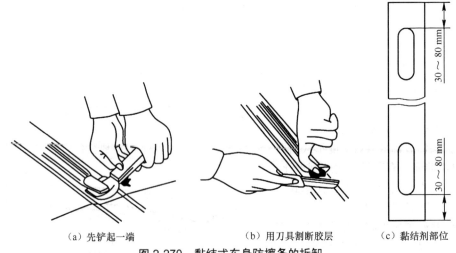

（a）先铲起一端　　　　（b）用刀具割断胶层　　　（c）黏结剂部位

图 2-270 黏结式车身防擦条的拆卸

（2）安装

① 应先用汽油将残留的黏结剂擦掉，然后用清洁的布蘸酒精将表面擦拭干净，如图 2-271（a）所示。

② 用红外线烤灯将拟涂胶部位分别加热，如图 2-271（b）和图 2-271（c）所示。其中车身壁板加热至 30～50 ℃（黏结时温度会有所下降，但不应低于 20 ℃），防擦条加热至 30～60 ℃（注意：加热时烤灯与防擦条的距离不宜太近）。

③ 分段涂覆底漆和黏结剂，如图 2-271（d）和图 2-271（e）所示。

④ 趁热将防擦条装于车身壁板上，如图 2-271（f）所示，并注意对准标记。

⑤ 随即把溢出的黏结剂清除掉。

用这种方法安装的防擦条，必须在 18 ℃以上温度下放置 24 h 后方可用水洗车。

有些新防擦条上预涂了压敏型黏结剂，更换时揭去胶面上覆盖的分离纸，就可直接将防擦条黏结于车身壁板上。这种压敏型黏结剂还广泛地应用于标志牌、装饰件等的黏结。压敏型黏结剂不含溶剂、不需固化时间，是用于黏结车身装饰件等的理想材料。

2. 拆装卡扣固定的装饰件（车门防擦条）

图 2-272 所示是车身防擦条的几种典型安装方式。其中，a 类和 b 类需要使用专用拉夹工具进行拆装，c 类和 d 类紧固件拆卸时需要在车内侧进行。

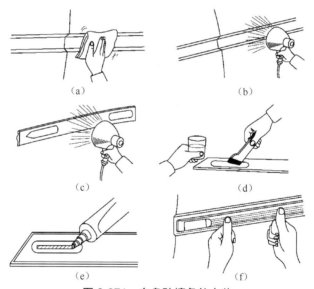

图 2-271　车身防擦条的安装

图 2-273 所示为典型轿车卡扣式车门防擦条安装示意图，其拆装步骤如下所述。

① 拆下翼子板装饰条。松开装饰条附近的轮罩衬板螺钉，然后向外压出。

② 拆下前装饰条，如图 2-274（a）所示。松开塑料螺母，撬出前装饰条 1，在箭头所示方向滑出夹子后，取下前装饰条。

③ 拆下装饰条侧板，如图 2-274（b）所示。拆下侧板锁唇，把侧板向前推出夹子即可拆下。

④ 安装。按拆卸的相反顺序进行即可，注意更换损坏的夹子。

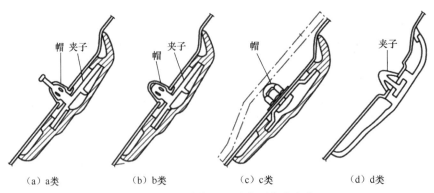

（a）a类　　　　（b）b类　　　　（c）c类　　　　（d）d类

图 2-272　防擦条的几种典型安装方式

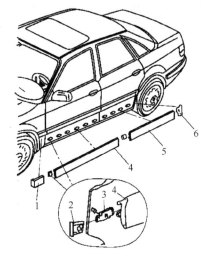

图 2-273　典型轿车卡扣式车门防擦条安装示意图

1—翼子板装饰条；2—端帽；3—夹子；4—前门装饰条；5—后门装饰条；6—装饰条侧板

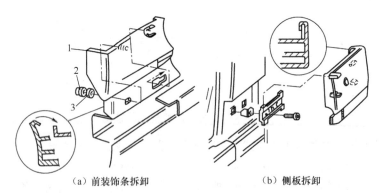

（a）前装饰条拆卸　　　　　　　　（b）侧板拆卸

图 2-274　拆卸前装饰条与侧板

1—前装饰条；2—螺母；3—垫片

二、拆装仪表板

1. 拆卸

① 拆除蓄电池搭铁线，并把转向盘取下。

② 按图 2-275（a）中箭头所示，拧下十字槽螺钉，拆卸下驾驶员侧杂物箱。

③ 按图 2-275（b）中箭头所示，拧下十字槽螺钉，拆卸下副驾驶员侧杂物箱。

④ 拆下变速杆手柄护套，按箭头所示，拧下十字槽螺钉，从导孔 A 中拉出中央托架，拔掉电器插头，如图 2-276（a）所示。

⑤ 拔下暖风和通风控制钮，取下装饰罩，将电器接头分开，拆卸空调控制钮，如图 2-276（b）所示。

⑥ 先拆下仪表板面罩上的开关，然后拧下十字槽螺钉，拆卸仪表板面罩，如图 2-277（a）所示。

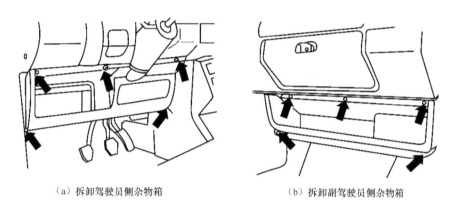

（a）拆卸驾驶员侧杂物箱　　　　　　　　（b）拆卸副驾驶员侧杂物箱

图 2-275　拆卸杂物箱

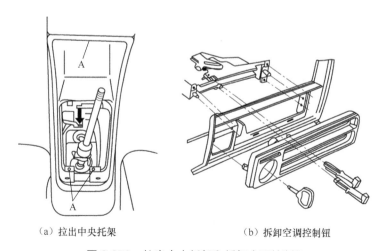

（a）拉出中央托架　　　　　　　　（b）拆卸空调控制钮

图 2-276　拉出中央托架和拆卸空调控制钮

⑦ 拧下箭头所示的十字槽螺钉，拆卸组合仪表，如图 2-277（b）所示。

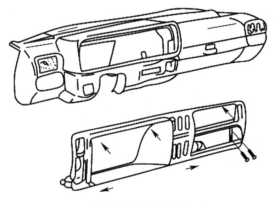

（a）拆卸仪表板面罩

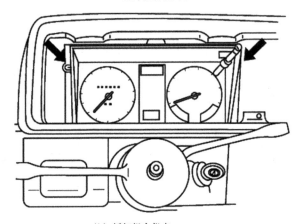

（b）拆卸组合仪表

图 2-277　拆卸仪表板面罩和组合仪表

⑧ 按箭头方向同时压下啮合凸耳，然后从仪表中拔出速度表驱动软轴，拉出真空软管，将电器接头分开，如图 2-278（a）所示。

⑨ 取下防护盖 B，拧下十字槽螺钉，从卡扣 C 上拆卸扬声器护栅，如图 2-278（b）所示。

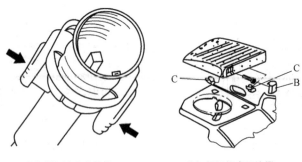

（a）拆卸速度表软轴　　　　　　　（b）拆卸扬声器护栅

图 2-278　拆卸速度表软轴和拆卸扬声器护栅

⑩ 拆下旋转式格栅，拧下十字槽螺钉，然后拆卸出风口壳体，如图 2-279（a）所示。

⑪ 拧下侧面及前、后、中间的十字槽螺钉，拧下六角螺母（螺母位于储气室里），拆卸仪表板壳体，如图 2-279（b）所示。

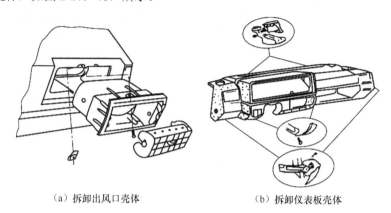

（a）拆卸出风口壳体   （b）拆卸仪表板壳体

图 2-279　拆卸出风口壳体和仪表板壳体

2. 安装

安装时，按拆卸的相反顺序进行即可，注意各螺栓的拧紧力矩要求。

项目三
轿车车身附属设备拆装

任务 3-1　座椅与安全带拆装

□ 任务引入 □

　　汽车的座椅主要用来为乘客提供舒适的乘坐条件。不同类型的汽车，座椅结构有一定差别，车身维修人员必须充分了解所修车型的座椅结构特点及与车身的安装方式，才能合理地进行座椅的拆装与维修。

　　本任务主要学习轿车座椅和安全带的结构、相关系统的工作原理，以及座椅和安全带的拆装方法。

□ 学习目标 □

1. 能够正确描述座椅的基本结构及座椅调整机构的结构原理。
2. 能够正确描述座椅电动调整系统调节原理和微机预置驾驶员位置系统控制原理。
3. 能够正确描述安全带的种类及各类型安全带的结构与工作原理。
4. 能够正确进行座椅及安全带的拆装。
5. 培养良好的安全卫生习惯、环保意识及团队协作的职业素养。
6. 能够检查、记录和评价工作结果。

□ 相关知识学习 □

一、座椅

1. 座椅的功能

座椅通常应具备如下功能。

　　① 为乘员提供舒适的乘坐条件，保证驾驶安全，减少长时间乘坐产生的疲劳；而且应保证乘员的安全，在发生事故时，应起到保护乘员的作用。

　　② 根据使用要求，座椅的若干部位应该是可以调节的。如座椅的前后移动、靠背的倾斜度、坐垫的高度、靠枕的位置等都可以调节。有的座椅具有记忆功能；有的座椅为方便乘员取暖，在靠背上设有加温取暖装置。

　　③ 座椅也是重要的车身内装饰件。它的造型风格、饰面的质地与色彩等，都应该与车身内饰相协调，给人以美观、大方的感觉。

2. 座椅的布置形式

座椅的布置随车型而异，图 3-1 所示为轿车座椅布置的样例。图 3-2 所示为路虎汽车座椅布置图。

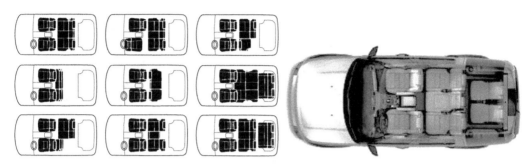

图 3-1 轿车座椅布置的样例　　　　　图 3-2 路虎汽车座椅布置图

3. 座椅的组成

前、后座椅在结构上是有一些差异的。良好的座椅通常是由框架、弹性元件、缓冲垫、调节机构、饰面等主要部件以及安全带、靠枕、扶手等辅助部件构成的，如图 3-3 所示。

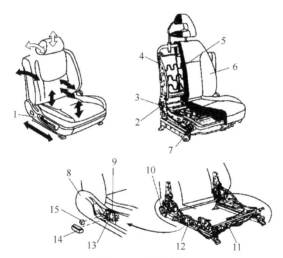

图 3-3 座椅结构

1、12—电动开关；2—靠背角度调节器；3、5—S 形弹簧；4—侧框架；6—背部侧靠垫；
7—坐垫；8—坐垫侧靠垫；9—坐垫倾斜开关；10—靠背倾斜电机；
11—座椅前后滑动电机；13—前后滑动开关；
14—前后滑动开关按钮；15—靠背倾斜开关按钮

（1）框架

座椅框架包括坐垫框架和靠背框架两部分，用途各异，图 3-4 所示为框架结构的一般分类情况。座椅框架所用的材料通常是外径为 $\phi 20 \sim \phi 25$ mm、壁厚为 1.2～2.2 mm 的电焊或无缝钢管，钣金结构的座椅框架用 1～3 mm 厚的钢板冲压或碌压成型。为了实现轻量化，框架也可采用铝合金、镁合金、塑料、木材及硬纸板等材料制作。

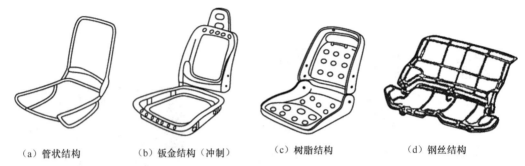

（a）管状结构　　　（b）钣金结构（冲制）　　　（c）树脂结构　　　（d）钢丝结构

图 3-4　座椅框架的一般分类情况

（2）弹性元件

座椅的弹性元件主要指弹簧，它起缓冲作用，座椅弹簧通常用直径为 $\phi 2.6$～$\phi 4.0$ mm 的钢丝制作。弹性元件是对座椅的动态特性影响最大的构件，分为螺旋弹簧和 S 形弹簧两种。圆柱形螺旋弹簧结构简单、刚度稳定、制造容易，一般在座椅和靠背骨架的边框周围起连接作用。S 形弹簧座椅减振性好，输入振动后，其振幅较螺旋弹簧座椅小。如果将 S 形弹簧和非金属弹性元件配合使用，能有更好的效果。座椅的弹性元件如图 3-5 所示。

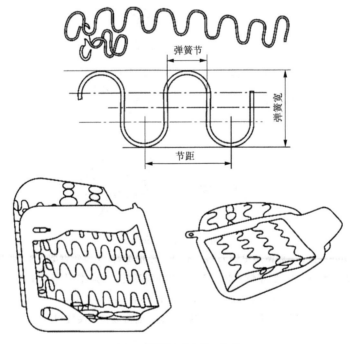

（a）S 形弹簧及其坐垫、靠背

图 3-5　座椅的弹性元件

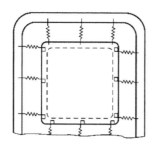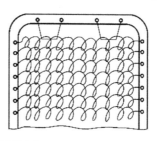

（b）其他形状的弹簧坐垫

图 3-5　座椅的弹性元件（续）

（3）衬垫

在座椅弹簧和表皮之间或在座椅垫和表皮之间的柔软物体，以及整体座椅上的柔软物体称为衬垫，通常使用一层或多层聚氨酯泡沫和棕榈等制成。使用衬垫的目的是保持座椅的形状、减小在弹簧座椅上乘坐的乘员直接接触弹簧产生的异物感，并起缓冲和减振作用，图 3-6 所示为最有代表性的衬垫结构。

① 座椅垫（主垫）。座椅垫按所定的形状成型，可使用浇铸型合成泡沫塑料。浇铸型合成泡沫塑料与乘员接触的那一面是软层，而座椅弹簧侧是用粗毛毡等整体成型后的硬层（含浸层），可用来支撑座椅弹簧，并可保持坐姿。

在一部分车辆中，用植物纤维取代合成泡沫。即用胶乳将棕榈或椰子壳纤维固定，起保护接触乘员作用的柔软层（座椅弹簧承受材料）及起保持乘员坐姿作用的缓冲材料。现代汽车大多用聚酯纤维取代合成泡沫。

② 罩垫。加罩垫的主要目的是增强座椅的造型效果，提高座椅面的通气性能和手感，装在表皮和衬布之间，缝制为一体，体现出自由曲线形状。罩垫使用的材料为自由发泡低熔点聚氨酯泡沫（聚醚泡沫或聚酯泡沫）。

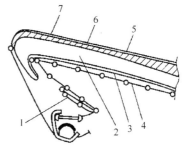

图 3-6　最有代表性的衬垫结构
1—消声衬垫；2—座椅垫（主垫）；3—座椅弹簧衬套；
4—座椅弹簧；5—衬布；6—罩垫；7—表皮

③ 其他衬垫。与座椅的功能无关的其他衬垫，主要是在座椅框架和框线的角部和棱部成型时，防止表皮材料破损和提升表面造型效果。

（4）表皮材料

座椅表皮材料大多是织物、人造革（用于低档车，但要满足吸汗、透气要求），在部分车辆上也有使用皮革的，由于要求皮革有很好的耐久性和表面的均匀性，故需要用涂层。

表皮材料与衬垫、底布多复合在一起或一体成型，可提高外观品质和座椅性能。一体成型的方法有使衬垫和表皮材料黏合的黏结法，以及把表皮材料装在衬垫发泡模具上而与衬垫一体发泡的方法等。

缝制表皮时所用的缝制辅助材料主要有圆边、吊袋等，如图3-7所示。

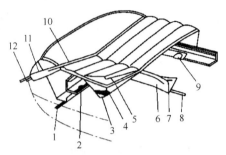

图 3-7　座椅表皮构成及缝制辅助材料

1—修整钢丝；2—衬垫罩；3—摩擦环；4—衬垫；5—表皮；6—吊袋；7—吊片；
8—吊起钢丝；9—卡子；10—圆边；11—圆边罩；12—圆片芯

（5）座椅上的装备件

座椅上的装备件包括安装在座椅上的功能件、安全件和装饰件等，如头枕、扶手、座椅加热器、后装饰板、兜袋及烟灰缸等。

在受冲击时，头枕可防止乘员头部向后方移动、减轻颈部受伤程度。为此，各国对头枕制定了法规，即对其尺寸、向后方的移动量、接触面积及对冲击的吸收性等都做出了规定。头枕有与座椅一体的，也有分体的。头枕表皮采用吹塑成型材料或薄壳泡沫氯乙烯，以及缝制的织品、人造革等。镶块有钢板冲制品、树脂注塑成型品及吹塑成型品。

装用扶手的目的是减轻长时间行驶时产生的疲劳，使乘坐更加舒适。

座椅加热器直接安装在座椅上，它具有乘车后即刻便热的效果，电阻供热体加热器安装在装饰罩内或装饰罩和座椅衬垫中间。

4. 座椅的结构

典型的座椅结构如图3-8所示，若从座椅总成的功能上看，它由坐垫、靠背、头枕三大分总成构成。坐垫和靠背是通过靠背角度调节器连接的。外部装有罩板，罩板主要起装饰作用。头枕总成通过支杆插在镶入靠背顶部的导向套内，靠卡簧锁紧，如图3-9所示。

（1）坐垫

坐垫总成由坐垫骨架、软垫、饰面构成。

① 坐垫骨架。坐垫骨架是由冲压件盆形底座和钢管框架焊接成型的。盆形底座的外形复杂，上面安装软垫，如图3-10所示。盆形底座下部焊接钢管框架，钢管框架起加强和连接作用。钢管框架中部焊有中间导轨，中间导轨是Z形冲压件，上面有若干长孔，是调节前后移动距离的定位孔。钢管框架两侧焊有侧连接板、连接轴、内螺纹座，起连接和固定靠背的作用。钢管框架上还焊有内、外滑板。在滑板上装有导向块，导向块是塑料件，在座椅前后移动时无响声且耐磨。座椅移动导轨焊在车身地板上。骨架上装有操纵杆，操纵座椅前后移动，依靠弹簧回位，如图3-11所示。坐垫骨架成型主要是用二氧化碳保护焊，局部采用点焊或凸焊。骨架总成焊接后喷涂涂料，以防骨架生锈。

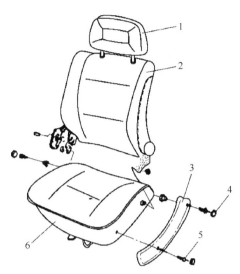

图 3-8　典型的座椅结构

1—头枕总成；2—靠背总成；3—罩板总成；

4—螺钉罩盖；5—螺钉；6—坐垫总成

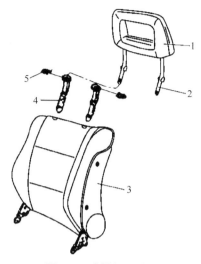

图 3-9　头枕的连接

1—头枕总成；2—支杆；3—靠背总成；

4—导向套；5—卡簧

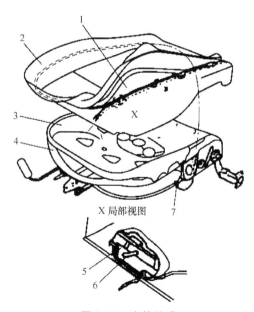

X 局部视图

图 3-10　坐垫总成

1—软垫；2—饰面；3—盆形底座；4—坐垫骨架；5—拉带；6—夹钉；7—尖角卡片

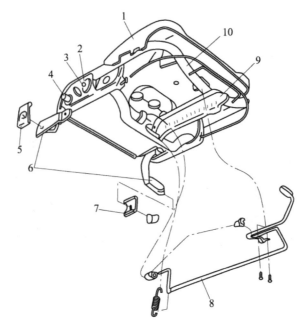

图 3-11　坐垫骨架

1—盆形底座；2—侧连接板；3—连接轴；4—内螺纹座；5—导向块；
6—内、外滑板；7—导向块；8—操纵杆总成；9—中间导轨；10—钢管框架

②　软垫。坐垫软垫采用聚氨酯发泡成型。轿车软垫根据人体坐姿特性，采用双密度发泡技术，芯部和侧边分别为两种不同的硬度，使人的坐姿体压得到合理的分布。由于成型软垫形式采用了桶形，所以在车辆高速行驶和转弯过程中能有效地防止人体侧滑，提高乘坐的舒适性。软垫在成型时，内部镶嵌钢丝，起固定饰面和成型作用。

有些车辆的座椅在坐垫骨架与软垫之间装设有弹性元件，以减缓和吸收由车身传到人体的振动和冲击。座椅的弹性元件按其材质不同，可分为金属元件和非金属元件两种。

金属弹性元件包括螺旋弹簧、S形弹簧等。螺旋弹簧按其形状可分为圆柱形、圆锥形、双曲线形3种，圆柱形螺旋弹簧结构简单、刚度稳定、制造容易，但阻尼较小，一般用在座椅和靠背骨架的边框周围起连接作用。圆锥形螺旋弹簧当负荷达到一定程度时，弹簧由大圈到小圈依次逐渐并紧，有利于缓和冲击和减少共振。双曲线形螺旋弹簧外形相当于两个锥形弹簧连接在一起，这类螺旋弹簧减振性能较好，多安装在座垫上。与其他弹性元件相比，螺旋弹簧衰减性能差，多与其他阻尼元件配合使用。

S形弹簧的两个相邻簧节构成"S"形，这种弹簧衰减性能好，减振能力强，与非金属弹性元件配合使用，可令座椅有较好的舒适性。

非金属弹性元件主要包括乳胶海绵、聚氨酯泡沫塑料、空气弹簧和橡胶弹簧等。

乳胶海绵和聚氨酯泡沫塑料都是发泡结构，它们的结构和性能基本相同。其内部有无数个微气孔，里面充满空气，空气与孔壁相对运动，产生摩擦，从而形成阻尼。这种弹性元件振幅小，振动衰减快，共振时传递率低，减振性好。但是乳胶海绵成本高，相对而言，泡沫塑料坐垫应用广泛，但其透气性较差。

③ 饰面。包裹坐垫与靠背总成的表面材料称为饰面（或蒙皮），一般用棉织品、毛织品、皮革、人造革等材料缝制。蒙皮应具有良好的弹性和伸缩性，耐磨，并有良好的透气性和透湿性。

饰面总成通过夹钉、尖角卡片固定在软垫和骨架总成上，夹钉如图 3-12 所示。坐垫总成的表面平整、无皱纹。

（2）靠背

靠背总成也是由靠背骨架、软垫、饰面构成的。

① 靠背骨架。靠背骨架如图 3-13 所示。它是由左、右侧骨架，连接板，上框加强板，左、右侧成型框，连接管，靠背调角器左、右总成等焊接成型的。左、右侧

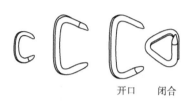

图 3-12 固定座椅饰面用的夹钉

成型框是钢丝冲压成型的，焊在侧骨架上，使靠背骨架加强侧支撑并符合人体形态。连接管由钢管制成，内有传动管通过以传递力矩，使靠背角度调节器调整时左右达到同步，控制靠背角度。靠背角度调节器是有级调节，靠齿轮啮合，传递力矩。钢丝骨架总成用多个拉簧安装在靠背骨架焊接总成上，起支撑垫作用。

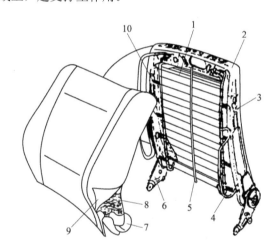

图 3-13 靠背骨架

1—靠背骨架总成；2—连接板、上框加强板；3—侧骨架；4—成型框；5—钢丝骨架总成；
6—靠背角度调节器；7—软垫；8—棉衬垫；9—护面；10—拉簧

② 靠背软垫。靠背软垫装在骨架总成上，多数座椅的靠背软垫是整体成型的，材料由椰子纤维和动物毛按比例混合，经喷胶、热成型、固化而成，其显著特点是透气性好。靠背软垫形式采用桶形，使乘坐者在长途驾驶乘坐过程中腰部、肩部能保持正常的弧形，减轻疲劳感，提高舒适性。软垫上还附有一层棉衬垫。靠背的饰面与坐垫的相同。靠背饰面包覆后，用螺钉将靠背罩盖固定在靠背骨架上，它是用聚丙烯注塑而成的，起装饰和美化作用。靠背软垫如图 3-14 所示。

有的轿车座椅靠背内设置有气垫，由一个电动气泵来控制充气，如图 3-15 所示。气垫有较好的缓冲性，并且可以通过充、放气改变靠背形状以适应不同的人的需要。

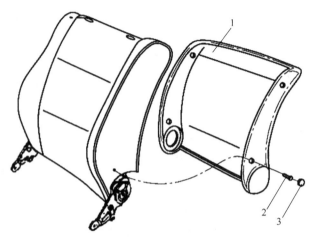

图 3-14　靠背软垫

1—靠背罩盖；2—螺钉；3—螺钉罩盖

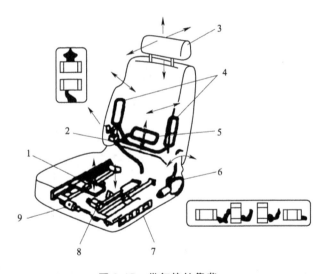

图 3-15　带气垫的靠背

1—大腿支撑；2—气泵；3—头枕；4—侧面支撑气垫；5—腰部支撑气垫；6—靠背角度调节器；
7—座椅调节开关；8—升降电机总成；9—滑移电机和杆件总成

（3）头枕

多数座椅的头枕可进行角度和高度调整。其总成仍由骨架、软垫、饰面组成。头枕骨架是用聚乙烯材料注塑而成的，内装铰链臂、铰链套筒、卡圈，用组合螺栓固定，如图3-16所示。骨架总成由整体发泡而成，其材料为聚醚型-聚氨酯泡沫塑料。金属支柱直接插入铰链臂中，靠卡簧锁止。饰面材料与坐垫及靠背相同，饰面经样板剪裁后与封闭框缝合，直接镶嵌在头枕套框架的凹槽中。

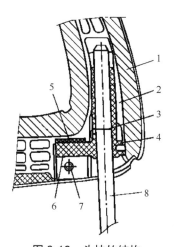

图 3-16 头枕的结构

1—头枕软垫；2—头枕骨架；3—卡簧；4—铰链臂；5—卡圈；

6—铰链臂套筒；7—固定螺栓；8—支杆

5. 儿童安全座椅

安全气囊是针对成年人设计的，当成年人抱着婴孩乘坐车辆并发生碰撞事故时，安全气囊反而会对婴孩造成伤害。

目前，汽车座椅也主要是为成人设计的，儿童因身材矮小，坐在成人座椅上很不舒服。若想靠上座椅后背，则腿不能弯曲；若想让腿能够弯曲，则又靠不上座椅后背；即使腿弯曲，脚也不能着地。

儿童安全座椅是为儿童量身制作的，能够比较全面地考虑到儿童乘坐的舒适性与安全性。

儿童安全座椅有多种型号，随着儿童的成长，应选择最适合其身高、体重的儿童安全座椅。儿童安全座椅按照安装方向的不同，可分为后向式和前向式两种。

（1）后向式儿童安全座椅

后向式儿童安全座椅是儿童坐上后正面向后的一种座椅，如图 3-17 所示。它的安全性能最高，尤其适合 3 岁以下儿童使用。3 岁以下的儿童头部的长度占身高的比例大，有着柔弱而不稳的脖子，当正面碰撞发生时，如果他们是面向前方而坐，其损伤结果会更加严重。

因此，要保护儿童在汽车内不受伤，最重要的是保护儿童的头部。经试验，面向后方的儿童专用座椅能将冲击时的力分散到背部，减轻头部的运动，是最佳解决方案。

（2）前向式儿童安全座椅

前向式儿童安全座椅是儿童坐上后正面向前的一种座椅，如图 3-18 所示。这种座椅适合 3 岁以上儿童使用。3 岁以上的儿童更喜欢前向式儿童安全座椅，主要是因为坐在前向式儿童安全座椅上时改善了他们的视野，便于他们欣赏大自然的美好景色。

图 3-17　后向式儿童安全座椅

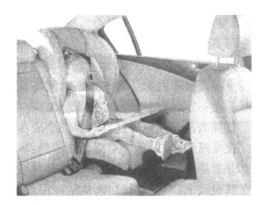

图 3-18　前向式儿童安全座椅

在国内，目前只在少数的车型中设置了独立的儿童安全座椅。一些汽车生产商为了解决儿童乘车安全性问题，在成人座椅上设置了可以临时挂接儿童安全座椅的连接机构。此类型的儿童安全座椅实际上就是将饰面和软垫构成的靠背、坐垫、头枕、扶手等相互连接在一起，然后用挂钩等连接在成人座椅上，如图 3-19 所示。

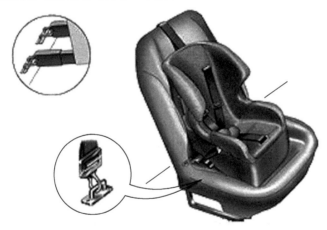

图 3-19　临时儿童安全座椅的连接机构

6. 座椅的调整机构

各种轿车座椅上均备有不同的调整机构。调整机构是指使位置产生变化的机构。为了使不同身高的驾驶员操作方便、乘坐舒适，驾驶员座椅往往设有前后、上下、靠背倾斜角度等调整机构。其中前后、上下调整机构装在坐垫骨架与车身地板之间，通过手动或其他动力把座椅调至不同位置。靠背倾斜角度调整机构装在坐垫骨架与靠背骨架之间，不仅起到调整靠背角度的作用，同时还是坐垫与靠背的连接件。

常见的座椅调整机构及其特点如表 3-1 所示。值得注意的是，不管是哪种调整机构，都必须设有可靠的锁止机构，以保证行车安全，尤其要防止紧急制动可能导致的锁止机构失灵的现象。

表 3-1 　　　　　　　　　　　　　常见的座椅调整机构及其特点

形式		组成元件	特点	用途
前后调节	不带滚珠的滑轨机构 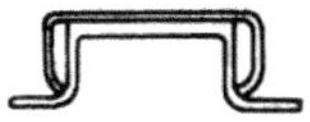	上滑轨、下滑轨	结构简单，制造容易；摩擦面大，易卡顿，易生锈，寿命短	少用
	带滚珠的滑轨机构 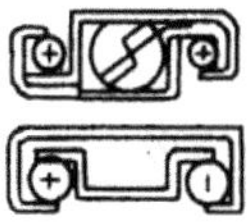	上滑轨、下滑轨、滚珠（滚柱）、保持架	运动自如，寿命长；结构较复杂，成本较高	广泛采用
上下调节	丝杠机构 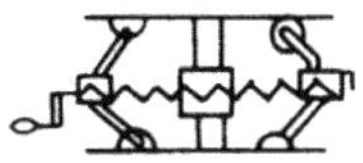	丝杠、螺母	调整方便，寿命长；结构与加工复杂，调整速度慢	少用
	螺旋弹簧机构 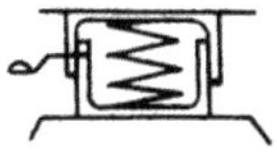	上支座、下支座、螺旋弹簧	调整方便、速度快，调整范围大；结构复杂，稳定性差，使地板受集中载荷	少用
	油缸机构 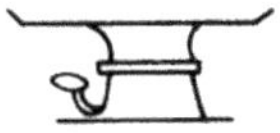	油缸	调整方便，乘坐舒适；密封困难，使地板受集中载荷	少用
	四连杆机构 	四连杆、轴类等	便于制造，调整方便，成本低	广泛采用
靠背倾斜角度调节	滑槽式	滑槽	结构简单，调整不太方便	少用
	棘轮机构	棘轮等	调整方便，工作可靠，制造方便	广泛采用
刚度调节	扭杆式	扭杆等	调整方便，工作可靠，能满足不同体重乘员的要求	仅用于悬架座椅
阻尼调节	油气悬架式	油气系统	可满足不同车速及不同道路条件的使用要求；结构复杂，密封困难	仅用于悬架座椅

（1）机械式调整机构

① 前后调节。通常采用滑动调节，并能在一定位置锁紧，如图 3-20 所示。

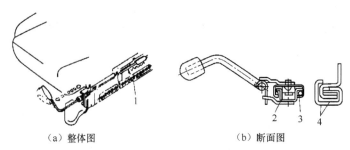

（a）整体图 　　　　　　　　　（b）断面图

图 3-20　座椅前后滑动调节装置

1—锁紧机构；2—滚柱；3—球；4—树脂滑动轴承

前后调整机构多采用滑轨式，它分为带滚珠的滑轨和不带滚珠的滑轨两种。其共同点是都由上、下滑轨组成，区别是带滚珠的滑轨机构采用滚珠和滚珠保持架。其特点是带滚珠的滑轨机构运动自如，寿命长，但结构复杂，成本较高，应用广泛，如图 3-21（a）所示；不带滚珠的滑轨结构简单，零件少，制造容易，但摩擦面大，易卡顿和生锈，寿命低，如图 3-21（b）所示。

滑轨可以相对于车身水平布置，只起前后调节作用；也可以前高后低倾斜布置，兼起些许高度调节作用。

② 角度调节。角度调节主要是调节靠背角度，坐垫的调节要与高度调节机构结合考虑。靠背调节机构调节角度较大，调节方式可分为微调和无级调节两种。

③ 座椅整体调节。为了便于 2 门轿车后部乘员上下车，设置了座椅整体调节机构，使座椅靠背前倒的同时还可解除座椅滑动调节机构的锁紧装置，将整个座椅向前滑动。

④ 高度调节。高度调节是调节座椅上下位置的机构，按调节方式分为座椅整体上下平移的升降机构和座椅前后单独升降的升降机构两种，后者兼具调节座椅坐垫角度的功能。其按结构分为丝杠式、螺旋弹簧式、油缸式、四连杆式等，广泛应用的是四连杆式。

⑤ 腰垫调节。调节腰垫的目的是减轻长时间行驶带来的疲劳，可改变乘员腰椎支撑力，如图 3-22 所示。

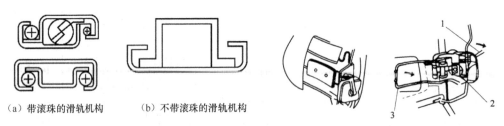

（a）带滚珠的滑轨机构　　　（b）不带滚珠的滑轨机构

图 3-21　滑轨形式　　　　　　图 3-22　腰垫调节器

1—扭力弹簧；2—凸轮；3—支撑杆

⑥ 侧支撑调节。侧支撑调节器是指调节转弯时横向支撑的机构，根据乘员体形可改变座椅靠背、坐垫及缓冲垫侧部形状，如图 3-23 所示。

⑦ 旋转调整机构。将旋转机构安装在座椅上制成转椅。单厢车在第二排座椅上装有旋转机构，可使座椅转向后方，目的是提高使用性和方便性。另外，也有在驾驶员座椅安装旋转机构的，目的是下车时将座椅转向车门，以提高上下车的方便性。

典型轿车手控可调式座椅的调节机构如图 3-24 所示。该座椅具有斜直线的前后移动机构，在向前运动的同时还可升高，在坐垫骨架上焊有内、外滑脚，可在导轨内前后移动。导轨焊在车身地板上，形成倾斜角度。坐垫骨架上还焊有一个中间导轨，从地板支架上穿过，构成三维形式。地板支架上安装有一个定位销，定位销和操纵杆连接，起移动距离限位作用，靠弹簧回位。

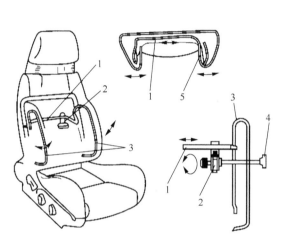

图 3-23　侧支撑调节器

1—环；2—螺钉螺母；3—侧支撑板；

4—侧支撑调节盘；5—弹簧

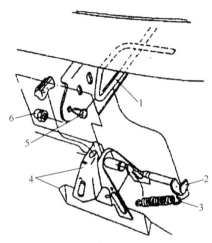

图 3-24　典型轿车手控可调式座椅的调节机构

1—操纵杆总成；2—定位销；3—弹簧

4—地板支架；5—螺钉；6—锁紧螺母

（2）电动调整机构

一些高级轿车使用电动调整的座椅。

① 电动座椅的结构布置及电路。图 3-25 所示为典型轿车电动座椅各驱动电机及机构布置图。驱动电机控制电路如图 3-26 所示。每台电机各有一个换向开关，用来控制供入电机电流的正负方向，使电机正反向旋转，从而控制位移的正负方向。电动座椅的每个换向开关上均有形象的示意图标，如图 3-27 所示。开关上有 3 个位置，正、反方向位置控制供入电机电流的正、反方向；中立位则切断电源，停止向电机供电，使电机停转。

② 电动座椅的位置调整。

a. 前后方向位移。座椅滑动电机带动两根丝杠旋转，使与丝杠啮合的上滑块在下导轨上前后移动，滑块固定在坐垫骨架上，从而带动座椅前后位移，如图 3-28 所示。丝杠两端设有前后限位器，以限制上滑块移动的行程。驾驶员座椅和副驾驶座椅的前后移动最大行程通常是不同的。

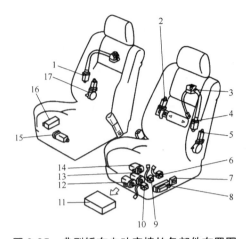

图 3-25　典型轿车电动座椅的各部件布置图

1、4—头枕电机；2—腰垫电机；3—头枕位置传感器；

5—靠背倾斜电机和位置传感器；6—后垂直位置传感器；7—腰垫开关；8—靠背倾斜开关；

9—前垂直位置传感器；10—前后滑动位置传感器；11—座椅ECU；12—前后滑动电机；

13—前垂直电机；14—后垂直电机；15—滑动电机；16—开关；17—靠背倾斜电机

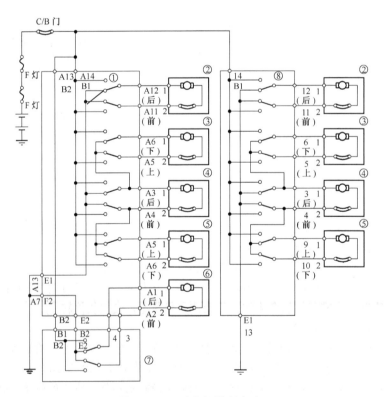

图 3-26　驱动电机控制电路

①—电动座椅开关（驾驶员席）；②—前后滑动电机；③—后方上下调整电机；④—倾斜调整电机；

⑤—前方上下调整电机；⑥—腰支撑电机；⑦—腰支撑开关；⑧—电动座椅开关（副驾驶员席）

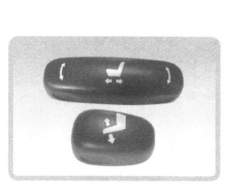

图 3-27 电动座椅换向开关

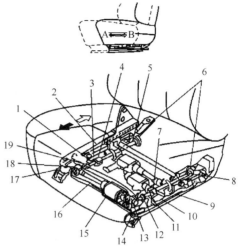

图 3-28 前后位移调整

1、11—螺杆；2、9—上轨；3、10—螺母支架；

4、7—塑料螺母；5、8、12、19—挡块；

6—螺杆支架；13、18—外壳；

14、17—下轨；15—电机；

16—电机支架

b. 座椅前方上下调整。电机带动丝杠转动，使与丝杠啮合的拉杆移动，拉动联动装置中的三角板绕轴线转动，连杆的高度位置发生变化，从而使坐垫前端向上翘起，如图 3-29 所示。

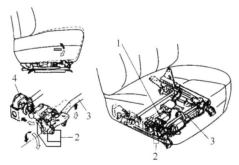

图 3-29 座椅前方上下调整

1—调整电机；2—联动装置；3—连杆；4—罩盖

c. 座椅后方上下调整。调整方法与座椅前方上下调整相同，只是联动装置结构略有不同，它通过后连杆的高度变化，使坐垫后端翘起或下落，如图 3-30 所示。

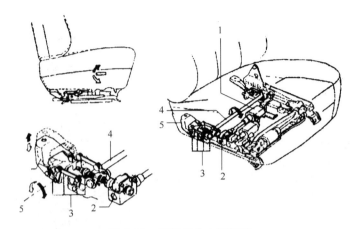

图 3-30　座椅后方上下调整

1—调整电机；2—罩盖；3—联动装置；4—连杆；5—托架

　　d. 座椅上下平移调整。使前、后两台
上下调整电机同步动作，即操作前、后方
上下调整开关同步动作，便可使座椅上下
平移一定高度，如图 3-31 所示。

　　e. 靠背倾斜角度调整。内齿与上臂（靠
背）相连，外齿安装在偏心销轴上，当偏
心销轴旋转时带动外齿紧贴内齿，并与内
齿啮合，如图 3-32 所示。偏心销轴承安装
在下臂（坐垫骨架）上。电机转动，带动
链轮使外齿转动，外齿每转过 360°，内齿
使上臂倾斜 12°，如图 3-33 所示。

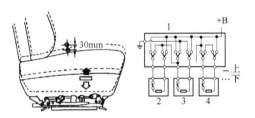

图 3-31　座椅上下平移调整

1—电动座椅开关；2—后方上下调整电机；
3—倾斜调整电机；4—前方上下调整电机

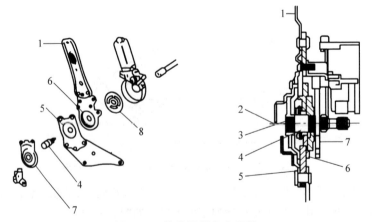

图 3-32　靠背倾斜角度调整

1—上臂；2—偏心轮中心线；3—偏心轮中心线；4—偏心销轴；
5—外齿板；6—上臂上的内齿；7—盖板；8—垫片

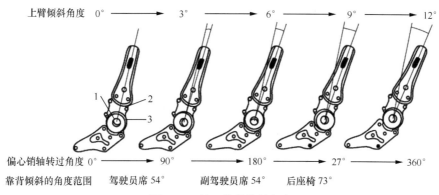

上臂倾斜角度　0° → 3° → 6° → 9° → 12°

偏心销轴转过角度　0° → 90° → 180° → 27° → 360°

靠背倾斜的角度范围　驾驶员席 54°　副驾驶员席 54°　后座椅 73°

图 3-33　能调整的偏转角度
1—偏心销轴；2—外齿；3—内齿

f. 腰垫调整。驾驶员在驾驶中腰背的活动范围很大，为了减轻驾驶员在操作中产生的疲劳，设置了腰垫调整，如图 3-34 所示。电机带动托架转过一定的角度，通过扭簧来带动推压板紧贴驾驶员腰部。

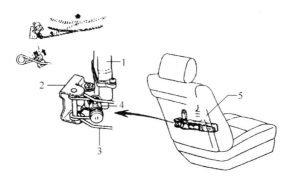

图 3-34　腰垫调整
1—电机；2—托架；3—扭簧；4—螺母；5—推压板

乘员座椅的电动调节结构通常有座椅前后滑动、头枕高度调整、座椅加温保暖和靠背振动等功能。

7．电动座椅

考虑到驾驶员操作的安全与简便、座椅与转向盘相互的位置关系、前次乘坐时对座椅最佳位置的记忆等，一些高级豪华轿车上设置了电动座椅。

图 3-35 所示为典型轿车电动座椅系统的部件布置图。该系统由 3 台 ECU 组成，最终实现对座椅位置的反馈控制，同时也对转向盘的倾斜及伸缩量进行反馈监控。系统各部件相互功能关系如图 3-36 所示。图 3-36 所示的第一部分是对转向盘倾斜与伸缩量的控制与检测，并将输出信号送入座椅位置 ECU。该 ECU 对电动座椅电机进行控制（前后、上下、倾斜等），并将座椅位置信号回送到座椅位置 ECU，座椅位置 ECU 和转向盘倾斜与伸缩量 ECU 是相互监测的。座椅位置 ECU 也可通过手动开关信号直接对该系统进行操作。后视镜 ECU 是根据转向盘的位置或后视镜的手控开关来操作后视镜电机并检测其位置的。

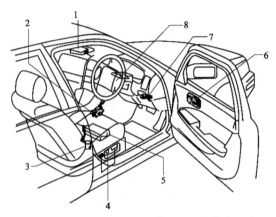

图 3-35　典型轿车电动座椅系统的部件布置图

1—后视镜 ECU；2—中立位起点开关；3—车门灯开关；4—电动座椅开关；

5—座椅位置 ECU；6—座椅记忆开关；7—停车灯开关；8—转向盘倾斜与伸缩量 ECU

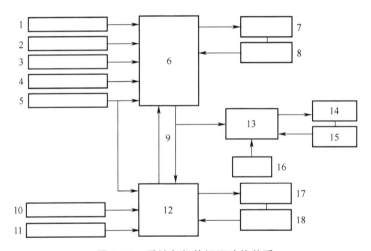

图 3-36　系统各部件相互功能关系

1—座椅记忆开关信号；2—转向盘倾斜与伸缩量开关信号；3—车门未上锁警告灯开关信号；

4—车门灯开关信号（驾驶员侧）；5—中立位起点开关信号；6—转向盘倾斜与伸缩量 ECU；

7—转向盘倾斜与伸缩量调整电机；8—转向盘位置传感器；9—信号线；

10—电动座椅开关信号；11—停车灯开关信号；12—座椅位置 ECU；13—外后视镜 ECU；

14—外后视镜调整电机；15—外后视镜传感器；16—后视镜控制开关；

17—电动座椅调整电机（前后、上下、倾斜等）；18—座椅位置传感器

　　有些轿车的座椅采用了带有缓解座椅振动的悬挂装置，称为悬挂座椅，如图 3-37 所示。悬挂装置由缓冲元件、减振元件及定位元件组成：缓冲元件有钢板弹簧及螺旋弹簧等；减振元件主要是减振器，如油气弹簧，可起到缓冲减振的作用；定位元件用来将座椅定位，一般为杆件。

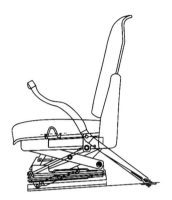

图 3-37　悬挂座椅

二、安全带

安全带是防止乘员在车内冲撞或被抛出车外的经济而有效的保护装置。目前世界各国的交通法规中都规定了机动车必须装备安全带。

依照安全带在车上的固定点数量不同，安全带分为两点式、三点式和四点式等。

在两点式安全带中，有单独约束腰部的腰带，还有单独约束躯干的肩带。这两种安全带单独使用的效果都不理想，轿车的后座椅有使用两点式腰带的，如图 3-38（a）所示。

同时约束腰部及躯干的三点式安全带应用得很普遍。一种是肩带锁舌插入腰带带扣的形式，如图 3-38（b）所示。即取其肩带的上半部，下半部由腰带的一部分代替，要进行两次操作才能完成系住身体的动作。另一种是肩带与腰带连续起来的形式（也称腰肩连续带），如图 3-38（c）所示。锁舌在带子上的位置可以调整，锁舌插入带扣就可以完成系住身体的动作。这种形式操作方便，提高了适用性。

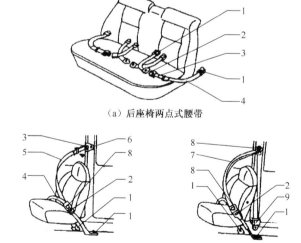

（a）后座椅两点式腰带

（b）肩带锁舌插入腰带带扣的形式　　（c）肩带与腰带连续起来的形式

图 3-38　安全带常见的形式

1—下部安装装置；2—带扣；3—长度调节器；4—腰带；5—肩带；
6—上部安装装置；7—腰肩带；8—滑动导向装置；9—卷收器

有的车型使用双背带式安全带，如图3-39所示。此种安全带对人体的约束类似背包的情形，即只束缚两肩。

图3-40所示为全背带式安全带，又称为四点式安全带。它主要用于赛车驾驶员的约束或一些特殊场合。

图3-39　双背带式安全带

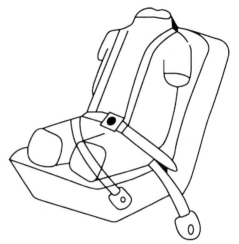

图3-40　全背带式安全带

1. 安全带的基本结构

以前座椅三点式腰肩连续带为例，它主要由织带、卷收器、带扣、高度调节器、导向板、支架、限位钮及安装附件等组成。其中，织带、卷收器及带扣是安全带的重要组成部分。

（1）织带

织带是用来约束人体的构件，通常由尼龙、聚酰胺及聚酯的合成纤维的原丝织成。织带必须有足够的断裂强度和一定的伸长量。在事故发生时，织带不但能将乘员控制在座椅上，而且能够靠其自身的适当延伸和缓冲作用来减轻人体受到的伤害。此外，织带还具有耐磨、耐光、耐污、耐寒、耐热、耐水、染色牢固、阻燃等性能。

（2）卷收器

卷收器是指安全带总成中储存部分或全部织带的装置。卷收器可分为无锁紧型（NLR）、手调锁紧型（MLR）、自动锁紧型（ALR）和紧急锁紧型（ELR）四大类。其中自动锁紧型卷收器可以从收藏盒中连续地把织带拉出，一旦停止，就由棘轮机构锁止。乘员使用安全带时，本身就处于受约束的状态中，有受压迫的感觉。使用紧急锁紧型卷收器时，织带可以自由地拉出和卷入。在紧急的时候，例如由于碰撞、追尾、滚翻等原因引起加速度的急剧变化时，卷收器的锁止机构能随时起到锁止作用。使用这种卷收器的优点是，在正常使用安全带的状态下，可以自由地拉伸或收缩安全带，并且不会妨碍乘员的正常活动。

根据感知车辆紧急状态的方法，紧急锁紧型卷收器有3种形式，即感应车辆加速度型、感应织带拉出加速度型和同时感知车辆加速度与织带拉出加速度型。

一般用铅合金制成的重锤来感应车辆加速度，用织带轴上配置的惯性板来检测织带拉出加速度，如图3-41所示。

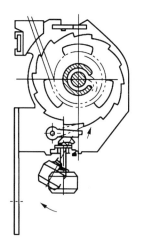

（a）感应车辆加速度型　　　　　　（b）感应织带拉出加速度型

图 3-41　紧急锁紧型卷收器

对于感应车辆加速度型的织带卷收器，使棘轮与棘爪相啮合以达到制动目的的方案有多种形式。常用的形式有两种，一种是用惯性体直接推动棘爪，其结构简单，但尺寸较大，如图3-42（a）所示；另一种是用惯性体推动辅助棘爪与辅助棘轮啮合，主棘爪是利用辅助棘轮的转动力来带动的，可使惯性体小型化，如图3-42（b）所示。

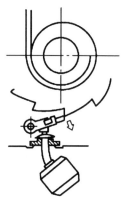

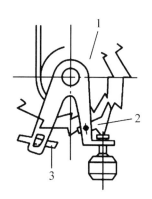

（a）用惯性体直接推动棘爪　　　　（b）用惯性体推动辅助
　　　　　　　　　　　　　　　　　　　棘爪与辅助棘轮啮合

图 3-42　棘轮与棘爪相啮合的两种形式
1—辅助棘轮；2—辅助棘爪；3—主棘爪

图 3-43 所示为感应织带拉出加速度型卷收器的工作原理。当敏感机构作用时，首先锁止卷轴，织带继续拉出时，只能向拉出方向拉动卷带筒，而不能再使卷带筒旋转，此时浮动的卷带筒推动织带锁止机构的夹紧臂以夹紧织带，减少了织带在卷带筒里拉出的长度。

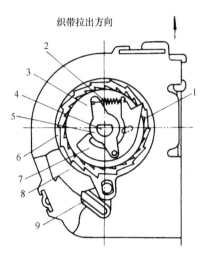

图 3-43　感应织带拉出加速度型卷收器的工作原理

1—分离轮；2—敏感簧；3—惯性盘；4—心轴；5—控制爪座；6—控制轮；

7—控制爪；8—棘轮；9—锁止爪

图 3-44 所示的轿车安全带采用的是一种较先进的双感式紧急锁紧型卷收器。它能感知车辆加（减）速度、织带拉出加速度和车体倾斜状态，织带可以因多种条件变化而锁止。

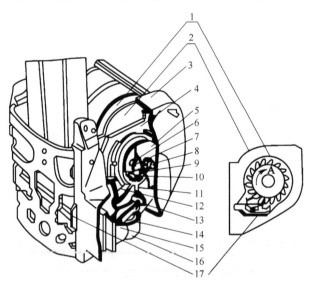

图 3-44　双感式紧急锁紧型卷收器

1—织带卷轴；2—框架；3—锁止器罩；4—锁止器座；5—外棘轮；6—惯性轮；

7—补偿弹簧；8—压帽；9—随动棘爪座；10—棘爪；11—锁止摆臂；

12—锁止爪回位弹簧；13—外棘爪；14—钢球；

15—铰链轴；16—固定座；17—锁止爪

（3）带扣

带扣是将乘员束缚在安全带总成内的快速系脱连接件，如图 3-45 所示。带扣由锁舌 1 和按钮 2 组成。它应具有如下特性与性能。

① 带扣外形优美、流畅，表面完整光滑，无锐利的棱角和过大的间隙。在车辆行驶及使用时，无摆动响声和其他干扰声。

② 带扣的所有金属件均涂漆或电镀，具有很高的耐腐蚀性，非金属件具有耐光、耐热和耐冲击性。

③ 带扣的尺寸与形状应保证在事故发生时，对乘员不产生不适当的压力和伤害。

④ 操作元件简单方便，可灵活系脱，锁舌能在织带上轻易移动，带扣的位置处于座椅内侧，单手可以轻易系脱。

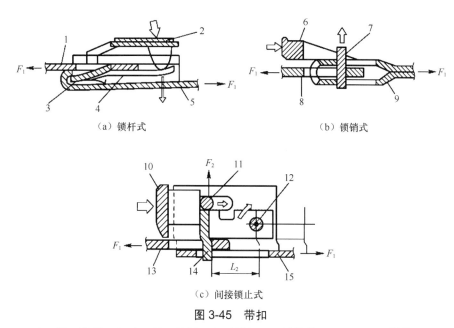

（a）锁杆式　　　　　　　　　（b）锁销式

（c）间接锁止式

图 3-45　带扣

1、13—锁舌；2、6、10—按钮；3—锁杆；4—弹簧片；5、9、15—锁体；

7—锁销；8—滑杆舌；11—滑杆；12—支撑销；14—锁门

（4）高度调节器

高度调节器是将织带长度调整到适合使用者身材的机构。高度调节器一般设置在肩部转向点处，如图 3-46 所示。也有将高度调节器和带扣、安装部件、卷收器制成一体的。高度调节器可调多个位置，以满足不同身材的需要。

图 3-47 所示为手动高度调节装置的结构原理图。调整时，按下调节按钮，即可使与织带导向件相连的滑块 1 沿导轨 4 上、下滑动；松开按钮，滑块可停在相应的位置。

（5）安装附件

安装附件是指将安全带总成固定在车辆上任一位置的所有固定件的总称，包括螺栓、螺母、垫圈和支架等。有些螺母焊在车身地板或侧围上。这些附件都具有很高的强度和很好的耐腐蚀性。

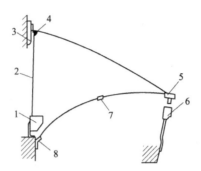

图 3-46　三点式安全带

1—卷收器；2—织带；3—高度调节器；4—导向板；5—锁舌；

6—锁扣；7—限位钮；8—底支架

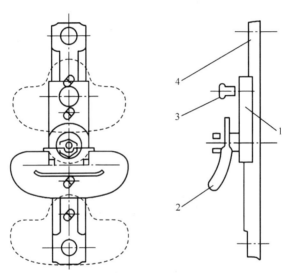

图 3-47　手动高度调节装置的结构原理图

1—滑块；2—导向件；3—调节按钮；4—导轨

2. 电动式安全带

典型轿车电动式安全带的结构分解图如图 3-48 所示。它采用的是紧急锁紧型（ELR）三点式胸腰连续带，采用了 3 种不同的织带卷收及高度调节的方式。其控制电路如图 3-49 所示。

电控高度可调节的三点式 ELR 安全带控制电路如图 3-50 所示，其控制电路可接入电动座椅系统，因而具有记忆与再生功能。

电动式 ELR 型卷收器由操作开关、电机、软轴、丝杠、滑块、框架等组成，如图 3-51 所示。在电动座椅系统中，还要增加检测高度位置及织带卷收加速度的传感器。根据乘员的身高，电机无级调节前座椅织带卷收器的位置。当电机旋转时，通过软轴带动丝杠（驱动轴）转动，使滑块在丝杠上上下滑动。

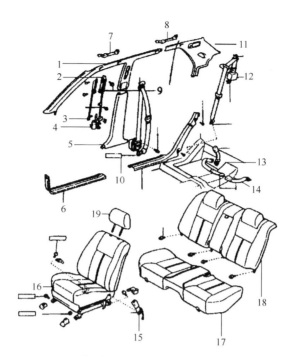

图 3-48　典型轿车电动式安全带的结构分解图

1—前立柱内饰板；2—安全带卷收及调整装置；3—高度可调节卷收传感器；4—电机总成；

5—中立柱下内饰板；6—前门防擦伤板；7—前把手；8—后把手；9—前座椅外安全带总成；

10—后门防擦伤板；11—顶盖侧围内饰板；12—后座椅三点式外安全带总成；

13—后座椅三点式内安全带总成；14—带扣总成；15—前座椅内安全带总成；

16—前座椅；17—后座椅坐垫；18—后座椅靠背；19—头枕

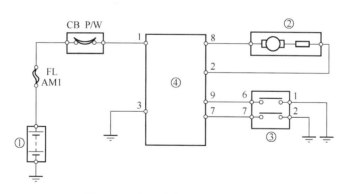

图 3-49　电动式安全带的控制电路

①—蓄电池；②—高度可调节的 ELR 控制电机；③—开关；④—ELR 继电器

　　图 3-52 所示为典型电动式安全带系统结构图。该系统能自动地将肩部安全带和腰部安全带用到驾驶员和乘客的身上。该系统由直流电机控制，借助导轨上的运载装置移动安全带。安全带的一端固定在运载装置上，另一端接至惯性式织带卷收器。

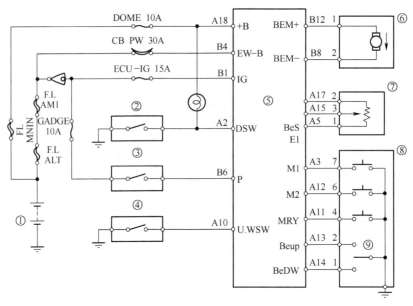

图 3-50 电控高度可调的三点式 ELR 电动式安全带控制电路

①—蓄电池；②—驾驶员侧车门灯开关；③—中立位开关；④—未上锁警告开关；

⑤—倾斜及伸缩量 ECU；⑥—可调节高度的 ELR 控制电机；

⑦—可调节高度的 ELR 传感器；⑧—座椅记忆开关；⑨—安全带

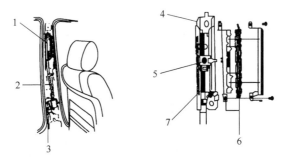

图 3-51 高度可调节的电动式 ELR 型卷收器

1—前安全带卷收调节装置总成；2—软轴；3—电机；4—框架；5—滑块（ELR）；

6—高度可调节的织带卷收传感器；7—丝杠（驱动轴）

其工作过程为：当车门打开时，肩部安全带外端朝前部移动至前立柱，使驾驶员和乘员可方便地进入或离开座椅，如图 3-53 所示；当车门关闭且点火开关打到 RUN（运行）挡时，电机便移动安全带的外端至中立柱的锁止位置，如图 3-54 所示。

电动式安全带系统的电路如图 3-55 所示，控制模块接收来自车门半锁连动开关、限位开关和紧急脱扣机构等的信号，进而控制运载装置的移动。

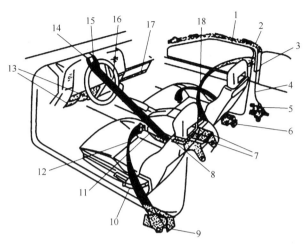

图 3-52　典型电动式安全带系统结构图

1—导轨装置和电机总成；2—导轨；3—锁止装置；4—软管；5—电机；

6、9—织带卷收器（手操作的腰部安全带）；7—织带卷收器（自动控制在肩部的安全带）；

8—织带导向器；10—织带夹持器；11—内带总成（手操作的腰部安全带）；

12—外带总成（手操作的腰部安全带）；13、17—膝枕；

14—肩部安全带锚接器；15—紧急脱扣式扣环；16、18—肩部安全带

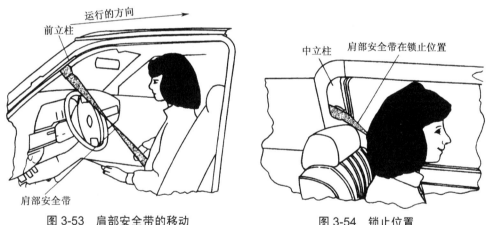

图 3-53　肩部安全带的移动　　　　　　　图 3-54　锁止位置

（1）车门半锁连动开关

其作用是向控制模块发出车门位置信号。当车门全锁时，车门半锁连动开关是张开的。控制模块收到此信号时，便接通电机，电机便将肩部安全带移动到驾驶员和乘员肩后中立柱的锁止位置。如果控制模块收到车门是打开的信号，不管点火开关打到哪个挡位，控制模块都会接通电机，电机将肩部安全带移动到前立柱的位置。

（2）限位开关

其作用是向控制模块发出肩部安全带的位置信号。当肩部安全带被电机移开前立柱的位置时，前立柱上的限位开关 A 闭合。当肩部安全带被电机移到中立柱的锁止位置时，中立柱上的限位开关 B 断开，控制模块切断电机电源。打开车门时，控制模块给电机通入反向电流，

汽车车身结构（第3版）

直到限位开关 A 断开为止。

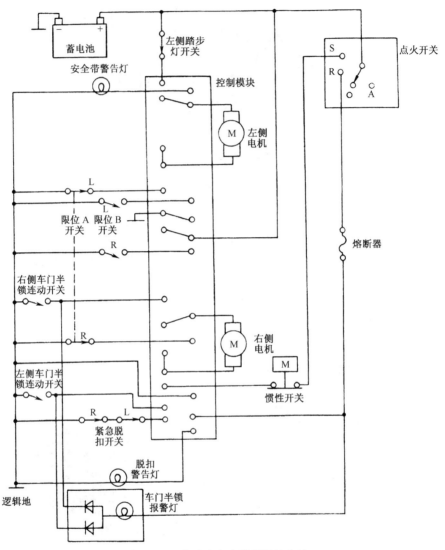

图 3-55　电动式安全带系统的电路

（3）紧急脱扣机构

该机构在系统发生故障时起作用。当掀脱扣钮的时候，常闭的紧急脱扣开关同时张开，控制模块便接通仪表板上的警告灯，并发出警告驾驶员的声音。紧急脱扣开关张开，还起到了阻止肩部安全带卷收器开锁的作用。

（4）惯性开关

当控制模块接收到惯性开关张开的信号时，即使打开车门，也能阻止肩部安全带移动到前立柱的位置。惯性开关的结构如图 3-56 所示。惯性开关是一种常闭式开关，当汽车发生超过 8 km/h 的碰撞或翻车事故时，惯性开关便立即打开，发送给控制模块一个打开信号。若惯性开关已被触发，需要手动复原。

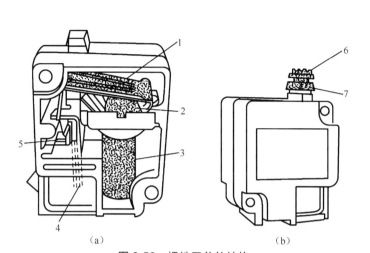

图 3-56　惯性开关的结构

1—冲击板；2—钢球；3—磁头；4—开关的端子；5—电触头；

6—复原按钮（开关打开时的位置）；7—复原按钮（开关闭合时的位置）

　　有的汽车借鉴安全气囊技术，设计了带预张紧器的安全带，如图 3-57 所示。当碰撞传感器检测到碰撞冲击力达到设定值以上时，气体发生器点火，钢球受气体冲力按图中箭头方向移动，带动齿轮旋转，使织带卷收，对乘员产生更大的约束力。

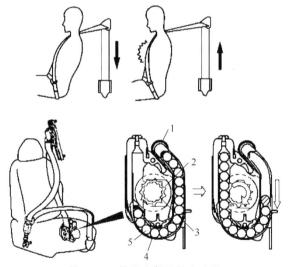

图 3-57　带预张紧器的安全带

1—气体发生器；2—卷筒；3—齿轮；4—管道；5—钢球

························· ▫ 技能学习 ▫ ·························

一、拆装座椅（奥迪轿车）

1. 拆装前座椅

（1）拆卸

① 将端帽及装饰条拉出导轮，如图3-58（a）所示。

a. 向前推座椅。

b. 按图3-58（a）中箭头所示，松开螺钉。

c. 向后拉端帽及装饰条，使之脱出导轮。

注意：在带有加热座椅的车上，在此操作之前必须拔下电路插座接头。

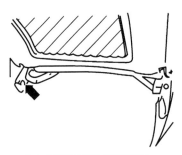　　　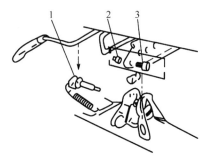

（a）将端帽及装饰条拉出导轮　　　　　　　　　（b）拆下座椅

图3-58　拆卸前座椅

1—锁杆；2—螺母；3—圆头螺钉

② 拆下前座椅，如图3-58（b）所示。

a. 松开螺母2，取下圆头螺钉3。

b. 松开锁杆1，向后将座椅拉出导轮。

③ 拆解前座椅靠背，如图3-59所示。

a. 取下盖帽10，拧下十字头螺钉11，拆下调整钮13。

b. 拧下两侧的装饰板16的固定螺钉，拆下装饰板。

c. 拧下两侧的沉头螺钉8，拆下偏心环7、锁卡6及卡销3。

d. 推压靠背架上的靠背，从靠背架上取下靠背。

（2）组装与安装

按拆卸的相反顺序进行组装和安装即可，注意各螺栓的拧紧力矩要求。

2. 拆装后座椅

（1）拆卸

① 拆卸后坐垫，如图3-60（a）所示。

a. 松开左、右侧沉头螺钉。

b. 轻举后坐垫，并向前方取下（在带有电加热座椅的车上操作时，先拔下电路接头）。

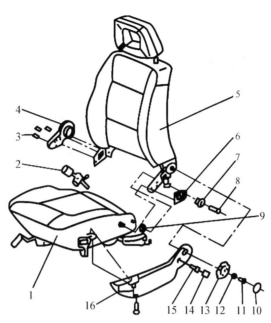

图 3-59 拆解前座椅靠背

1—前座；2—安全带卡槽；3—卡销；4、10、14—盖帽；5—靠背；6—锁卡；7—偏心环；

8—沉头螺钉（8N·m）；9、12—垫；11、15—十字头螺钉（3N·m）；

13—调整钮；16—装饰板

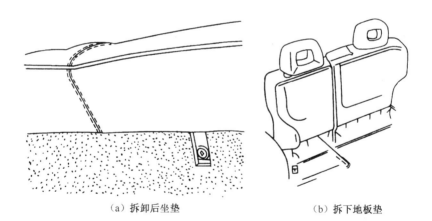

（a）拆卸后坐垫　　　　　　　　　　　（b）拆下地板垫

图 3-60 拆卸后坐垫及地板垫

② 拆下后座椅，如图 3-61（a）所示。

a. 拆下地板垫，如图 3-60（b）所示。在行李舱地板垫前方的豁口上卸下自攻螺钉；从导轮上拆下地板垫。

b. 松开连接螺钉 2。

c. 松开后座椅 1，同时向前拉出。

③ 拆下后座椅靠背，如图 3-61（b）所示。

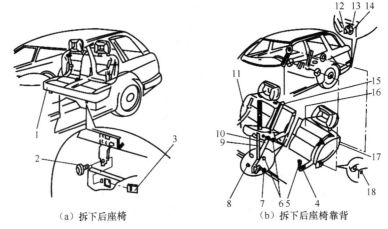

（a）拆下后座椅　　　　　（b）拆下后座椅靠背

图 3-61　拆下后座椅及其靠背

1—后座椅；2—连接螺钉；3—弹簧螺母；4—安全带；5—六角头螺栓；6—椭圆头螺钉；
7—支撑螺母；8—支撑螺栓；9—内侧左支杆；10—内侧右支杆；11—右后座椅靠背；
12—闩销；13—螺母；14—碟形垫片；15—装饰板；
16—左后座椅靠背；17—旋钮搭扣；18—塞子

a. 拆下后座椅。

b. 松开六角头螺栓 5。

c. 解开旋钮搭扣 17，并向前拉后座椅靠背。

d. 从后座椅靠背上掀下行李舱前方覆盖垫。

e. 推装饰板至靠背上沿，拉出内侧支杆，如图 3-62 所示。

f. 松开椭圆头螺钉 6。

g. 向车内侧方向推压后座椅靠背，使塞子 18 脱开后拆下靠背。

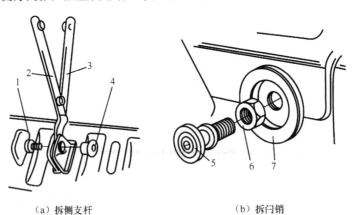

（a）拆侧支杆　　　　　（b）拆闩销

图 3-62　拆侧支杆和闩销

1—支撑螺栓；2—左支架；3—右支架；4—支撑螺母；5—闩销；6—螺母；7—碟形垫片

④ 拆侧支杆，如图 3-62（a）所示。

a. 松开支撑螺栓 1 和支撑螺母 4，拉出中间支撑座。

b. 取下左、右支架。

⑤ 拆闩销，如图 3-62（b）所示。松开螺母 6，卸下闩销 5，取下碟形垫片 7。

（2）组装与安装

按拆卸的相反顺序进行组装和安装即可，注意各螺栓的拧紧力矩要求。

二、拆装安全带（奇瑞轿车）

1. 拆装前安全带

（1）拆卸

① 拆下门槛压条，局部拆卸门洞密封胶条。

② 取下盖子，松开安全带与 B 柱间的固定螺栓。

③ 取下螺母，松开 B 柱内衬的螺栓，拆下 B 柱上护板。

④ 松开 B 柱底部衬板的两个固定螺钉，拆下 B 柱下护板。

⑤ 拆下装饰盖，松开安全带与车地板间的固定螺栓，松开自动锁装置与 B 柱间的固定螺栓。

⑥ 松开转向板的固定螺栓，拆下转向板。拆座椅的安全带装置，此时注意防止织带拧在一起，因为固定螺栓已脱开，而织带是反卷在自动装置上的。

⑦ 松开锁与前座椅框间的固定螺栓，即可拆下前安全带锁。

（2）安装

按拆卸的相反顺序进行组装和安装即可，注意各螺栓的拧紧力矩要求：安全带与自动转向装置间固定螺栓的力矩是 40 N·m，左侧安全带向右转 180°，右侧安全带向左转 180°。

2. 拆装后安全带

（1）拆卸

① 拆下顶部螺母装饰，松开安全带与 C 柱及后轮罩间的两个固定螺栓。

② 松开织带卷收器的固定螺栓，拆下织带卷收器，此时注意防止织带拧曲。

（2）安装

按拆卸的相反顺序进行组装和安装即可，注意各螺栓的拧紧力矩要求。

任务 3-2　风窗刮水器与洗涤器拆装

············□ 任务引入 □············

汽车风窗刮水器用于刮掉附于风窗玻璃上的雨雪、泥土、尘埃以及其他污物。很多轿车以及部分载货汽车上又加装了风窗洗涤器装置，与刮水器配合使用，能收到更为良好的刮洗效果，成为完善的风窗刮洗系统。

在进行汽车车身维修时，通常需要拆装风窗刮水器和洗涤器。本任务主要学习汽车风窗刮水器和洗涤器的结构原理，以及与车身的安装方式和正确的拆装方法。

□ 学习目标 □

1. 能够正确描述汽车风窗刮水器的组成、结构与工作原理。
2. 能够正确描述汽车风窗洗涤器的组成、结构与工作原理。
3. 能够正确进行汽车风窗刮水器和洗涤器的拆装。
4. 培养良好的安全卫生习惯、环保意识及团队协作的职业素养。
5. 能够检查、记录和评价工作结果。

□ 相关知识学习 □

一、汽车风窗刮水器

1. 刮水器的类型

刮水器按刮片的停置方式、刮刷形式以及动力来源可分为若干类。

（1）按刮片的停置方式分类

风窗刮水器按其刮片的停置方式不同分为自动复位式、自动降位式、复位凹入式、降位凹入式、隐蔽式和隐藏式等。

自动复位是指刮臂与刮片在刮水器电机电路切断以后，复位到风窗玻璃的下沿，即正常刮刷的低限位置。

自动降位是指刮臂与刮片自动停放到比正常刮刷低限位置还要低的位置。

凹入式刮水器在风窗玻璃的底部设有凹槽，刮臂与枢轴的接合处位于凹槽内，此种方式能使刮臂与刮片部分或全部被掩蔽。凹入式刮水器有自动复位与自动降位之分。当采用自动降位方式时，刮水器在运行过程中刮臂与刮片均外露；而当刮水器停止时，刮臂与刮片均沉入凹槽之内。

隐蔽式只有自动降位方式，在风窗玻璃的底部设有一凹槽，当刮水器停止时，刮臂与刮片全都进入凹槽内。

隐藏式是当刮水器不用时，刮臂与刮片全部被隐蔽，而且还要用活动盖盖住。

（2）按刮刷形式分类

刮水器刮片在风窗玻璃上的刮刷形式有多种，如图 3-63 所示。一般刮水器都装有两个或两个以上的刮臂和刮片，在风窗玻璃上同时同向摆动的形式称为同向刮刷式，如图 3-63（a）、图 3-63（b）和图 3-63（f）所示，其应用最广，是传统的刮水器刮刷形式。图 3-63（b）所示为两根枢轴间距很小的同向刮刷式，对高速行驶的汽车有良好的适应性。采用双刮臂（也称四连杆刮臂）可改变刮臂与刮片之间的角度关系，可使刮片刮到终端时平行于风窗的侧柱，有效地扩大驾驶员左方的视野。图 3-63（c）所示为单刮片刮刷式，这种形式具有良好的高速适应性，多用于赛车或后窗玻璃上。

两个刮臂与刮片在风窗玻璃上同时反向摆动的样式称为反向刮刷式。此种形式的缺点是刮刷时会在风窗玻璃中部形成一个由风窗顶部向下延伸的刮不到的倒三角区域，而且要求两个刮臂与刮片的摆动必须紧密协调，以避免在玻璃中部发生互碰与卡住现象，因而应用范围不广。反向刮刷式也有单刮臂与双刮臂之分，对窄而高的风窗玻璃，采用双刮臂较好。图 3-63 （d）所示的就是双刮臂反向刮刷式，能确保两侧的外后视镜有宽广的视野。图 3-63 （e）所示为用于大客车上的双刮臂反向刮刷式，由于采用双刮臂，有效地扩大了驾驶员的视野。图 3-63 （f）所示为大型载货汽车上所采用的 3 个刮臂平行联动刮刷式。

除同向刮刷式与反向刮刷式以外，还有一种称为交叉刮刷式，此种形式的刮水器停止时，两个刮片是互相对置的，而在工作时，装在驾驶员前面的刮片的摆动次数比乘员前面的刮片的摆动次数多一倍，但此种形式已很少使用。

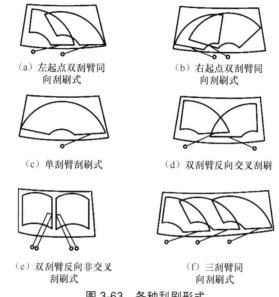

(a) 左起点双刮臂同　　　　　(b) 右起点双刮臂同
　　向刮刷式　　　　　　　　　向刮刷式

(c) 单刮臂刮刷式　　　　　　(d) 双刮臂反向交叉刮刷

(e) 双刮臂反向非交叉　　　　(f) 三刮臂同
　　刮刷式　　　　　　　　　　向刮刷式

图 3-63　各种刮刷形式

（3）按驱动刮水器的动力来源分类

按驱动刮水器的动力来源不同，风窗刮水器可分为真空式、气动式、液动式与电动式等。

在 20 世纪 50 年代以前普遍使用真空式刮水器，它是以发动机进气管内的真空为动力，去驱动一根无须减速的、做摆动运动的输出轴，但由于真空度随着发动机的工况变动而变动，所以稳定性很差，已被淘汰。气动式刮水器限用于具有空气压缩机的载货汽车、大客车上，其结构与真空式刮水器相同。液动式刮水器一般利用汽车上的液力转向泵，其输出轴也为摆动式。电动式刮水器的电源为蓄电池，所以不管发动机是否处于运行状态或下雨、下雪等特殊天气，都不会影响刮水器的工作。

2. 电动风窗刮水器

电动风窗刮水器的结构如图 3-64 所示。刮水器的刮片总成 3 被刮臂 2 压靠在风窗玻璃外表面上。电机 11 驱动减速机构 12 旋转，并通过驱动杆系 13 做往复运动，带动刮臂和刮刷片总成左右摆动，从而刮刷风窗玻璃。

刮水器电机多为直流电机，按其磁场结构的不同有励磁式和永磁式两种。

（1）励磁式电动风窗刮水器

它是通过改变磁通量来实现变速的。图 3-65 所示为励磁式电动风窗刮水器的工作原理。

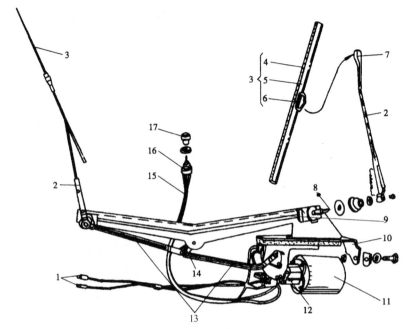

图 3-64　电动风窗刮水器

1—电线接头；2—刮臂；3—刮片总成；4—橡胶刮片；5—刮片杆；6—刮片支座；

7—刮片支持器；8—刮臂心轴；9—底板；10—电机安装架；11—电机；

12—减速机构；13—驱动杆系；14—驱动杆铰销；15—线束；

16—刮水器开关；17—开关旋钮

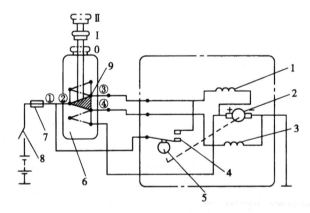

图 3-65　励磁式电动风窗刮水器的工作原理

1—串励绕组；2—电枢；3—并励绕组；4—触点；5—凸轮；6—刮水器开关；

7—熔断器；8—电源开关；9—接触片

　　当刮水器开关在"I"挡位置（低速）时，电流由蓄电池正极流经电源开关 8、熔断器 7、接线柱②、接触片 9，然后分成两路：一路通过接线柱③、串励绕组 1、电枢至蓄电池负极而形成回路；另一路通过接线柱④、并励绕组至蓄电池负极而形成回路。此时，在串励绕组

1 和并励绕组 3 的共同作用下，磁场增强，电机以低速旋转。

当刮水器开关在"Ⅱ"挡位置（高速）时，电流由蓄电池正极经电源开关 8、熔断器 7、接线柱②、接触片 9、接线柱③、串励绕组 1、电枢 2 至蓄电池负极而形成回路。此时，由于并励绕组 3 被隔出，磁场减弱，于是电机以高速旋转。

当刮水器开关在"0"挡位置（停止）时，如果刮片未停在合适的位置，与电枢联动的凸轮 5 使触点 4 闭合，这时电流由蓄电池正极经电源开关 8、熔断器 7、接线柱①、触点 4、串励绕组 1、电枢 2 至蓄电池负极构成回路，于是电机继续转动，如图 3-66（a）所示。当与电枢联动的凸轮 5 转至图 3-66（b）所示位置时，触点 4 分开而电路被切断；但由于电枢旋转时的惯性，电枢不能立即停止，于是电机便运行发电机来供电。此时，电枢电流所产生的电磁作用力与原来电枢的旋转方向相反，于是便产生制动转矩，使电机迅速停止转动，刮水器便停止工作，而刮片便停在风窗玻璃下部适当的位置。

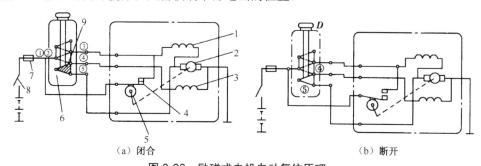

图 3-66　励磁式电机自动复位原理

1—串励绕组；2—电枢；3—并励绕组；4—触点；5—凸轮；6—刮水器开关；
7—熔断器；8—电源开关；9—接触片

（2）永磁式电动风窗刮水器

永磁式电动风窗刮水器的电机结构如图 3-67 所示，与励磁式电机基本相同，只是磁极为永久磁铁。永磁式电机磁场的强弱不能改变，为了改变刮水器工作速度，通常采用三刷式电机，其工作原理如图 3-68 所示。

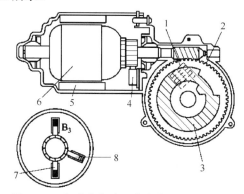

图 3-67　永磁式电动风窗刮水器的电机结构

1—触点；2—蜗轮蜗杆传动机构；3—凸轮盘；4—电刷；5—永久磁铁；
6—转子；7—低速用电刷 B_1；8—高速用电刷 B_2

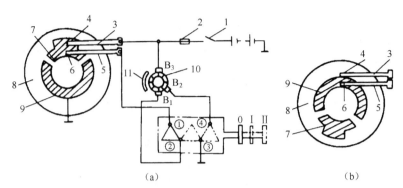

图 3-68　三刷式电动风窗刮水器工作原理

1—电源开关；2—熔断器；3、5—触点臂；4、6—触点；7、9—铜环；

8—涡轮；10—电枢；11—永久磁铁

当刮水器开关在"Ⅰ"挡位置（低速）时，电流由蓄电池正极经电源开关 1、熔断器 2、电刷 B_3、电枢线圈、电刷 B_1、接线柱②、接触片、接线柱③至蓄电池负极形成回路。此时，电枢线圈产生的磁场与永久磁铁的磁场相互作用，使电机转动，由于电刷 B_3 与 B_1 是相对的，它们接通的电枢线圈磁场与永久磁铁磁场的方向垂直，穿过电枢线圈的磁通量最大，因此电机以低速旋转。

当刮水器在"Ⅱ"挡位置（高速）时，电流由蓄电池正极经电源开关 1、熔断器 2、电刷 B_3、电枢线圈、电刷 B_2、接线柱④、接触片、接线柱⑧至蓄电池负极形成回路。由于电刷 B_3 和 B_2 所接通的电枢线圈磁场与永久磁铁磁场的方向偏转了一定角度，永久磁铁磁场穿过电枢线圈的磁通量减少，因此电机以高速旋转。

当刮水器开关在"0"挡位置（停止）时，如果刮片未停在合适的位置，触点 6 与铜环 9 接通，如图 3-68（b）所示。此时，电流由蓄电池正极经电源开关 1、熔断器 2、电刷 B_3、电枢线圈、电刷 B_1、接线柱②、接触片、接线柱①、触点臂 5、触点 6、铜环 9 至蓄电池负极形成回路。此时，电机继续以低速旋转，当蜗轮旋转到图 3-68（a）所示位置时，触点 4 和 6 通过铜环 7 接通，从而中断回路。但由于电枢转动时的惯性，电机不能立即停下来，因而电机运行发电机来供电。因为电枢线圈所产生的电磁作用力与原来电枢的旋转方向相反，于是便产生制动转矩，使电机迅速停止转动，而刮片便停在风窗玻璃下部适当的位置。

3．气动风窗刮水器

气动风窗刮水器分为气压式和真空式两种。真空式已很少使用。

气压式风窗刮水器主要由刮水器本体、大活塞、换向阀体、换向活塞、进气量调节手柄等组成。刮水器本体内腔由大活塞分成左右两腔。刮水器工作时，换向阀使左右两腔交替地接通压缩空气源和接通大气，从而造成左右两腔的压力差方向交替变化，使活塞做往复运动，带动刮片左右摆动。

典型载货汽车的气动风窗刮水器结构和工作原理如图 3-69 所示。

当刮水器开始工作时，压缩空气 A 经进气量调节手柄 4 的针阀进入换向阀体 2，由进气孔 a 到达刮水器本体 5 的 G 腔，推动大活塞 1 向右运动。于是齿条驱动齿扇按图中箭头方向转动，使摆杆总成摆动。此时 M 腔中的残余空气则经孔 c 进入换向阀体 2，通过排气节流孔 f 排出。当大活塞向右运动到使换向孔 b 露出时，压缩空气进入换向阀体 2 的左端，将换向活塞 3 推向右端，使压缩空气经进气孔 c 进入刮水器本体 5 的 G 腔中，推动大活塞 1 向左移动，完成换向动作。于是齿条驱动齿扇按图中箭头的反向转动，使摆杆总成反向摆动。刮水器摆杆总成的摆动速度可由进气量调节手柄 4 通过针阀进行调整。

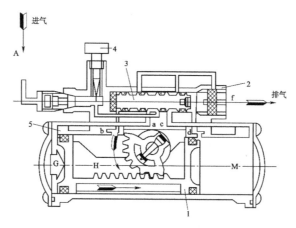

图 3-69　典型载货汽车的气动风窗刮水器结构和工作原理
1—大活塞；2—换向阀体；3—换向活塞；4—进气量调节手柄；5—刮水器本体

操纵刮水器的开关装在驾驶室内，用来接通或断开刮水器与压缩空气源之间的通道，其构造如图 3-70 所示。

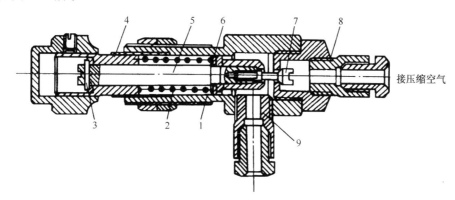

图 3-70　气压式刮水器开关
1—壳体；2—弹簧；3—销；4—旋钮；5—推杆；6—皮碗；7—阀门；8、9—管接头

在不使用刮水器时，可将旋钮 4 旋出，通过销 3 向外拉推杆 5，使阀门 7 关闭，切断刮水器与压缩空气源之间的通路，刮水器便停止工作。需要刮水器工作时，可旋进旋钮 4，弹簧 2 便将推杆 5 向内推进，打开阀门 7，压缩空气便经管接头 8、阀门 7、管接头 9 进入刮水器。

4. 刮刷面积与刮刷频率

刮水器也有用于后窗玻璃上的，以改善驾驶员的后方视野，但通常只装一个刮臂与刮片。另外，刮水器还可用于前照灯与车外后视镜上。

5. 刮水器的联动机构

（1）四连杆机构

四连杆机构的作用是把电机的旋转运动转变为刮水器轴的摆动运动。

一般四连杆机构的效率为80%～90%，刮刷角在110°以内，如图3-71所示。由于四连杆机构具有构造简单、制作容易、价格便宜等优点，所以被广泛采用。

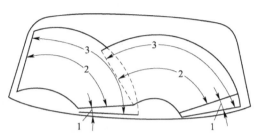

图 3-71　刮刷角与停位角

1—停位角；2—刮刷角；3—全刮角

（2）联动机构

各种刮刷形式的连杆机构以不同的组合方式形成各种联动机构。图 3-72 所示为同向刮刷的串联联动机构，图 3-73 所示为同向刮刷的并联联动机构，图 3-74 所示为反向刮刷的串联联动机构，图 3-75 所示为反向刮刷的带有交叉连杆的联动机构，图 3-76 所示为具有减少刮片升力作用的紧凑型同向刮刷联动机构。图 3-77 表示了几种形式的风窗刮水器的联动原理。

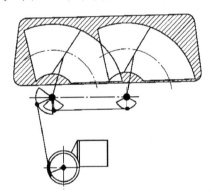

图 3-72　同向刮刷的串联联动机构

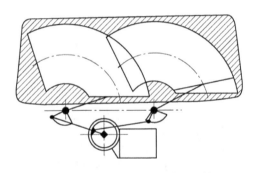

图 3-73　同向刮刷的并联联动机构

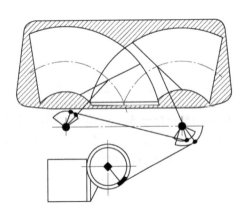

图 3-74　反向刮刷的串联联动机构

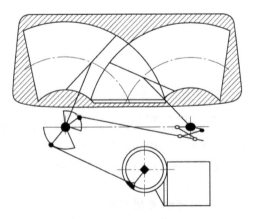

图 3-75　反向刮刷的带有交叉连杆的联动机构

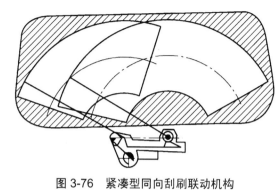

图 3-76 紧凑型同向刮刷联动机构

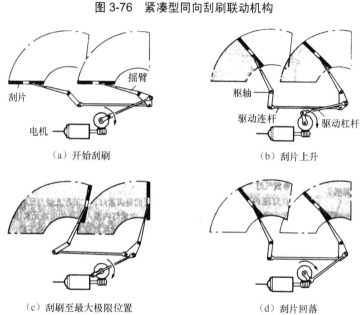

（a）开始刮刷

（b）刮片上升

（c）刮刷至最大极限位置

（d）刮片回落

图 3-77 几种形式的风窗刮水器的联动原理

如果希望刮片的刮刷角大于 110°，可采用交叉连杆式的连杆机构或齿条扇形齿轮式的连杆机构，如图 3-78 所示。

由于一般车身形状与风扇玻璃外形不可能既使连杆机构在同一平面上工作，又使刮水器电机的输出轴与各个刮水器轴（枢轴）平行，因此连杆之间多采用球窝接头连接。用低碳钢做的球头与用聚缩醛制作的保持器结合的球窝接头在工作中既无噪声又耐用，且成本低，所以已被广泛采用，如图 3-79 所示。

由于车身样式的改进，风窗玻璃多为复杂的曲面形状。为了使刮片能沿着曲面平衡地进行刮刷，特别要求在任何刮刷位置上，刮片必须垂直于风窗玻璃曲面的切线，其允许误差角为±8°。因此，必须慎重确定刮水器轴的位置与其安装方式。

（a）齿条扇形齿轮式

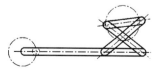

（b）交叉连杆式

图 3-78 扩大刮刷角的连杆机构

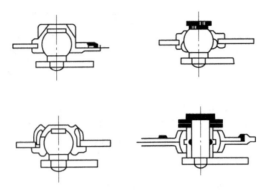

图 3-79 球窝接头

6. 刮臂与刮片

刮臂与刮片是刮水器的工作部件，也是刮水器仅有的外露部件。

（1）刮臂

刮臂由装于刮水器轴上的头部、刮片弹簧、刮杆及夹持器所构成，如图 3-80 所示。

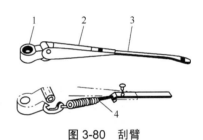

在曲面风窗玻璃上刮刷时，图 3-81 所示的刮臂角 α 会随着刮水器的刮刷动作而变化。由于弹簧的伸缩，刮臂对刮片的压紧力将随着刮臂角 α 的变化而变化。压紧力的变动不宜过大，因此，应使用刚度尽可能小的弹簧，以使压紧力的变动量相对于角 α 的变动量小些。不管刮臂处于何处，刮片的压紧力都不得低于 0.08 N。

图 3-80 刮臂

1—头部；2—夹持器；3—刮杆；4—刮片弹簧

刮臂与枢轴的连接方法有细齿花键式连接与锥形头部式连接两种，如图 3-82 所示。前者拆装简便，但不能进行微调。

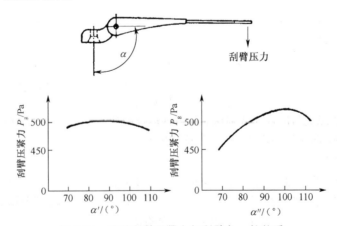

图 3-81 两种刮臂压紧力与刮臂角 α 的关系

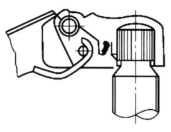 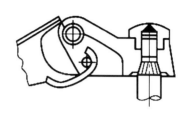

（a）细齿花键式连接　　　　　　　　　（b）锥形头部式连接

图 3-82　刮臂与枢轴连接方法

（2）刮片

刮片由胶条、板簧式衬片、组合弓形架及与刮杆的连接件等组成，如图 3-83 所示。

刮片形状分为平面与曲面两种。平面刮片结构简便，多用于载货汽车的平面风窗玻璃上。但由于风窗玻璃的曲面化，其使用范围越来越小，逐渐为曲面刮片所取代。

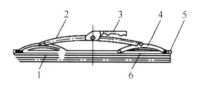

图 3-83　刮片

1—胶条；2—主弓形架；3—连接杆；4—副弓形架；

5—挡块；6—板簧式衬片

① 胶条。其断面的形状如图 3-84 所示，颈部的作用是使胶条在刮刷时与玻璃面保持适当的接触角，接触角的大小以 30°～50° 为宜，过大或过小都会妨碍正常刮刷。接触角过大或过小是引起刮不干净现象与高频振动的原因之一。

胶条的刃口部分要求加工得既尖又直，它对刮刷性能有很大影响。胶条经常处于日晒、风吹、雨淋及气温变化的环境中，又受到刮臂的挤压，所以应使用耐候性与机械性能好的优质胶条，常用氯丁橡胶与天然橡胶配制。氯丁橡胶具有很强的耐臭氧性与耐药性，但缺乏弹性，特别是有低温硬化与永久变形等缺点。天然橡胶富有弹性，并且有抗气温变化的特性，且不易产生永久变形，但耐臭氧性差，容易老化。

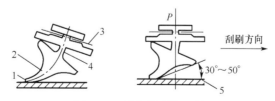

图 3-84　胶条的断面形状

1—刃部；2—唇部；3—衬片；4—颈部；5—玻璃

② 弓形架。为了适应曲面风窗玻璃，保证胶条密切贴合玻璃曲面，多采用主、副弓形架组合的加强结构，使来自刮臂的压紧力经板簧式衬片均匀地分布到整个刮片上。图3-85所示为两种具有代表性的弓形架组合形式，图3-85（a）所示的形式刚性较好，图3-85（b）所示的形式压力分布较均匀。

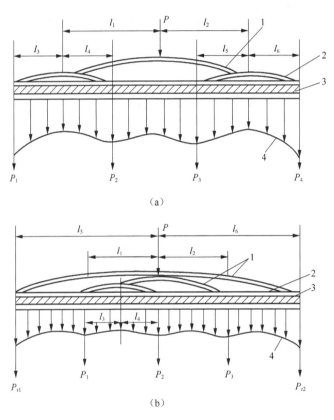

图 3-85　两种具有代表性的弓形架组合形式

1—弓形架；2—衬片；3—胶条；4—负荷分布

（3）刮臂与刮片的结合方式

刮臂与刮片的结合方式可分为中心铰接式与侧面插销式两种。卡口式与内锁式为中心铰接式的代表形式，销钉式与螺钉式为侧面插销式的代表形式，如图3-86所示。由于卡口式结合方式使刮臂与刮片和结合高度稍高，所以多采用侧面插销式以降低结合高度，特别是在装配隐蔽式刮水器的汽车上应用较多。

7. 雨滴感知刮水器

为实现风窗除水的自动化，现代汽车采用了雨滴感知刮水器，如图3-87所示。发光二极管发出的光线经反射镜反射后射向风窗玻璃，如果遇到水滴，则产生的反射光线经凹面镜汇集后照射在光敏二极管上。光敏二极管产生的电信号传给ECU，作为判断是否自动启动刮水器的主信号。

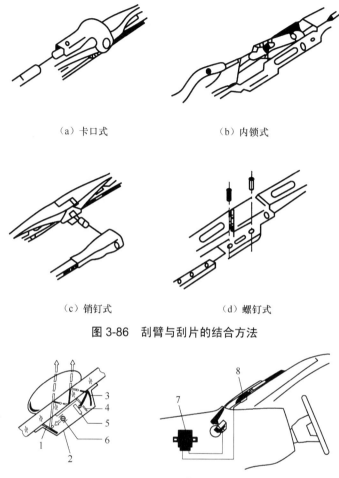

（a）卡口式　　　　　　　　　　（b）内锁式

（c）销钉式　　　　　　　　　　（d）螺钉式

图 3-86　刮臂与刮片的结合方法

图 3-87　雨滴感知刮水器

1—反射镜；2、8—雨滴传感器；3—凹面镜；4—细长缝；

5—光敏二极管；6—发光二极管；7—ECU

二、汽车风窗洗涤器

　　汽车风窗玻璃在使用过程中常会有油滴、泥污等黏附其上，影响视线，为了有效地刮除这些污物，可用洗涤器作为刮水器的辅助装置。如果附于玻璃表面的污物是灰尘与稀泥，用水作为清洗液就可以洗净；但如在雨水稀泥中混有石蜡、油类等杂质，刮片的刮刷性能会受到严重影响，并成为刮片产生颤动的主要原因之一。因此，应使用清洗效果强的清洗液。此外，前照灯玻璃也需要清洗，可由风窗洗涤器进行清洗，它配合前照灯刮水器，刮掉灯玻璃上的污物，保证前照灯的灯光不受影响。

1. 风窗洗涤器的构造与特性

　　风窗洗涤器有手动式、真空式和电动式 3 种，但现在一般都采用电动式。

　　电动式风窗洗涤器是由电机、清洗泵、储液罐、喷嘴、软管以及控制开关等构成的，如

图 3-88 所示。

　　风窗洗涤器的工作原理如图 3-89 所示。当按下控制开关 5 时，电机带动清洗泵齿轮 2
旋转，清洗液即以一定压力经喷嘴 3 喷到风窗玻璃 4 的外表面上，再配合刮水器来清洁风窗
玻璃。

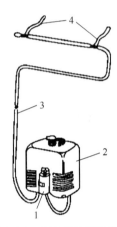
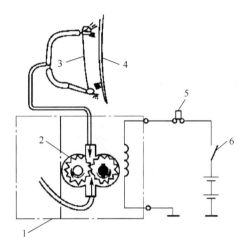

图 3-88　电动式风窗洗涤器　　　　　　　图 3-89　风窗洗涤器工作原理

1—清洗泵与电机；2—储液罐；　　1—清洗液罐；2—清洗泵齿轮；3—喷嘴；4—风窗玻璃；

3—软管；4—喷嘴　　　　　　　　　5—控制开关；6—电源开关

　　风窗洗涤器所用的电机多为小型陶瓷永磁式电机，其电力由蓄电池供给，并常与清洗泵
组装在一起。

　　清洗泵的形式有离心式、齿轮式和挤压式 3 种，如图 3-90 所示。离心式清洗泵通常装在
储液罐的下部，由于没有吸入位差，所需功率较小，经久耐用，应用最广；其缺点是清洗液
被抽空时，泵内会吸入空气，从而引起喷射不稳定现象。目前所采取的改善措施主要是利用
空气与水的密度差，使空气无法积存。

　　齿轮式清洗泵在泵体内装有两个相互啮合的齿轮，转动时，清洗液从各齿轮的齿间排出。

（a）离心式　　　　　　　（b）齿轮式　　　　　　（c）挤压式

图 3-90　清洗泵的形式

　　挤压式清洗泵靠叶片挤压清洗液，其优点是安装地点不受限制，但耐久性差，特别是退
转时会引起叶轮的过早磨损。

2. 喷嘴与清洗液

喷嘴可以是 1～2 个。喷射方向可以调节，喷水直径一般为 0.8～1.0 mm，各喷嘴排液量要均等，射出的液体不应分散。也有把喷嘴装在刮水器的刮臂上的，并和刮水器联动，定时地配合刮片的刮刷动作，这是一种喷射效果良好的间歇式洗涤器。

常用的清洗液是浓度不超过 0.205‰ 的清水。为了刮洗油、蜡等污物，可在水中添加少量的去垢剂和防锈剂。强效清洗液的去垢效果虽好，但会促使风窗密封条和胶条变质，还会引起车身漆面变色以及储液罐、喷嘴等塑料件的开裂，所以对清洗液的选用必须十分慎重。

冬季使用洗涤器时，为了防止清洗液被冻结，应添加甲醇、异丙醇、甘醇等防冻剂，再添加少量的去垢剂与防锈剂，使之成为低温清洗液，可使凝固温度下降到 -20 ℃ 以下。

清洗液应为不含沉淀和浮游物的均匀液体，无显著臭味，对皮肤无刺激性，对金属、橡胶、塑料、车身涂层无损害作用，凝固温度在 -20 ℃ 以下，pH 值在 6.5～10。

···················· □ 技能学习 □ ····················

一、拆装电动风窗刮水器

拆装电动风窗刮水器时，需要用到一些专用工具，电动风窗刮水器专用拆装工具如表 3-2 所示。

表 3-2　　　　　　　　　　　电动风窗刮水器专用拆装工具

图解	工具编号/名称
	J-392.32 刮水器变速器拆分器
	J-39529 刮水器变速器安装工具
	J-39822 刮臂拔出器

1. 拆装刮水器开关

（1）拆卸

刮水器开关是组合开关的一部分，安装在转向柱上。组合开关零部件如图 3-91 所示。

① 拆下蓄电池负极电缆。为接近组合开关的插接器，应先拆下转向柱下方的仪表板下部盖板，然后拆下转向柱上下盖板，再拆下转向盘。

② 找到位于组合开关插接器内的刮水器/洗涤器开关的端子，如图 3-92 所示。

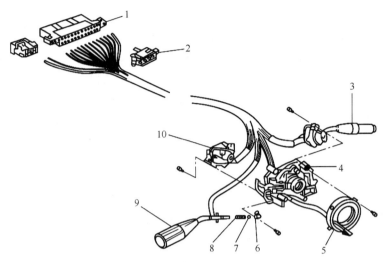

图 3-91　组合开关零部件

1—组合开关插接器；2—线束夹；3—刮水器/洗涤器开关；4—组合开关体；5—滑环；

6—滚珠固定盘；7—滚珠；8—弹簧；9—前照灯控制开关；

10—前照灯/变光器/转向开关

6	5	4		3	2	1		9	8	7	6		5	4	3	2	1
14	13	12	11	10	9	8	7	20	19	18	17	16	15	14	13	12	11	10

插接器 "A"　　　　　　　　　　　　　　　插接器 "B"

图 3-92　组合开关插接器端子

③ 撬开位于组合开关插接器上的插脚锁扣机构。利用小螺丝刀松开插接器内插脚的锁扣，从插接器和线束套管中拉出线头和插脚，如图 3-93 所示。

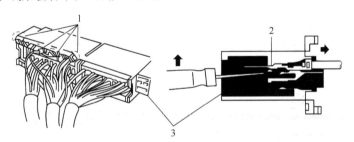

图 3-93　松开组合开关插接器内的端子

1—撬开插脚锁扣机构；2—松开插接器内的锁扣机构、拉出线头和插脚；

3—松开插接器内插脚的锁扣机构

④ 从组合开关的后部旋下螺钉，拆下刮水器组合开关，如图 3-94 所示。

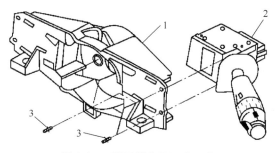

图 3-94　拆下刮水器组合开关

1—组合开关支架；2—刮水器组合开关；3—螺钉

（2）安装

安装时，按照与拆卸相反的顺序进行。在将刮水器开关端子往线路插接器内安装的过程中，应将端子插脚一直推到位。

2.拆装刮臂

（1）拆卸

① 将点火开关拨到"ACCY"位置。

② 将刮水器开关拨到"DELAY"（间歇）。

③ 当刮臂位于停止位置时，关闭点火开关。

④ 从螺母上取下盖帽。

⑤ 从刮臂上拆去螺母。

⑥ 使用刮臂拔出器（J-39822），通过摇动从刮水器变速器驱动轴上拆去刮臂，如图 3-95 所示。

⑦ 从刮臂上拆去刮片。

（2）安装（见图 3-96）

① 将刮片安装到刮臂上。

② 将点火开关拨到"ACCY"位置。

③ 将刮水器开关拨到"DELAY"位置，刮水器电机运行。

④ 当刮臂位于停止位置时，关闭点火开关。

⑤ 在刮水器变速器驱动轴上安装刮臂，同时保持下列距离：左侧 50～60 mm；从刮臂末端至进风口格栅衬板右侧 45～55 mm。

⑥ 将螺母安装到刮水器变速器驱动轴和刮臂上，螺母拧紧力矩为 10～12 N·m。

⑦ 在螺母上盖上盖帽。

⑧ 操作刮水器并检查工作是否正常。

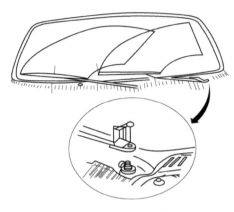

图 3-95　拆卸刮臂

图 3-96　安装刮臂

3. 拆装刮水胶条

（1）拆卸

① 从刮臂上拆卸刮片。

② 从胶条的切口中拆卸刮片的底爪。

③ 将胶条从底爪中抽出，如图 3-97 所示。

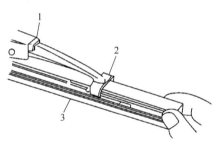

图 3-97　拆卸胶条

1—刮片；2—底爪；3—胶条

（2）安装

在安装时，将底爪保持在刮片的橡胶滑道中，切勿使底爪接触胶条的金属槽。

① 将胶条开口端插入底爪。

② 将胶条导入金属槽。

③ 将底爪嵌入刮片切口。

④ 将刮片安装到刮臂上。

4. 拆装刮水器电机及变速器

（1）拆卸

① 从车辆上拆卸进风口前罩板。

② 从刮水器变速器上拆卸刮水器电机曲轴臂，如图 3-98 所示。

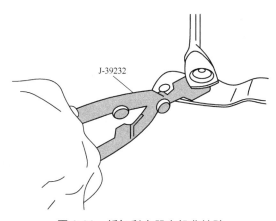

图 3-98　拆卸刮水器电机曲轴臂

③ 拆卸刮水器传动系统，如图 3-99 所示。

④ 从刮水器电机和刮水器变速器上拆卸 3 个螺钉，将电机摇臂从刮水器变速器上断开。

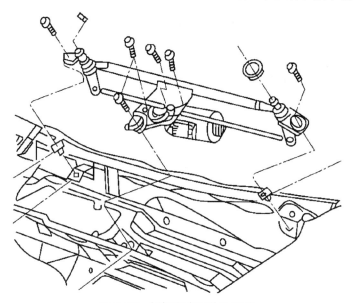

图 3-99　拆卸刮水器传动系统

（2）安装

按照与刮水器电机及变速器拆卸相反的顺序安装刮水器电机及变速器。

二、拆装风窗洗涤器

　　风窗洗涤器的拆装主要是储液罐、喷嘴和软管的拆装。典型的风窗洗涤器零件构成如图 3-100 所示。

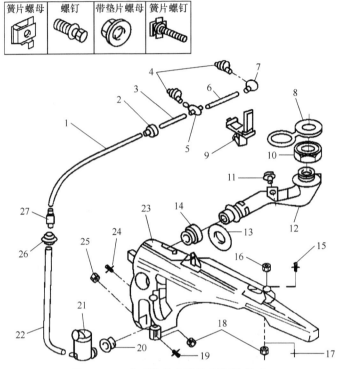

图 3-100　典型的风窗洗涤器零件构成

1、3、22—PVC 管；2—套管；4—喷嘴；5—三通接头；6—软管；7、27—管接头；

8—储液罐盖；9—支撑夹；10—螺母；11、17、19—螺钉；12—储液罐加液管；

13—储液罐密封垫圈；14、20—洗涤器密封圈；15、24—簧片螺钉；

16、25—簧片螺母；18—带垫片螺母；21—清洗泵；

23—储液罐；26—密封圈

（1）拆卸

① 从清洗泵上断开导线插头。

② 从储液罐法兰上拆下螺母。

③ 从仪表板上拆下储液罐。

④ 断开清洗泵上的软管。

⑤ 从储液罐上将清洗泵拆下。

⑥ 从储液罐上去除清洗泵的密封圈。

⑦ 从前舱盖铰链上拆卸夹子。

⑧ 从前舱盖上拆去喷嘴，并且将软管从喷嘴上断开。

⑨ 从前舱盖上拆卸软管总成。

（2）安装

① 在前舱盖上安装软管总成。

② 将喷嘴与软管连接，并且将喷嘴安装在前舱盖上。

③ 在储液罐上安装密封圈。

④ 在储液罐上安装清洗泵。

⑤ 将软管与清洗泵连接。

⑥ 将前舱盖铰链上的软管用夹子固定。

⑦ 在仪表板上安装储液罐。

⑧ 安装螺母以固定储液罐，螺母的拧紧力矩为 1.5～2.0N·m。

⑨ 将导线插头与清洗泵连接。

任务 4-1 客车车身结构认识

不同用途客车的车身差别主要体现在外观和车室布置上。当然，由于其用途不同，车身的结构也会存在一些差异。

由于客车相比轿车而言，少了可拆装的前舱盖、行李舱盖和后保险杠等，因此客车车身维修方法与轿车也有较大的差别。

本任务主要学习客车的车身结构和常见附属装置的拆装。

1. 能够正确描述客车车身的整体结构。
2. 能够正确描述客车车身壳体结构的类型及各类型壳体结构的特点。
3. 能够正确描述客车车身骨架结构。
4. 能够正确描述客车风窗与侧窗结构。
5. 能够正确识别客车车身结构类型及侧窗结构类型。
6. 培养良好的安全卫生习惯、环保意识及团队协作的职业素养。
7. 能够检查、记录和评价工作结果。

一、客车车身整体结构

1. 客车车身结构类型

按不同的分类标准，客车车身有多种类型。

（1）按车身用途分类

按车身用途不同，客车车身可分为城市客车车身、长途客车车身和旅游客车车身3种。

① 城市客车车身如图4-1所示。城市客车由于站距短，乘客上下车频繁，所以地板离地高度一般较小，乘客门较多或尺寸较大。为了增大过道宽度和站立面积，座位多采用单双排座（1+2）的布置形式。车内高度相对较大，为保证站立乘客的视野，车顶的凸度一般较小。为了缓解城市公共交通紧张问题、提高客车的面积利用率，目前城市双层客车应用得也较多，

如图 4-2 所示。

图 4-1　城市客车

图 4-2　城市双层客车

②　长途客车车身如图 4-3 所示。由于旅客乘坐时间长，客流量比较稳定，所以长途客车车身一般只有一扇乘客门。为保证乘坐舒适性，要求每人都有座位，所以座椅布置较密集，且一般采用高靠背。为了使地板下有较大的行李存放空间，地板高度一般在 1 m 以上。另有一类远距离长途客车为卧铺客车（因存在安全隐患，目前此车型已被取消）。

③　旅游客车车身如图 4-4 所示。旅游客车与长途客车没有本质上的差别，但其外观往往更讲究、更注重乘客的居住性和舒适性，如车上附设卫生间，有些还附设烹调室和卧室等。为方便观光，旅游客车的视野也较开阔。

图 4-3　长途客车车身

图 4-4　旅游客车车身

（2）按车身承载形式分类

按承载形式不同，客车车身可分为非承载式、半承载式和承载式。

① 非承载式车身。这种车身是直接在 3 类汽车底盘的车架上组装而成的，车架边梁两侧的悬伸梁（俗称"牛腿"）用螺栓与边梁相连，底横梁支撑在悬伸梁上，车厢侧立柱与底横梁焊接；为弥补悬伸梁与车架边梁上平面度的误差及缓和来自路面对车身的冲击和振动，在底横梁及悬伸梁之间安装有橡胶缓冲垫，如图 4-5 所示。这种结构的车身，载荷主要由车架来承担，车架产生的变形则由橡胶缓冲垫的挠性所吸收，所以车身是几乎不承载的。目前国产客车大多采用这种结构，如图 4-6 所示。

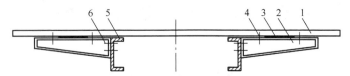

图 4-5　悬伸梁与底横梁、车架的连接

1—底横梁；2—悬伸梁；3—底横梁与悬伸梁连接螺栓；4—橡胶缓冲垫；

5—车架边梁；6—车架与悬伸梁连接螺栓

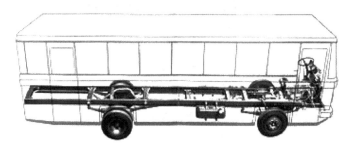

图 4-6　非承载式车身

② 半承载式车身。半承载式车身是一种过渡性结构，其车身下部保留有强度和刚度均较车架低的底架，车身骨架（立柱）的下端与底架纵梁两侧悬伸的横梁（俗称"牛腿"）刚性相连，车身下部与底架组成一个整体，如图 4-7 所示。车身也能分担一部分弯曲和扭曲载荷，所以称为半承载式。其优点是可以降低整车质量。

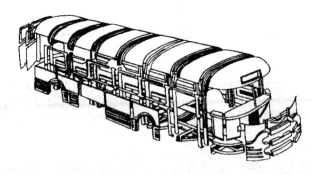

图 4-7　半承载式车身

③ 承载式车身。为了进一步减轻客车的自身质量并使车身结构更趋合理，在多数大客车上采用无车架的承载式结构。

根据大客车车身上下受载程度的不同，又可将承载式结构分为基础承载式和整体承载式两种。

a. 基础承载式。这种结构的原理如图 4-8（a）所示，它是将车身侧围腰线以下部分（包括窗台梁以下到地板的侧壁骨架和底部结构）设计成为车身的主要承载件，而其顶盖和窗柱均为非承载件。这种结构的底部纵向和横向构件一般可采用薄壁钢或薄板来制造，其高度可达 0.5 m 左右，故可充分利用车身地板下面的空间来作为行李舱。但因底部结构的断面高度较大，导致车身地板离地距离较高，因此这种结构的车身一般只用于长途客车或旅游客车上。图 4-9 所示为基础承载式客车车身结构。

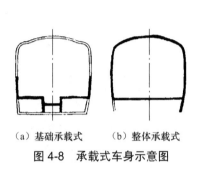

（a）基础承载式　（b）整体承载式

图 4-8　承载式车身示意图

图 4-9　基础承载式客车车身结构

b. 整体承载式。这种结构的原理如图 4-8（b）所示。整体承载式车身的上下部结构是一个统一的整体，整个车身均参与承载，如图 4-10 所示。当车身承受载荷时，各构件以强济弱，使整个车身壳体达到稳定平衡状态。

整体承载式结构采用空间框架结构，地板采用中间下凹形结构（通道平面离地高度约为 1.2 m，乘客座椅下的平台比通道平面高出 150 mm 左右），因此当前后和两侧遭到撞击时，乘客均处于遭受冲击部位的上方，安全性较好，

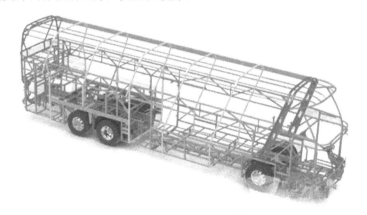

图 4-10　整体承载式客车车身结构

（3）按车身壳体的组成形式分类

按车身壳体的组成形式不同，客车车身可分为骨架式车身、薄壳式车身和复合式车身 3 种。

① 骨架式车身。骨架式车身的刚度依赖于车身骨架，骨架是由抗扭刚度较强的异型钢管焊接构成的，如图4-10所示。外部蒙皮用薄板焊接（或铆接）于骨架上，不依靠蒙皮来加强刚度，即蒙皮是不受力的。这种结构可保证车身表面平整光顺、挺拔美观，侧窗可采用大尺寸，使视野良好，通透感强。其缺点是改型困难，工艺装备投资大，焊接工艺技术要求较高。目前我国生产的大客车大多属于此类结构。

② 薄壳式车身。薄壳式车身又称为应力壳体式车身结构，是飞机机身薄壳结构的移植和运用，如图4-11所示。它没有像骨架式车身那样的独立骨架，构成车身整体并起骨架作用的是板块式构件，结构应力亦由这些板式构件承担，如顶盖、车底、侧板、车身构件等。

薄壳式车身结构具有整体刚度好、材料消耗小、壳体质量轻、工艺性好和生产效率高等许多优点，但承载能力小，所以车身尺寸一般不会很大。

薄壳式车身的车底用优质钢板冲压而成。为满足车底承载能力和装配发动机及底盘各总成的需要，一般还加焊了加强结构。车内地板同样覆盖以隔声、绝热、密封为目的的地板装饰材料。薄壳式车身广泛应用于旅游客车车身。

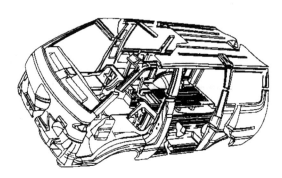

图 4-11　薄壳式车身

③ 复合式车身。这是一种将薄壳式和骨架式结构的优点融为一体的客车车身结构，通常第二立柱与最末立柱之间为框架结构，前围和后围为薄壳结构，如图4-12所示。

除了以上分类方法和形式外，大客车车身也有按车身材料、发动机布置形式、豪华程度等进行分类的。

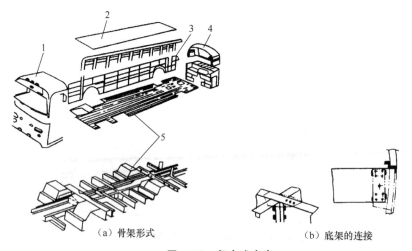

（a）骨架形式　　　　　　　（b）底架的连接

图 4-12　复合式车身

1—前围部分；2—顶盖部分；3—侧围部分；4—后围部分；5—底架与地板

2. 客车车身整体结构组成

客车车身由车体、内外装饰件和车身附件等构成。

车体是一切车身零部件及附件的安装基础，是承力元件组成的空间结构，通常还包括外蒙皮及隔音、绝热、防振和涂层等部分。

外部装饰件主要包括装饰条、车轮罩、商标、保险杠、灯具、散热器面罩、彩色图案以及后视镜等附件，即具有明显装饰性的外部构件。

车身内装饰件包括仪表板、内顶、内墙板、压条、地毯和窗帘及其他附件。

车身附件包括门泵、门锁、门铰链、玻璃升降器、各种密封件、风窗刮水器、风窗洗涤器、遮阳板、后视镜、扶手、安全带、点烟器、烟灰盒、电风扇、收音机等。现代豪华型客车上还装有电话机、闭路电视、小型电冰箱、食品柜、酒吧间、洗手间等附属设施。

无论车身的具体结构与用途如何，均可划分为基础性构件和非基础性构件两类。基础性构件是客车车身的主体。

承载式客车车身的基础性构件主要包括底架、骨架、蒙皮及车顶等。

（1）底架与车架

承载式客车车身没有独立的车架，取而代之的底架则需要有足够的强度和刚度，因为发动机（电机、动力电池）和底盘的主要总成都直接装配在底架上。

底架或车架多用高强度钢板冲压成型后组焊而成，采用封闭型断面梁时，应注意端口的封闭与通风。表面锐边应修磨平整。与其他构件铆接或用螺栓连接时，应夹垫约 1 mm 以上厚度的减摩垫片。修补或矫正时应避免用火焰法加热。选择电焊条时应根据钢材的特性而定。

（2）骨架

骨架的寿命在一定程度上决定着骨架式车身的耐久性。用抗扭性很好的异型钢管构成的骨架寿命长、工艺性好，但成本高。一般用高强度钢板冲压成型，再加之车身外蒙皮将断面的开口封闭，这样可以获得较好的强度和降低车身质量。

为提高骨架的耐腐蚀能力，除了在结构上解决内腔的通风问题外，还留有便于涂装作业的喷漆工艺孔。车身维修作业过程中，应注意有针对性地加以利用。个别客车的骨架内腔还注有聚氨基甲酸酯溶液加发泡剂的防腐材料，进行焊接作业前应注意做好检查。

（3）车顶

车顶是车身上重要的基础构件，其载荷主要来自行李架、扶手座。承载式车身的车顶还与车身的其他构件一起，共同承受车身整体的变形应力。采用具有一定深度拱形的顶盖，可使车顶的承载能力得到提高，沿顶盖的周边是箱形断面的圈梁，它与窗柱的刚性连接提高了车身的整体性。

车顶上部不宜开设天窗，以防止削弱车顶的强度和影响密封，否则应避开顶盖的拱形梁和顶盖纵梁，并采取相应行之有效的防锈与密封措施。

车身维修作业中经常会进行车顶排水槽（俗称"水沿"）修补作业。图 4-13（a）所示为分体式车顶排水槽，这种结构当焊接质量可靠并焊缝处于良好密封状态下时，具有较好的防锈效果。图 4-13（b）所示为一体式排水槽，它的特点是钣金成型难度大，但防水、防锈能力较好。

（4）外蒙皮

骨架式车身的外蒙皮随车身形状的变化覆盖在骨架上，并以此构成不同曲面的客车外形。非承载式车身的外蒙皮可以认为是不承载的。对于承载式车身，外蒙皮还要与骨架一起承受车身整体变形时产生的作用力。而在无骨架或半骨架车身中，外蒙皮是承受载荷的构件。

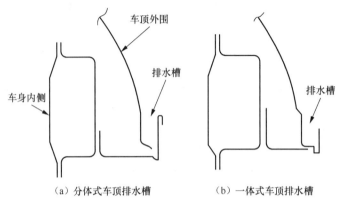

（a）分体式车顶排水槽　　　　　　（b）一体式车顶排水槽

图 4-13　车顶排水槽示意图

二、客车车身壳体

1. 骨架式车身

骨架式车身以组焊成的独立骨架为基础，装配车门、风窗、车窗、顶盖和地板等，结构应力主要由地板、顶盖和侧围骨架承受。骨架式车身主要由前围部分、后围部分、左右侧围部分、顶盖、底架与地板等部分组成，如图 4-14 所示。

（1）前围部分

前围由前围骨架和前围内、外蒙皮等组成。前围骨架的主要零件有前围立柱、风窗框上下横梁、风窗立柱、前围下横梁、前围搁梁等。前围上部由规定成型的小制件，通过节点板、角撑板加强组焊成为一体的骨架结构，再与外蒙皮相连构成组合件。

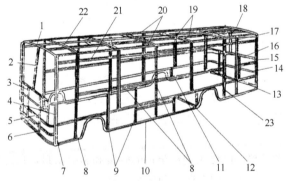

图 4-14　大客车车身骨架

1—风窗框上横梁；2—风窗立柱；3—风窗框下横梁；4—前围立柱；5—前围横梁；
6—前围下横梁；7—门立柱；8—侧围立柱；9—裙部立柱；10—侧围裙边梁；
11—腰梁；12—斜撑；13—后围下横梁；14—后围搁梁；15—后围立柱；
16—后窗框下横梁；17—后窗立柱；18—后窗框上横梁；19—顶梁纵梁；
20—上边梁；21—侧窗上梁；22—顶盖横梁；23—侧围搁梁

（2）后围部分

后围由后围骨架和后围内、外蒙皮等组成。后围骨架的主要零件有后围立柱、后窗框上下横梁、后窗立柱、后围下横梁、后围搁梁等。

（3）左右侧围部分

它由左右侧围骨架和内、外蒙皮等组成。侧围骨架的主要零件有侧围立柱、侧窗立柱、门立柱、上边梁、腰梁、侧围搁梁、侧围裙边梁、轮罩、斜撑梁等。

（4）顶盖

由顶盖骨架和内、外蒙皮等组成。顶盖骨架的主要零件有顶盖纵梁和顶盖横梁等。

（5）底架与地板

底架与地板包括底架、横纵底梁和地板护面等。对于发动机前置的客车，车身底架在驾驶区和客舱的结合部形成明显台阶。

车内底架用木板、多层板、塑料插接件等装修平整，即在底架上铺设地板。地板上通常还要覆盖橡胶、塑料等装饰材料，以解决车底的密封问题。

2. 复合式车身

复合式车身是将薄壳式和骨架式车身的优点融为一体。这种结构的车身，其前后围采用薄壳结构，而第二立柱与最末立柱之间为框架结构，并采用应力蒙皮，从而解决了外蒙皮上铆钉多的缺点。它与薄壳式车身相比，弯曲刚度可以提高一倍，质量减轻 5%，而且可大大简化生产工艺。

3. 单元式车身

单元式车身是利用纵向构件将若干个环箍单元（由地板横梁、立柱、顶横梁等构成）连接起来的一种车身结构，如图 4-15 所示。

它由 5～6 个长度为 1.5 m 左右的可以互换的单元体和前后两个单元体构成，每个单元体的两端用贯通的矩形材料封闭，横向构件均为压制件，单元体先在焊接架上进行组焊，然后再送到流水线上进行组装，其外蒙皮采用贯通的经滚压成型的不锈钢板与车身骨架铆接。它具有良好的结构刚度和强度。

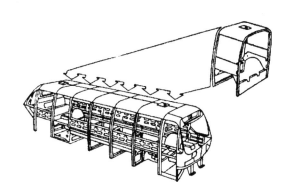

图 4-15　单元式车身结构

4. 嵌合式车身

嵌合式车身是全封闭式的，其车身侧壁由铝合金材料挤压成型材后嵌合而成，如图 4-16 所示。型材嵌合后再用环氧树脂挤入连接处，树脂硬化后即可将铝型材牢固地黏结在一起。铝型材上有纵向整体式加强筋，可以用铆钉铆接到钢质的竖柱上。因此，这种车身的强度高、质量轻，不易损坏，而且易于清洗和维护。这种车身采用铝板蜂窝状夹层结构的顶盖和地板，夹层中填充经发泡处理的氨基甲酸乙酯制成的顶盖和地板，再与侧壁铝型材一起构成整个车身壳体，其装配前各组件构成如图 4-17 所示。

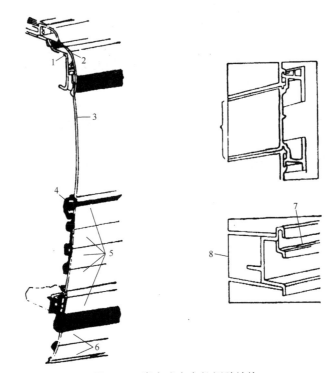

图 4-16　嵌合式车身的侧壁结构

1—车顶边梁；2—顶盖转角；3—侧窗框；4—蒙皮；5—裙板；6、7—铝型材；8—环氧树脂黏结剂

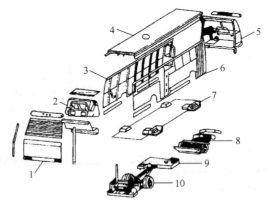

图 4-17　嵌合式车身组件构成

1—后围；2—空调装置；3—侧壁（铝型材）；4—顶盖（氨基甲酸乙酯泡沫）；

5—前围；6—侧壁边缘；7—地板组件（氨基甲酸乙酯泡沫）；

8—前操纵部分；9—储气箱；10—后悬架和发动机

三、客车车身骨架

客车车身骨架通常由五大骨架构成，如图4-18所示，即由左侧骨架、右侧骨架、前围骨架、后围骨架及顶盖骨架组成，五大骨架合装在底架或车架的底横梁上构成一个整体空间框架结构。

客车骨架的弧形构件（如顶横梁、立柱、风窗框、后窗框以及轮罩等）占车身构件的40%～50%，其曲率半径一般在200～900 mm，它是采用液压仿形弯管机来滚压弯曲成型的。

图4-19所示为典型的半承载式客车车身骨架结构；图4-20所示为典型大客车的承载式车身骨架图。

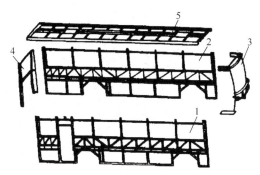

图 4-18　客车车身整体骨架
1—右侧骨架；2—左侧骨架；3—前围骨架；
4—后围骨架；5—顶盖骨架

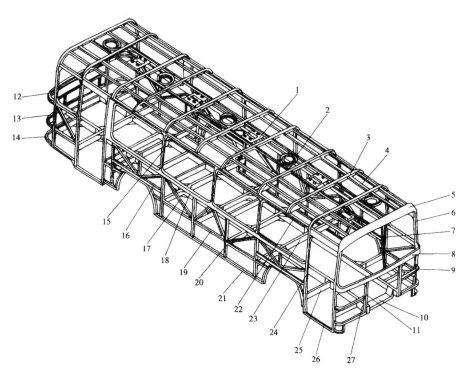

图 4-19　典型的半承载式客车车身骨架结构
1—顶灯底板；2—换气扇框；3—顶盖横梁；4—顶盖纵梁；5—风窗框上横梁；6—风窗立柱；
7—风窗中立柱；8—风窗框下横梁；9—前围搁梁；10—车架前横梁；11—前围立柱；
12—后窗框下横梁；13—后围搁梁；14—后围裙边梁；15—侧围窗立柱；16—车轮拱；
17—斜撑；18—腰梁；19—侧围搁梁；20—侧围立柱；21—侧围裙边梁；22—上边梁；
23—车架横梁；24—门立柱；25—车架悬臂梁；26—门槛；27—车架纵梁

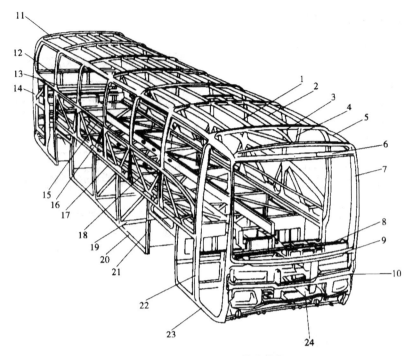

图 4-20　典型客车承载式骨架

1—侧窗立柱；2—顶盖纵梁；3—顶盖横梁；4—顶盖斜撑；5—上边梁；6—风窗框上横梁；
7—风窗立柱；8—仪表板横梁；9—风窗框下横梁；10—前围掁梁；11—后窗框上横梁；
12—后窗框下横梁；13—后围加强横梁；14—后围立柱；15—腰梁；16—角板；
17—侧围掁梁；18—斜撑；19—底架横格栅；20—侧围裙边梁；21—裙立柱；
22—门立柱；23—门槛；24—底架纵格栅

四、格栅式底架

格栅式底架是由矩形断面钢管组焊而成的空间桁架结构，如图 4-21 所示。它比其他形式的底架结构简单、质量轻，且维修时便于更换底架构件。采用格栅式底架时，还能有大容量的行李舱。

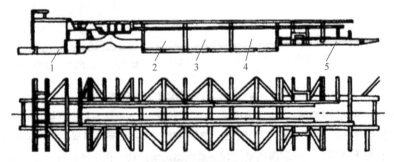

图 4-21　格栅式底架

1—后段边梁；2、3、4—行李舱；5—前段边梁

五、车身外蒙皮

车身外蒙皮通常采用 0.8～1.0 mm 厚的冷轧薄钢板或 1.5mm 厚的铝合金板。外蒙皮与骨架的连接方式主要有铆接和焊接两种。铆接一般采用直径为 5 mm 的铝质铆钉。断面是门形的冲压骨架采用实心铝铆钉；断面为矩形的钢管骨架采用空心铝铆钉进行拉铆。空心铆钉的强度较实心铆钉低，容易松动，故有时采用双排铆钉予以加固。外蒙皮与骨架的焊接最好采用二氧化碳气体保护焊。如采用单面点焊，点焊部位不能涂普通防锈底漆，因为这类底漆是不导电的，必须涂导电底漆。对于承载式大客车车身外蒙皮，通常有两种：一种是应力外蒙皮，它是将薄板先点焊定位于骨架上，再进行铆接，使蒙皮与骨架一起承载；另一种为预应力外蒙皮，即在车身侧壁的窗下梁至地板边梁之间，将一张长度为自车身前端第二立柱到车身最后第二立柱之间相应长度的薄板放在平台上，由专用胎夹具压平并拉伸 0.1%左右，然后将胎夹具贴实紧固的薄板整个吊装至骨架侧围的相应部位外边，进行贴合并将四周点焊，而蒙皮与中间各立柱则不焊接，其间只加装衬垫物。撤去胎夹具后的蒙皮仍处于张拉应力状态，故又称张拉蒙皮。张拉蒙皮不参与承载，只在骨架承载式客车车身上起密封和改善装饰作用，由于蒙皮受张拉应力，因此垂直于板面的刚度得以提高。

六、风窗与侧窗

1. 风窗

风窗通常为曲面封闭式，在风窗框与风窗玻璃之间用橡胶密封条连接。密封条起着密封与缓冲的作用，以防止车身受力时因窗框变形而导致玻璃损坏。

图 4-22 所示为风窗密封条的 4 种装配形式，图 4-22（a）所示为最简单的一种，当在窗框上装好风窗玻璃和密封条后，嵌入楔（嵌条）1，挤开上、下缘 2 和 3，使它们与玻璃和窗框贴合。这种结构的风窗止口与风窗玻璃处于同一直线上，其缺点是当窗框变形较大时，容易引起风窗玻璃周边与风窗下止口发生硬顶而造成自裂。图 4-22（b）所示结构是应用最普遍的一种，这种结构的风窗止口与风窗玻璃错开，从而可改善玻璃的受力状态，可避免图 4-22（a）结构的硬顶现象。其缺点是橡胶密封条与窗框上部左右转角处咬合不实，易产生脱空与露白。图 4-22（c）所示为无止口的窗框结构，并且装有装饰条，其密封条的断面形状如图 4-23 所示，密封条和玻璃装配到车身的过程如图 4-24 所示。这种结构是一种新结构，由于没有窗框上的止口，风窗玻璃是通过橡胶密封条卡紧在车身骨架上的，因而要求橡胶密封条必须具有一定的强度和良好的防老化性能。装配时先嵌装好密封条和装饰条，为便于装配，可在装配时夹带辅助装配用的细绳，如图 4-24（a）所示。当风窗玻璃总成装入风窗框中后，可逐步抽出细绳，如图 4-24（b）所示。装配好的风窗玻璃结构如图 4-24（c）所示。图 4-24（b）所示为黏结式结构，将聚硫橡胶密封胶挤涂在玻璃边缘和窗框压焊凸缘之间，并对玻璃加压，使其在室温下粘牢，这种结构不采用橡胶密封条。其优点是密封性好，装配时不易损坏玻璃，外观也比用橡胶密封条嵌接式的要好。为固定玻璃的位置，需要在玻璃与窗框之间采用硬质橡胶隔离块来承受玻璃的质量。

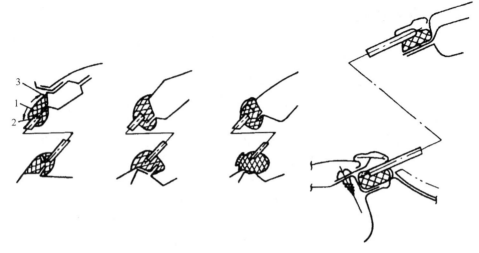

（a）用嵌条安装　　（b）有止口，用橡胶　　（c）无止口，用橡胶　　（d）最新结构形式
　　　　　　　　　　　　密封条卡紧　　　　　　密封条卡紧

图 4-22　风窗密封条的 4 种装配形式

1—楔；2—上缘；3—下缘

合成橡胶

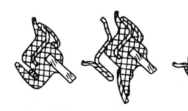

（a）装配时夹有　　（b）玻璃装入窗框　　（c）装好后的
辅助装配的细绳　　后逐步抽出细绳　　风窗玻璃结构

图 4-23　风窗密封条断面形状　　　图 4-24　风窗密封条装配过程

客车的风窗玻璃大多采用曲面或柱面玻璃，以改善视野和外观。风窗目前采用的安全玻璃有区域钢化玻璃和夹层玻璃两种。

2. 侧窗

客车的侧窗按启闭方式不同，可分为提窗、摇窗和移窗 3 种结构。对于空调客车，其侧窗均为封闭式结构。

提窗和摇窗结构是根据薄板冲压构件焊接的车身骨架结构特征而设计的，这种结构的密封性、防振性都较差，其侧窗下沿以下的骨架及蒙皮易被锈蚀，因此已很少采用。

移窗式的结构类型很多，图 4-25（a）～图 4-25（c）所示为带有止口的移窗，图 4-25（d）～图 4-25（f）所示为不带止口的移窗。带有止口的移窗依赖外蒙皮制成止口，或在窗沿的上边梁

及腰梁（矩形钢管断面）上焊接止口，其工艺较复杂，所以无止口移窗日益受到重视。图 4-25
（a）所示为简易移窗结构；图 4-25（b）所示结构的侧窗（移窗）外框密封条装配时较困难，而
内侧会产生空洞感，使乘员感到不适；图 4-25（c）所示结构是将侧窗（移窗）各部件装成总成，
再将总成从外向内推入到位后用紧固螺栓与止口连接，最后装密封条；图 4-25（d）所示结构的
窗框用螺钉与窗框腰梁连接，窗框下部设有外侧排水孔，防水密封性不良，铝侧窗与骨架刚性连
接，防振性也不好；图 4-25（e）所示结构较复杂，侧窗附件较多，外框强度差，侧窗玻璃安装
在有滑槽的橡胶条上，由于滑槽宽窄不一，加上装配过程中的扭曲变形，使两块对拉玻璃的大部
分都是局部贴合；图 4-25（f）所示是一种结构较为完善的移窗结构，能满足客车对侧窗的各项
要求，且工艺性较好。侧窗玻璃一般采用钢化玻璃或区域钢化玻璃。

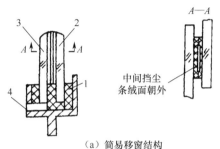

（a）简易移窗结构

1—绒槽；2—内侧玻璃；3—外侧玻璃；4—排水孔

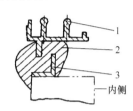

（b）带有止口的移窗

1—外窗框；2—密封条；3—止口

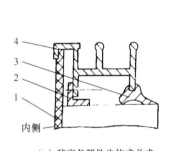

（c）移窗各部件先构成总成

1—内蒙皮；2—止口；3—密封条；
4—外窗框

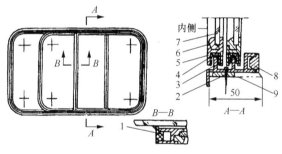

（d）窗框用螺钉与窗沿腰梁相连

1—玻璃间密封条；2—螺钉；3、5—窗框；4—滑槽；
6—玻璃密封条；7—玻璃；8—窗口密封条；9—窗口内密封条

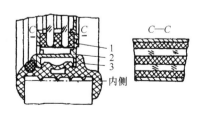

（e）较复杂的移窗结构

1—槽；2—窗框；3—密封条

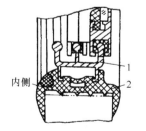

（f）结构完善的移窗结构

1—窗框；2—密封条

图 4-25 各种移窗结构

任务 4-2　货车车身结构认识

□ 任务引入 □

虽然货车车身结构相对于轿车和客车要简单得多，但仍有其特殊之处。在进行货车车身维修时，常需要拆装驾驶室、货箱等车身总成，所以维修人员必须充分了解所维修货车的车身结构特点。

本任务主要学习货车车身的结构及主要车身总成的拆装方法。

□ 学习目标 □

1. 能够正确描述货车车身的种类及各类型车身的特点。
3. 能够正确描述货车驾驶室的种类及各类型驾驶室的结构。
3. 能够正确描述货车翻转式驾驶室及车头的结构和翻转原理。
4. 能够正确描述货车货箱种类及各类型货箱的基本结构。
5. 能够正确识别货车驾驶室及货箱的类型。
6. 培养良好的安全卫生习惯、环保意识及团队协作的职业素养。
7. 能够检查、记录和评价工作结果。

□ 相关知识学习 □

一、货车车身的结构分类

货车车身包括驾驶室和货箱两大部分，对比轿车和客车，货车车身的结构形式要简单许多。根据不同的分类依据，货车车身也有多个种类。

1. 按驾驶室与发动机的相对位置分类

货车上的发动机一般都是前置的，发动机中置和后置的货车一般是由其他车型变形而来的，而且也极为少见。就发动机前置货车而言，按发动机与驾驶室的相对位置不同，可分为长头式、短头式和平头式3种形式。

（1）长头式

长头式货发动机布置在驾驶室之前，单独有突出的发动机罩，如图4-26所示。这种形式车身的发动机维修方便，操纵机构也较简单，汽车在路况较差情况下通过性较好。其缺点是轴距和总长相对较大，视野较差，所以在轻型货车上很少采用，但在早期的中型和重型货车上采用得较多。

（2）短头式

短头式货车是将发动机的一小部分伸入驾驶室内，如图4-27所示。汽车的轴距略为缩短，驾驶室内部较拥挤，发动机维修不如长头式方便，但总的特点与长头式没有太大的差异。

图 4-26　长头式货车　　　　　　　　　　图 4-27　短头式货车

（3）平头式

平头式货车的驾驶室布置在发动机之上，如图 4-28 所示。汽车的轴距和总长较短，机动性好，视野良好，面积利用系数高（汽车载货面积与总面积之比）。为了减少发动机的热量向驾驶室的传递，驾驶室须加强绝热、通风、隔振和密封等措施。由于结构的改进，平头式的优点比较显著，因而是目前货车的主流形式。

2. 按驾驶室与货箱的连接关系分类

货车车身几乎都属非承载式，所以驾驶室和货箱的结构主要从各自的功能和造型考虑，而不需过多考虑其对来自不平路面冲击和振动的承受能力，它们与车架一般也都是采用弹性连接的。货车车身通常按驾驶室与货箱的连接关系分为分体式和连体式两种。

（1）分体式

这是绝大多数货车车身的形式，驾驶室、货箱和车架各成一体，如图 4-29 所示。驾驶室常以 3 点支撑在车架上，为减少驾驶室振动和车架歪扭变形对驾驶室的影响，其中两点往往采用弹簧或橡胶衬垫的浮式连接。货箱大多为前栏板固定、侧栏板和后栏板可翻的栏板式货台，栏板通常为钢板冲压件采用点焊连接组合而成的整体式钢结构。

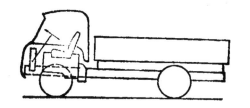

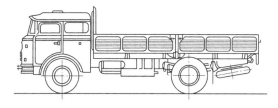

图 4-28　平头式货车　　　　　　　图 4-29　驾驶室与货箱的分体式连接

（2）连体式

连体式货车的驾驶室与货箱连为一体，是微型和轻型货车中的一种结构形式。这类车往往由轿车和小型客车转变而来，其车身一般也是由原型演变而来的薄壳式结构。另有一类由轿车和小型客车转变而来的货车，车身虽为分体式，但驾驶室和货箱在造型上还是追求一体化的效果，而且驾驶室和货箱也都是薄壳式结构的。

在此说明，载货汽车为了执行某些运输任务，往往需要很多形式的厢式货箱（或称封闭式货箱），这些厢式货箱通常采用全金属结构（即铝合金结构或钢结构），也有部分采用玻璃钢结构。

二、货车驾驶室

1. 驾驶室的类型

货车驾驶室的结构类型依车型、种类、用途、发动机的位置、行驶方式、车轮数和驱动形式的不同而不同，一般分为长头式、短头式和平头式 3 种，如图 4-30 所示，目前应用最多的是平头式。

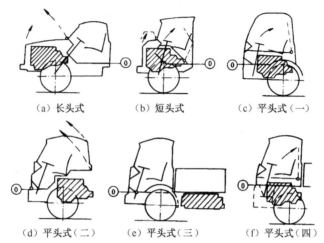

图 4-30　货车驾驶室的形式

2. 驾驶室的基本构造

驾驶室所用的材料除装饰件外，大多是钢板、FRP（玻璃纤维增强塑料，俗称"玻璃钢"）和铝合金，这里仅介绍钢制驾驶室。

驾驶室焊接总成加上车门焊接总成，以及车前板制件各焊接总成统称为白车身；涂装后称涂装白车身；装上内装饰件、电气件、操纵件、车身附件及其他附属件后，可以运到总装线去组装整车的称为已装备的车身总成。

驾驶室分别由前围、地板、车门、侧围、后围、顶盖等组成，如图 4-31 所示。

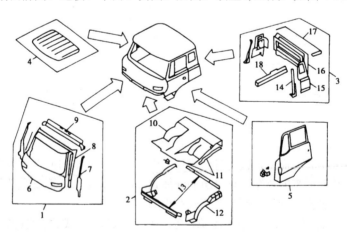

图 4-31　驾驶室白车身结构

1—前围；2—地板总成；3—侧围和后围；4—顶盖；5—车门；6—前围外板；
7—前立柱；8—风窗框外板；9—仪表板横梁；10—地板；11—侧梁；
12—纵梁；13—横梁；14—后立柱；15—侧围板；16—后围板；
17—顶盖后梁；18—顶盖纵梁

（1）前围

前围分为内板式前围和外板式前围两种。

① 内板式前围。内板式前围（也称前壁板）用于发动机安装在前围之前的长头货车，前壁板为发动机挡板，如图 4-32 所示。

在此种前围板上，因为安装有空调装置、刮水器装置，还固定有电气总成、风窗清洗液罐、制动液罐等，并有许多电线束、油管从此通过，所以对此板要求有足够的刚度与强度，还要求零件形状尺寸准确，密封性好，板料厚度一般为 1.2～1.5mm。

② 外板式前围。外板式前围，即发动机安装在前围之后，多属于平头载货汽车前围，如图 4-33 所示。外板式前围又可分为双层式与单层式两种。

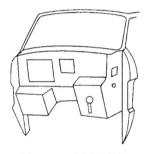

图 4-32　内板式前围

图 4-33　外板式前围

a. 双层式前围。双层式前围多用于中、重型载货汽车。将前围板分为外板与内板，外板是覆盖件，并起装饰作用，可以拆卸；内板是受力件，功用同内板式前围。

b. 单层式前围。单层式前围多用于轻型载货汽车，该前围外板既是覆盖件，又是受力件。仪表板下部诸总成均安装在地板与仪表板固定板之间的支架上。单层式前围具有结构简单、质量小、工艺好等优点。

驾驶室前壁骨架的构成虽然根据车型、车速、装载质量、行驶条件及驾驶室的承载方式等而变化，但是其基本构成形式大多是由"日"字形骨架与前围板蒙皮共同构成的封闭体。"日"字形骨架总成由上梁总成、中梁总成、下梁总成和前立柱总成所组成。上梁总成即为风窗上横梁，有开口与闭口之分，如图 4-34 和图 4-35 所示。中梁总成是由前围板上外板与内板及其加强梁焊接而成的，或是由发动机挡板与仪表板固定板焊接而成的，也分为开口断面与闭口断面两种，如图 4-36 和图 4-37 所示。下梁总成是在前围内板与地板的焊接处所焊的加强梁，下梁将左、右立柱连接起来，形成了前壁骨架的框形框架，如图 4-38 所示。

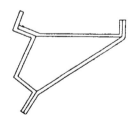

图 4-34　前围上梁闭口断面

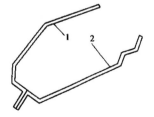

图 4-35　前围上梁开口断面
1—顶盖；2—内板

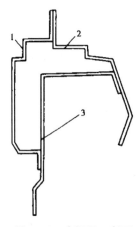

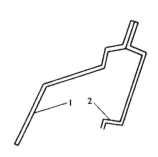

图 4-36　中梁闭口断面　　　　　图 4-37　中梁开口断面

1—上外板；2—内板；3—加强梁　　　1—前围外板；2—加强梁

（2）底板

驾驶室底板由地板和地板梁组成，地板是薄板冲压的大面积钣金件，地板梁是主要支撑件和受力件，多由厚为 2 mm 左右的钢板冲压而成。地板是驾驶室的基础，车身的上部件焊在其上，地板悬置于车架连接。乘员的重力作用在地板上，故要求地板需有足够的强度和刚度。不同类型的货车车身，其底板结构是不同的。

长头货车因发动机在其前面，底板不受发动机的影响，可以做得低而平坦，座椅易于布置，乘员活动方便。

在现代平头货车中，发动机在驾驶室下后部，位于座位的下面。驾驶室前部地板平整，或只凸起一个不高的通风道，室内可设 3 个座位，中间座位在发动机的上方。

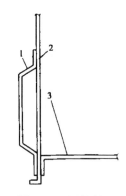

图 4-38　下梁断面

1—加强梁；2—内板；3—地板

为了提高发动机维修时的接近性，往往采用翻转式驾驶室，而不在底板上开洞。这就大大增加了驾驶室的整体刚度，同时也简化了底板结构，隔音、绝热、密封等性能良好，使乘坐舒适性大大提高，因此现代平头货车大都使前部底板左右通畅、宽敞、操作及活动方便。

翻转式驾驶室需要增加一套翻转及锁止机构。在一些轻型汽车上，因其发动机尺寸小，为减小质量及降低成本，一般不采用翻转式驾驶室，而是在中间座位下开孔，再用与中间座位底板为一体的罩盖盖上。为便于打开发动机盖，中间座位尺寸较小，并做成简易的活动结构。

① 地板。地板也称为底板覆盖件。图 4-39 所示是典型的中、重型平头货车地板结构。地板上面要焊接安装座椅及安全带等的加强板，为加大刚性，需布置有效加强肋。限于材料尺寸、冲床面积及冲压深度，一般将地板分为 3 块，然后焊接在一起。长头货车和轻型车地板较小，可以不必分块。

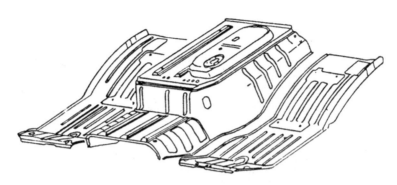

图 4-39　典型的中、重型平头货车地板结构

② 地板梁。地板梁多为纵、横梁组成的框架结构。平头货车以两根纵梁为主要构件，前、后有横梁，两侧有门槛，组成地板梁框架。对于翻转式驾驶室，用供翻转的圆管连接两根纵梁，如图 4-40 所示。地板梁多为槽形断面，与地板覆盖件用点焊焊接。

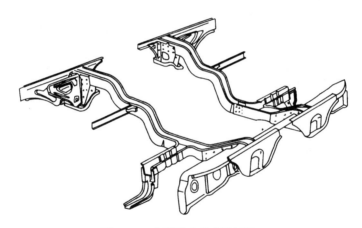

图 4-40　典型平头货车地板梁

（3）车门

中、重型货车的车门多为门窗框与车门内、外板一体冲压成型的整体式车门，轻型车过去多用门窗框为滚压成型件与车门内、外板焊接或螺钉连接的形式，现在也向整体式车门发展。

货车驾驶室的车门结构和附件与轿车大致相同，图 4-41 所示为 CA1092 型货车车门结构。因货车（尤其是中、重型货车）驾驶室离地面较高，在布置车门外手柄时要注意满足人机工程学的要求。

为了改善驾驶室的通风换气功能，某些货车在车门上设置了三角窗（旋转窗）。三角窗是供自然通风用的，其结构复杂、成本高，且影响视野，故在有其他方式（如强制通风、空调等）解决通风换气问题的条件下不再采用。

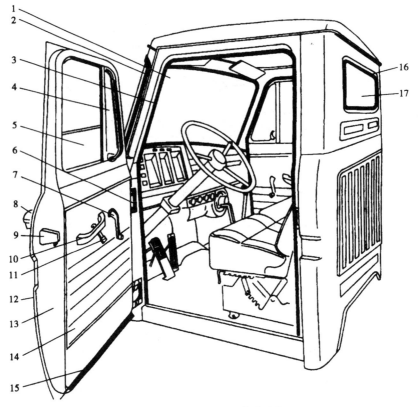

图 4-41　CA1092 型货车车门

1—风窗玻璃；2—风窗玻璃密封条；3—车门密封条；4—三角窗；5—车门玻璃；
6—门铰链及开度限位器；7—玻璃升降器手柄；8—门锁外拉手；9—门锁；
10—扶手；11—门锁内拉手；12—外板；13—内板；14—内护板；
15—下部密封条；16—后窗密封条；17—后窗玻璃

（4）侧围、后围及顶盖

货车驾驶室的侧围、后围及顶盖均为薄板冲压件。顶盖为单层结构，为增加刚性，内设 1～2 根横梁。侧围与后围有单层板结构，也有带内板的双层板结构。后围有后围窗，侧围面积较大时也设围窗，侧围窗可以是封闭的，也可以是开启的。长头货车后围与顶盖的典型结构如图 4-42 所示。平头货车的侧围、后围与顶盖结构如图 4-43 所示。

图 4-42　长头货车后围与顶盖的典型结构

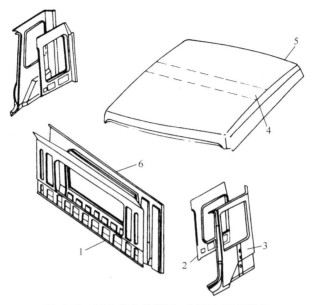

图 4-43 平头货车的侧围、后围与顶盖结构

1—后围内板；2—侧围内板；3—侧围外板；4—顶盖横梁；5—顶盖；6—后围外板

图 4-44 所示为 CA1092 型货车驾驶室壳体示意图。

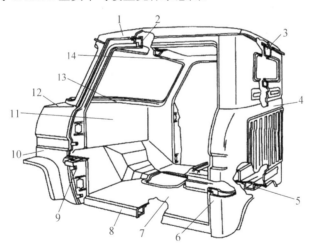

图 4-44 CA1092 型货车驾驶室壳体示意图

1—顶盖；2—上边梁；3—后围上横梁；4—后围板；5—底板后横梁；6—左后立柱；
7—地板；8—左门槛；9—左前立柱；10—前舱左侧盖板；11—前围板；
12—前围上盖板；13—风窗框下横梁；14—风窗框上横梁

（5）车前板制件

车前板制件由散热器面罩、灯罩、前舱盖、翼子板及挡泥板等构成。

① 散热器面罩。货车的散热器面罩与轿车类似，只是形状和面积不相同。多用钢板、铝板冲制或用塑料注塑成型，重点往往是造型。

② 前舱盖。前舱盖是个大型冲压件，要保证足
够的刚性，设置前、后两根加强梁，如图 4-45 所示。

按接近发动机（电机）的方式，前舱盖有左右开
启式、向后开启式和整体前翻式 3 种形式。

a. 左右开启式。翼子板用托架刚性地固定在车
架上，并随同车架运动，而翼子板与其他零件无刚性
连接，且留有较大的间隙，如图 4-46（a）所示。由
于大部分总成无刚性连接，因此互相牵扯、干涉的现
象较少，尤其是在坏路上行驶时，因车架变形而引起

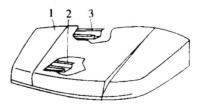

图 4-45　货车前舱盖横梁设置
1—前舱盖；2—前横梁；3—后横梁

车头零件撕裂的情况得以改善。其缺点是这种车头难以适应目前外形的整体造型需要，目前
的新型车几乎已淘汰这种结构形式。另外，在车架变形时，车头各部件相对位移较大，会出
现间隙不均现象，严重时甚至会相互摩擦，同时由于整个车头的各总成相对独立，整体刚度
较差，因此会有零部件抖动、振裂和灯光晃动等现象。

b. 向后开启式。除前舱盖之外，车头其他零部件都连接成为一个刚性整体，车头的前部
利用弹性元件与车架相连，其后部与驾驶室刚性连接，如图 4-46（b）所示。其优点是整体
刚性好，相对位置稳定，间隙均匀，整个车头流线型好，易于适应造型的需要。其缺点是车
头装配精度要求高，同时各零部件之间牵扯较多，如果受力分析不当或悬置结构布置不妥，
往往会出现零部件撕裂现象。

c. 整体前翻式。前翻式车头将包括前舱盖在内的整个车头焊装成一个刚性的整体，通
过一套翻转机构柔性地安装在车架上，如图 4-46（c）所示。为了前翻轻便，在车头质量较
大时，往往采用助力机构。其优点是发动机（驱动电机）接近性好，车头刚性好。其缺点
是车头零部件的装配精度要求很高，同时有助力机构的车头零部件较多，车头质量加大，
成本提高。

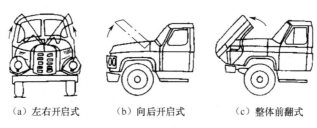

（a）左右开启式　　　（b）向后开启式　　　（c）整体前翻式
图 4-46　车前板制零件形式

③ 前舱盖开启机构。前舱盖的开启铰链多为带助力弹簧的平衡铰链。由于要求开启角
度达 90°以上，必须用六连杆平衡铰链。

④ 翼子板。图 4-47 所示为常见的货车翼子板形式。图 4-47（a）所示是托架式，翼子
板是单独的，用托架与车架相连。图 4-47（b）、图 4-47（c）和图 4-47（d）所示为翼子板
与驾驶室相连，前部与前端框架相连的结构；其中图 4-47（b）和图 4-47（c）所示是将翼子
板设计成两部分再点焊在一起，以解决冲压困难的难题。

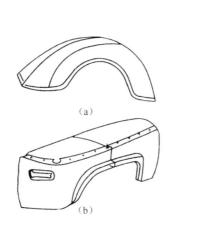
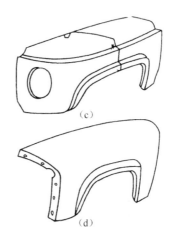

图 4-47　常见的货车翼子板形式

3. 驾驶室悬置

驾驶室悬置分为固定式、翻转式和全浮式 3 种。

（1）固定式

① 悬置点的设置。驾驶室悬置大多用 3 点或 4 点式悬置。

a. 3 点式悬置。3 点式悬置机构为前面两点、后面一点，前面两点分开的距离较大。从理论上讲，3 点式悬置是静定结构，其横向稳定性较差，随着车架的反复扭转而左右摇晃，驾驶室因摇晃的惯性力而产生扭矩，此时只有前两点的支反力与摇晃的惯性力平衡，因此应力较大。

b. 4 点式悬置。4 点式悬置结构为前面两点、后面两点。从理论上讲，它是超静定结构。4 点式悬置驾驶室的横向稳定性虽然较好，但当车架受扭矩而变形时，也会将扭矩传给驾驶室，使之产生扭转变形。如果驾驶室的整体抗扭刚度很大，必然会在悬置点和地板的悬置支架等处产生很大的应力。

② 悬置形式。到目前为止，大多数货车的驾驶室都是采用由橡胶制成各种形式的衬垫充当弹性元件的悬置结构。悬置部件承受反复变换的拉力和压力，由于交变载荷易使橡胶件被破坏，一般悬置中的橡胶垫多数为上、下两个或多个，每个垫块都只在单向压力下工作。图 4-48 所示为以橡胶垫为弹性元件的悬置形式。

（2）翻转式

图 4-49 所示为翻转式驾驶室的两个前悬置结构。两个前悬置点为翻转轴，它的软垫为环形，分为 3 层，外层为带凸缘的钢环 1，内层为带凸缘的尼龙套 2，1 与 2 之间用橡胶填充并硫化成一体，尼龙套与翻转轴之间可以相对转动，内开有油道，加注润滑脂。

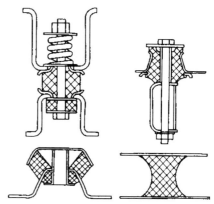

图 4-48　橡胶垫式驾驶室悬置形式

对于两个后悬置点，每点上都按 V 形布置了内、外两个胶垫，其轴线与水平面成 45°角，如图 4-50 所示。在正常工况下，两内侧垫块与驾驶室的悬置下支架接触。当驾驶室在外力作用下扭转时，驾驶室悬置支架沿内垫块表面滑动，对外垫块产生冲击。外垫块的刚度是可变的。

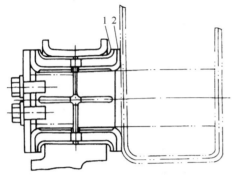

图 4-49　翻转式驾驶室的两个前悬置结构

1—钢环；2—尼龙套

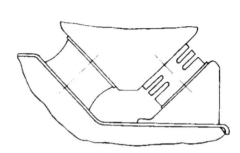

图 4-50　翻转式驾驶室的后悬置点

（3）全浮式悬置

随着对汽车乘坐舒适性要求的不断提高，驾驶室悬置也不断发展和完善，出现了全浮式悬置。在这种悬置结构中，采用与汽车悬架相似的钢板弹簧或螺旋弹簧作为弹性元件。设计时考虑与汽车悬架相匹配，配置筒式减振器，因此具有良好的缓冲性和良好的减振性，大大提高了汽车的乘坐舒适性。同时，由于弹簧的变形量要比橡胶垫大许多倍，因此在车架受扭时，其变形量大部分被弹簧抵消，从而改善了驾驶室的受力情况。

全浮式悬置结构复杂、质量大、成本高，只用于中、重型货车上。图 4-51 所示为全浮式前、后悬置结构示意图。

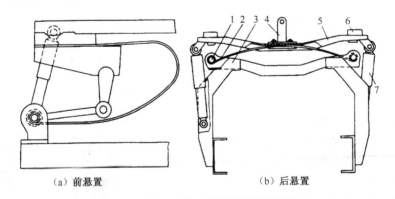

（a）前悬置　　　　　　　　　　　　　（b）后悬置

图 4-51　全浮式前、后悬置结构示意图

1—销子；2—钢板弹簧；3—悬置支架；4—锁环；5—横梁；6—橡胶垫块；7—筒式减振器

4. 平头式货车驾驶室

平头式货车驾驶室一般置于前轴位置之上，发动机完全伸进驾驶室或移向后部，可使整车长度缩短，视野开阔。这种驾驶室已经成了当前普通货车采用的主流形式。

平头式货车驾驶室如图 4-52 所示。

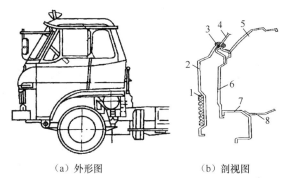

（a）外形图　　　　　（b）剖视图

图 4-52　平头式驾驶室

1—前装饰栅；2—前面板；3—风窗玻璃密封条；4—风窗玻璃；
5—仪表板；6—隔板；7—底板骨架；8—底板

（1）驾驶室构造

平头式货车驾驶室由冲压件形成的板块构件组焊而成，其中驾驶室前部板件、车顶、侧体呈刚性连接，并以强度可靠的风窗立柱、门柱为基础，连接方式因车型而异。

对于翻转式驾驶室，由于前部安装机构的受力作用，前部构件与底部共同起着翻转后驾驶室整体的支撑作用，所以前部构件是驾驶室中强度、刚度最好的构件之一。

前立柱的下端与车底相连，上端则支撑着驾驶室顶。它由高强度钢板经冲压成型。左右转角结构件于前立柱内外共同形成双重构造的壳式结构，不仅起到对驾驶室的装饰作用，对前立柱还具有加强作用。为便于维修，内外转角结构件大多采用螺栓连接的可拆卸式结构。

为提高前部结构的整体性，仪表板支架横向将左、右立柱连为一体。前蒙皮又以铆接或焊接方式将前部结构件包容起来，形成了合理的车身外形。

底部构件主要由车底横纵梁、左右车门槛和冲压成型的底板组焊而成，它是起支撑驾驶室整体作用的基础性构件，与前部结构共同承受驾驶室翻转时的重力载荷。与前部构件不同的是，它在行驶中还承受来自驾驶室内部的其他载荷。纵向贯通的两根底梁与下车门槛等都起着决定性的作用。

（2）驾驶室的安装机构

驾驶室的安装机构分为前后两个部分，其中前部承担扭力，用于使驾驶室翻转；后部则用于锁住驾驶室，防止其自行向前翻转。除此之外，这两部分还分别承担着驾驶室的减振与支撑作用。

驾驶室的前部支撑结构由一根连接焊有驾驶室底框支撑座的管梁和两个装有减振橡胶套的支撑架组成，如图 4-53 所示。驾驶室的后部支撑结构是分别用两个支架和装有橡胶减振垫的支撑座组成的。

驾驶室后部下方的拱形梁上装有用于扣紧驾驶室的爪形主挂钩，它与安装在驾驶室底部的挂钩座相啮合，此处就是驾驶室的正常安装位置，如图 4-54 所示。主挂钩通过拉杆与释放操纵手柄相连。

驾驶室外侧还备有一安全钩，当驾驶室被拉下时，安全钩先挂住驾驶室外侧钩座。扳动手柄可使安全钩进一步下拉，驾驶室随即达到安装位置。安全钩与主挂钩锁定机构不相连，可独立扳动手柄使之脱解。

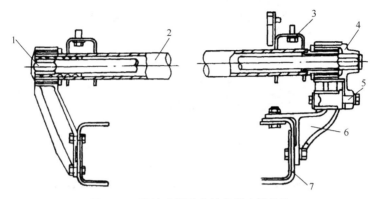

图 4-53　翻转式驾驶室的前部支撑结构

1—扭力杆；2—管梁；3—驾驶室座；4—锁定杠杆；5—锁定销；6—支架；7—车架

（3）驾驶室的翻转原理

驾驶室能够自动倾翻是前部扭力杆作用的结果。由驾驶室后拱中部的挂钩和扭力杆端的锁定杠杆构成的这种倾翻方式是最具代表性的翻转方式。

起自动翻转作用的核心零件是装配在管梁中的扭力杆。扭力杆的端头为六角形，一端与连接驾驶室的管梁固定；另一端则与锁定杠杆固定，并用锁定销锁紧于装在车架上的铰链支架孔中。当驾驶室处于正常位置时，扭力杆处于受扭载荷状态。扭力是驾驶室通过管梁和扭力杆一边的六角端头传递过来的。由于扭力杆另一边的六角端头用锁定杠杆固定，能量便储存于扭力杆中。当驾驶室后部的安全锁钩处于释放状态时，储存于扭力杆中的能量便被释放，其扭转弹力反作用于驾驶室，使其自动推向前倾位置。

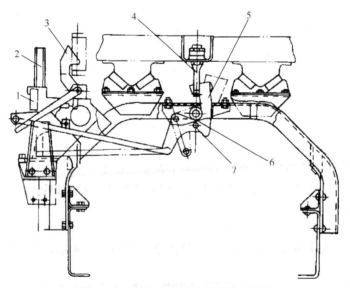

图 4-54　翻转式驾驶室的后部安装机构

1—定位板；2—锁定杠杆；3—安全锁钩；4—穿孔；5—爪形挂钩；6—导板；7—导槽

5. 长头式货车驾驶室

长头式货车驾驶室位于前舱之后，由于前舱盖占据了车身长度的一部分，货车的长度受到了限制，但驾驶室内的空间较平头式驾驶室大。

长头式货车驾驶室可分为前后两个部分：车头和驾驶室主体。车头部分的前舱盖，依开启方式不同分为鳄口型和车头翻转型两种，如图 4-55 所示。鳄口型车头的整体性能好，但开启后前机舱的敞口小；翻转型车头较好地解决了前述存在的问题，但存在碰撞事故后波及范围大、修理难度高的不足。这两种车型的驾驶室主体部分在结构上区别不是很大，区别突出反映在驾驶室的车前钣金件上。

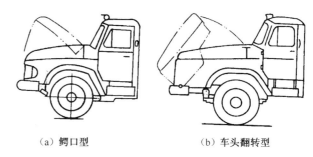

（a）鳄口型　　　　　　（b）车头翻转型

图 4-55　长头式货车驾驶室的外形

（1）鳄口型驾驶室

鳄口型驾驶室的主体与车头用螺栓组装在一起，以 6 点弹性悬置固定在车身上。它主要由驾驶室主体、翼子板、前舱盖、散热器支撑架（兼作前悬支撑）等构件组成，如图 4-56 所示。它的全部零件由薄钢板冲压成型，并以点焊方式组合成若干单元。为了确保驾驶室的密封性和避免各单元装配的相互摩擦，各有关装配零件之间装有密封条，这一措施对防止车身零件的磨损、降低车身噪声和提高密封性都起着关键性作用。

前舱盖铰链多采用平衡弹簧支撑式，它可以使偌大的前舱盖在开启或关闭时，能够轻便自如、锁止可靠。

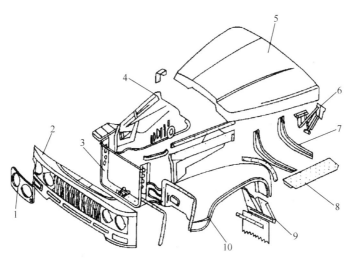

图 4-56　鳄口型驾驶室的车前钣金件

1—灯罩；2—面罩；3—散热器支架；4—前舱挡泥板；5—前舱盖；6—前舱盖铰链；
7—脚踏板托架；8—脚踏板；9—车轮挡泥板；10—翼子板

越野车的车头一般也采用鳄口型，如图 4-57 所示。

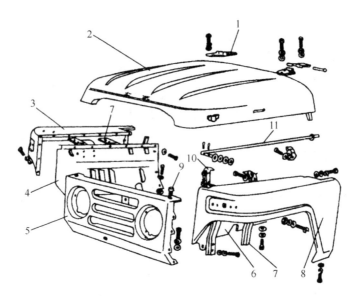

图 4-57　越野车的车前钣金件

1—前舱盖铰链；2—前舱盖；3—右前翼子板；4—右挡泥板；5—面罩；6—左挡泥板；
7—托架；8—左前翼子板；9—缓冲垫；10—锁扣总成；11—前舱盖撑杆

（2）车头翻转型驾驶室

车头翻转型驾驶室由驾驶室主体和车前钣金件两部分组成。驾驶室主体为半骨架全金属封闭式，门框、门槛、底板及前后围板等主要承载部位均采用箱形断面结构，以确保其整体刚度。车前钣金件主要由前舱盖、管梁、挡泥板等构件组成，如图 4-58 所示。

整体式车头装有扭力杆式翻转机构，可使车头整体向前翻转一定角度，使对发动机（驱动电机）总成的接近性好，能很大程度地改善维修性。为防止车头意外自发开启，除装有机罩锁外，还附加一套安全保险装置。

与翻转式平头驾驶室一样，这种汽车驾驶室的车头上面也装配了扭杆式助力翻转机构。车头与支撑管梁固定并通过悬置于车架连接，管梁的扭力杆左端用花键与轴套总成装配在一起，右端则通过花键与管梁固定，如图 4-59 所示。

当车头处于全翻转位置时，扭杆的能量处于释放终了状态。将车头拉下使之处于安装位置时，扭杆轴套及连动杆同时作用，使管梁在转动一定角度的过程中扭杆受扭并储存了能量。当车头锁被打开时，这一能量将会得到释放，车头因此而翻转自如。

6. 驾驶室附属装备

货车驾驶室附属装备包括车门、风窗玻璃及座椅等，其结构与轿车的相关部分相似。

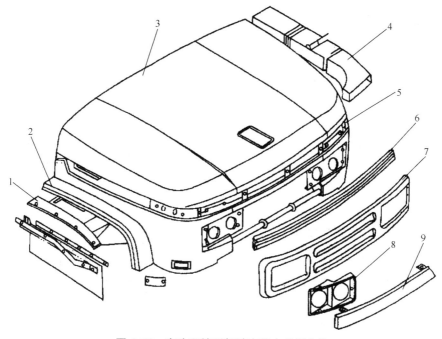

图 4-58　车头翻转型驾驶室的车前钣金件

1—挡泥板；2—轮罩；3—前舱盖；4—通风管；5—前围构件；6—倒流栅；

7—面罩；8—灯罩；9—保险杠支架

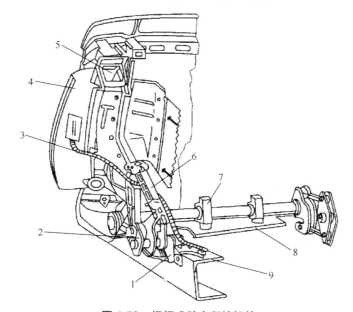

图 4-59　扭杆式助力翻转机构

1—支架；2—连接臂；3—线束；4—车头；5—通风口；6—支撑杆；

7—车头悬挂；8—连动杆；9—车架

三、货车车厢

货车车厢因装载的货物不同，可分为平板式、栏板式和集装箱式 3 种，如图 4-60 所示。

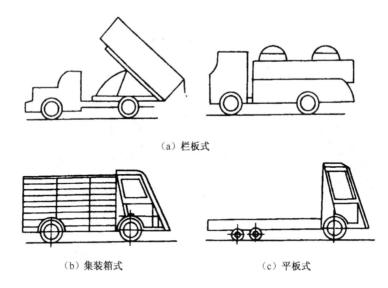

（a）栏板式

（b）集装箱式　　　　　　　　　（c）平板式

图 4-60　货车车厢形式

1. 平板式

平板式车厢主要用于承运集装箱，与其他各类货车车厢相比，其区别在于平板式车厢四周装有集装箱锁，是专为防止集装箱在运输过程中发生倾翻和位移而设置的。

2. 栏板式

应用较广的普通栏板式货箱如图 4-61 所示，它一般由底板总成和 4 块高度为 300～500 mm 的栏板总成构成。该车的货箱底板总成由若干纵向压制的槽形钢板和木板拼成，通过 6 根钢横梁支于两根钢纵梁上。纵梁下面有垫木，通过 6 个 U 形螺栓夹紧在车架纵梁上，前部还将上支座和螺栓连接在车架的下支座上，并起定位作用。栏板由轧成瓦楞状的钢板焊在钢梁边框上制成，并用若干立柱加固。左、右边板总成和后板总成可打开（3 面开货箱），通过若干销钉铰接在底板总成的边缘，并且可在货箱 4 个角上借助栓杆和栓钩相互扣紧。货箱前板总成上部有货架（安全架），可用于供运载少量超长货物并减轻翻车事故的后果。在横梁的左右两端还焊有若干绳钩。

某些轻型货车采用低底板式货箱，其底板离地高度较小，后轮罩嵌入底板内并与两侧边板连接，仅后板可打开（一面开货箱）。

图 4-62 所示是一种高栏板式货箱，或称万能式货箱（本例是木结构）。底板总成 26 由长条木板拼成，用钉子钉在 7 根横梁 9 上，并用钢条包边。横梁 9 通过纵横梁连接板 10 与纵梁 13 连接。纵梁借助 U 形螺栓 16 夹紧在车架纵梁上。前板总成 1、左右边板总成 7、29 通过若干角撑 5 用螺栓固定在底板上。后板总成 25 则通过铰链固定页板 20、铰链活动页板 24 和销钉 21 铰接在后横梁上。货箱还可以加插高栏板总成 2、4 和 31，其左、右高栏板总成 4 和 31 的中部有折叠式条凳供人员乘坐。货箱还可加插若干棚杆 3，以支撑布棚。高栏后部还有防止栏板张开的链索 30。这种货箱可运载各种货物和人员，农用及某些特定车辆最宜

采用这种结构形式。

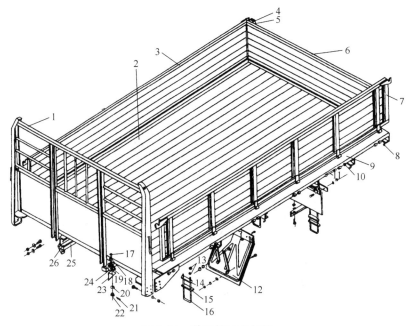

图 4-61　普通栏板式货箱

1—前板总成；2—底板总成；3—右边板总成；4、13—螺母；5—栓杆；6—后板总成；

7—左边板总成；8—绳钩；9—开口销；10、18、20—垫圈；11—销钉；12—挡泥板；

14—压板；15—垫板；16—U 形螺栓；17—螺栓；19—弹簧；21—开口销；

22—槽顶螺母；23—下支座（在车架上）；24—上支座；

25—纵梁垫木；26—货箱纵梁

3. 专用货箱

图 4-63（a）所示为装有普通闭式货箱的货车，通常用来运输日用百货、食品等易污损物品，这类货车也被称为厢式货车。某些运输易腐食品的闭式冷藏货箱用绝热材料包垫，并设有制冷设备。

运输液体的汽车通常在其后部有圆筒状容罐。液体由罐顶部注入，通过下部的阀门流出或用液体泵排出。运输油类的容罐车应使发动机排气管远离油罐，并使各金属部件相互接通，以及用悬链接地，以防车体积存静电荷。

粉状货物容罐车的装卸方法已逐渐取代袋装货物的落后装卸方法，如图 4-63（b）所示。装货时将气密罐顶部的盖子打开，使开口与仓库的漏斗对准，以便粉状货物注入罐内。货车备有压气装置，可使粉状货物悬浮并在较短时间内（约 10 min）经由下部的橡皮管安全排出。

倾卸式货箱适用于运输砂土、矿石类货物，如图 4-63（c）所示。货车备有液压举倾机构，以使货箱倾斜成卸货必需的角度。在货箱前部伸出足以遮住驾驶室的护板。在寒冷的冬季，为避免湿砂土冻结，货箱用废气加热（使货箱全部凸肋的内腔连接，并自发动机排气管引入高温废气）。

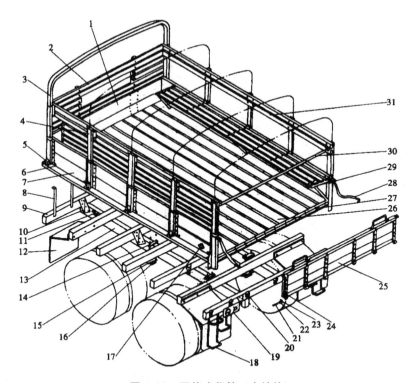

图 4-62　万能式货箱（木结构）

1—前板总成；2—高栏前板总成；3—棚杆；4—高栏左边板总成；5—角撑；6—绳钩；

7—左边板总成；8—挡泥板支撑条；9—横梁；10—纵横梁连接板；11—支座（连接货箱与车架）；

12—挡泥板；13—纵梁；14—U 形螺栓压板；15—U 形螺栓垫板；16—U 形螺栓；

17—反光灯；18—踏梯；19—尾灯底板；20—铰链固定页板；21—销钉；22—垫圈；

23—开口销；24—铰链活动页板；25—后板总成；26—底板总成；

27—钢条包边；28—链钩；29—右边板总成；30—链索；31—高栏右边板总成

　　集装箱运输是一种先进的运输方法，便于铁路、公路、水路和航空联运以及国际联运，如图 4-64 所示。集装箱可以连同货物从一种运输工具上迅速转移到另一种运输工具上，而不需要将其内部货物重新装卸，故具有保证货物完好、减少装卸工作量、加速货物周转和降低运输成本等许多显著的优点。

　　集装箱有多种规格，其外廓尺寸和吊装尺寸等均应符合国家标准或国际标准。集装箱由两个侧壁 5、两个端壁 14、顶板 2 和底板 7 组成。其边缘由 4 根侧梁、4 根端梁、4 根角柱与 8 个角件牢固连接。每个角件的 3 面都开有标准尺寸的孔洞，以便吊装机操作，两根下侧梁 8 的中部还开有供叉车搬运的叉槽 6。集装箱运输车的车架上有专门的转锁 12，可将集装箱下部 4 个角件扣紧在车架 11 上。集装箱还有敞顶式、平板式、无侧壁式、容罐式、冷藏保温式等形式。集装箱结构牢固，能承受各种作业工况（吊顶、吊底、叉运、栓缚等）的载荷，特别是 5、6 层集装箱堆码的重压。集装箱堆码时，上下两层集装箱的角件必须对准并用转锁相互扣紧。

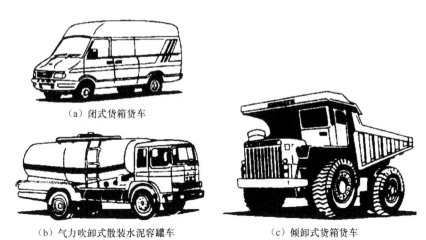

（a）闭式货箱货车

（b）气力吹卸式散装水泥容罐车　　　　（c）倾卸式货箱货车

图 4-63　装有专用货箱的货车

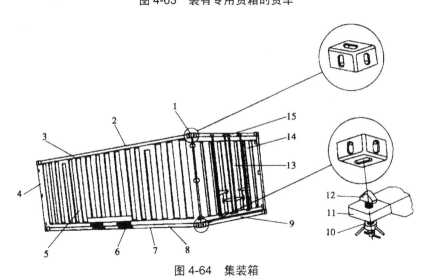

图 4-64　集装箱

1—角件；2—顶板；3—上侧梁；4—角柱；5—侧壁；6—叉槽；7—底板；8—下侧梁；

9—下端梁；10—锁紧螺母；11—车架；12—转锁；

13—门；14—端壁；15—上端梁

　　冷藏保温汽车的车厢采用隔热壁板制成，如图 4-65 所示。其主要由顶板、底板、前壁、后壁、左右侧壁、车门、底架及各种车厢附件组成，装有 270° 大开门铰链式后门的车厢，后壁仅为后门框。

　　冷藏保温汽车隔热车厢是具有一定隔热作用和承载能力的密闭型厢体。以承载为目的的骨架为主骨架，多采用强度和刚度较高的钢、铝型材或用其板材冲压件等；以断热为目的的骨架称为辅助骨架，即所谓的"断热桥"，常选用木材、胶合板、工程塑料、玻璃钢等非金属材料。主骨架多与外蒙皮连接，辅助骨架则与内蒙皮连接，它们之间形成填充隔热材料的空间。主骨架与辅助骨架固连，共同完成骨架的全部功能。

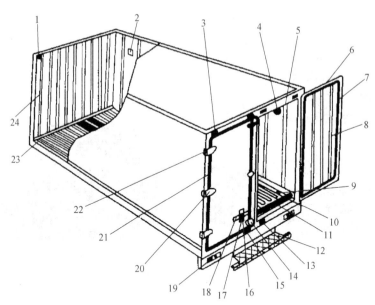

图 4-65　隔热车厢

1—前示宽灯接线；2—车厢内照明灯；3—后示宽灯；4—蜂鸣器开关；5—侧壁导风条；
6—右后门外密封条；7—右后门内密封条；8—后门导风条；9—后排水孔；
10—铝合金门槛；11—铝型材地板；12—踏板式后保险杠；13—后门锁扣；
14—门锁杆支座；15—门锁杆；16—门拉手上固定座；17—门拉手下固定座；
18—门拉手；19—尾灯；20—门铰链；21—左后门外密封条；
22—门铰链支座；23—前排水孔；24—前壁导风条

参考文献

[1] 袁杰. 车身结构及附属设备[M]. 北京：人民交通出版社，2010.

[2] 宋年秀，腾飞，朱永强. 图解汽车车身构造与拆装[M]. 北京：中国电力出版社，2007.

[3] 周林福. 汽车拆装[M]. 北京：人民交通出版社，2011.

[4] 李东江，张大成. 东南得利卡汽车维修手册[M]. 北京：北京理工大学出版社，2002.

[5] 邢彦锋. 汽车车身结构[M]. 北京：清华大学出版社，2014.

[6] 林程，王文伟，陈潇凯. 汽车车身结构与设计[M]. 北京：机械工业出版社，2014.

[7] 智淑亚. 汽车车身结构与设计[M]. 北京：机械工业出版社，2014.